Interdisciplinary Perspectives and Cross-National Empirical Research

Dual-Track Driven Modernization of International Communication

跨学科视角与跨国别实证研究

"双轨"驱动下的国际传播现代化

关天如 著

中国社会科学出版社

图书在版编目（CIP）数据

"双轨"驱动下的国际传播现代化：跨学科视角与跨国别实证研究／关天如著． -- 北京：中国社会科学出版社，2024.10． -- ISBN 978-7-5227-3930-4

Ⅰ．G206

中国国家版本馆CIP数据核字第2024BW1106号

出 版 人	赵剑英
责任编辑	郭曼曼
责任校对	韩天炜
责任印制	李寡寡
出　　版	中国社会科学出版社
社　　址	北京鼓楼西大街甲158号
邮　　编	100720
网　　址	http://www.csspw.cn
发 行 部	010-84083685
门 市 部	010-84029450
经　　销	新华书店及其他书店
印　　刷	北京君升印刷有限公司
装　　订	廊坊市广阳区广增装订厂
版　　次	2024年10月第1版
印　　次	2024年10月第1次印刷
开　　本	710×1000　1/16
印　　张	13.5
插　　页	2
字　　数	211千字
定　　价	68.00元

凡购买中国社会科学出版社图书，如有质量问题请与本社营销中心联系调换
电话：010-84083683
版权所有　侵权必究

序　言

今天，人类正面临世界之变、时代之变、历史之变。目前，世界经济克服新冠疫情影响，实现缓慢复苏。中国经济顶住外部压力、持续回升向好，在亚太和全球经济增长中发挥了重要作用，为充满不确定性的全球经济带来确定性和正能量。然而，中国发展的客观实力与巨大潜力不必然带来外部世界对中国的认可、好感与信任。百年未有之大变局加速演进，大国博弈异常激烈，部分西方政客与媒体通过捏造谎言、污名化中国的手段来统合社会共识，意识形态主导的"身份政治"裹挟了公众舆论，所谓"中国威胁论"与"中国崩溃论"仍有市场，影响了海外民众以客观理性的视角看待和理解中国发展对世界的积极意义。在这一背景下，国际传播的多样性和复杂性将持续地进行下去，而国际传播研究者也不断为构建更加公平、普惠、包容的全球传播新秩序提供理论支撑与实践检验。

数智化使跨越国界的传播活动呈现出崭新的样貌，国际传播场域内展现出信息的多向流动。全球公共领域已然形成，在中外民众成为全球公民、聚焦跨国议题、接触世界观点的过程中，中国国际传播也迎来了全新机遇。加强国际传播能力建设，提升国际传播效能，推动构建人类命运共同体，是实现中国式现代化的重要方面。本书是对提升中国国际传播能力现代化的一次基于微观个体层面的系统考察。

纵观本书，从提出涉华虚假信息与极端言论的具体驳斥与反制策略，到挖掘与整合增强国际传播与公共外交效能、改善海外民众对华态度的现实路径，再到建构系统性的国际传播效果评估指标和中国国家形象量表，本书所涉猎的范围很广，涵盖了提升国际传播能力现代化的多个方面及各个环节。尤其，本书提出了中国国际话语权确立与国家形象建构过程中的"破"与"立"并重的"双轨驱动"机制，这两种视角形成了有益的自身对话，以循环互补的逻辑探索提升国际传播能力现代化的具体路径与抓手。本书还是当前国际传播效果研究中少见的、全书采纳实证主义范式的著作，通过对既有研究者提出的宏观战略进行一次聚焦于海外民众的实证补充，丰富了国际舆论治理与国际传播研究。

本书的作者为武汉大学新闻与传播学院的青年学者关天如。关天如先后就读于浙江大学国际政治专业与墨尔本大学传播学专业。博士毕业后，关天如来到武汉大学任教。她的学术研究脉络始终围绕着国际传播、政治传播与全球公共领域展开，探索改善海外民众对华感知、搭建中外民众沟通机制与桥梁的现实可能。本书作为她多年来深耕国际传播效果研究的系统性总结，希望能为有志于国际传播研究和实践的高校学者与青年学生开拓思路，为国际传播从业者和多元主体提供有益参考。

是为序。

强月新
武汉大学新闻与传播学院院长

目 录

第一章 新时代国际传播的趋势、路径与未来走向 …………… (1)
  第一节 中国国际传播研究的三重维度 ……………………… (3)
  第二节 国际传播创新路径与具体策略 ……………………… (10)
  第三节 中国国际传播面临的困境与挑战 …………………… (14)
  第四节 中国国际传播研究的未来走向 ……………………… (16)
  第五节 本书的目标、特色及章节设置 ……………………… (18)

第二章 去伪存真：涉华虚假信息的驳斥对策 ………………… (24)
  第一节 虚假信息研究 ………………………………………… (25)
  第二节 虚假信息的驳斥路径 ………………………………… (32)
  第三节 研究过程与结果 ……………………………………… (38)
  第四节 "后真相"时代涉华虚假信息与国际舆论治理的
         新思路 ………………………………………………… (42)
  第五节 本章小节 ……………………………………………… (46)

第三章 在多元文化社会中打击针对华裔群体的仇恨言论 …… (48)
  第一节 仇恨言论：定义与社会影响 ………………………… (49)
  第二节 澳大利亚背景下针对华人移民的种族主义
         话语与仇恨言论 ……………………………………… (53)
  第三节 反制措施：从社会认同的角度出发 ………………… (55)
  第四节 研究过程与结果 ……………………………………… (58)
  第五节 大变局时代下反击涉华仇恨言论的实践创新 ……… (63)

第六节　本章小节 …………………………………………… (66)

第四章　立足群际与认同：改善海外民众对华态度的新思考 ……… (69)
　第一节　群际关系与社会认同视域下的国际传播 ……………… (70)
　第二节　研究过程与结果 …………………………………… (77)
　第三节　以改善群际关系作为国际传播新的着力点 …………… (82)
　第四节　本章小节 …………………………………………… (85)

**第五章　"双面叙事"与"内群体叙述者"：媒介公共外交的
　　　　不同策略** …………………………………………………… (88)
　第一节　公共外交的概念与实践 …………………………… (89)
　第二节　可信度、态度转变与媒介公共外交："双面叙事"与
　　　　　"内群体叙述者" ………………………………………… (94)
　第三节　研究过程与结果 …………………………………… (98)
　第四节　媒介公共外交的新策略：负面话语的正向影响与群际
　　　　　包容性 ………………………………………………… (104)
　第五节　本章小节 …………………………………………… (107)

第六章　网络视听的国际传播效果评估研究 …………………… (108)
　第一节　国际传播效果评估研究 …………………………… (109)
　第二节　建构网络视听国际传播效果评估指标 ……………… (111)
　第三节　研究过程与结果 …………………………………… (113)
　第四节　网络视听的国际传播效能提升的具体思路 ………… (116)
　第五节　本章小节 …………………………………………… (122)

**第七章　新的国家形象量表：基于国家、双边关系和情感的
　　　　因素** …………………………………………………… (124)
　第一节　国家形象研究及其跨学科特性 …………………… (125)
　第二节　研究过程与结果 …………………………………… (132)

第三节 打造"规范性大国"形象、注重"以情动人"
　　　　与差异化传播 …………………………………… （141）
第四节 本章小节 ……………………………………………… （144）

第八章 技术赋能下国际传播的守正与创新 ……………………… （146）
第一节 平台化与国际传播中的多元主体 ………………… （146）
第二节 元宇宙、虚拟场域与国际传播 …………………… （148）
第三节 人工智能技术引领下的国际传播新趋势 ………… （150）
第四节 让"数据"说话：数据新闻提升国际传播信度 ……… （151）
第五节 "数字隐忧"：技术变革下国际传播的潜在
　　　　问题与挑战 …………………………………………… （154）
第六节 本章小节 ……………………………………………… （158）

第九章 结论 ………………………………………………………… （160）
第一节 本书主要研究发现 ………………………………… （162）
第二节 国际传播效果研究的未来方向 …………………… （164）
第三节 本章小节 ……………………………………………… （174）

参考文献 …………………………………………………………… （176）

第 一 章

新时代国际传播的趋势、路径与未来走向

1859年,英国作家查尔斯·狄更斯在小说《双城记》的开篇这样写道:"这是一个最好的时代,这是一个最坏的时代;这是一个智慧的年代,这是一个愚蠢的年代;这是一个信任的时期,这是一个怀疑的时期。"狄更斯这段经典而辩证的描写恰当地诠释了在当今世界百年未有之大变局加速演进与信息化、智能化社会全面发展的时代背景之下,中国国际传播实践与国家形象建构过程中面临的全新机遇与艰巨挑战。

一方面,全球范围内"西(发达国家)强东(新兴经济体和发展中国家)弱"的现实力量对比与"东升西降"的未来发展趋势并存,带动了从全球到地区范围内战略力量的重构与战略关系的重组。包括中国在内的"全球南方"以现代历史上前所未有的姿态走近世界中心,对国际事务、国际准则和国际规范都产生着深刻的影响。国际传播,也由于世界格局的变化和数字媒体与平台化的赋能,由曾经单纯为西方强势国家所主导的、壁垒森严的"中心—边缘"模式,转换成同时向最广泛与最纵深主体拓展的多元参与网络,为不同国家、不同社会与不同文明之间的互鉴、互信、互谅铺就了平台。

另一方面,全球层面的人口发展失衡、生态环境失衡、财富分配失衡、数字鸿沟与南北差距等加重了世界和平赤字、发展赤字、安全赤字与信任赤字。多个国家与地区广泛地面临政治生态"失信化"、经济增长"乏力化"、社会结构"动荡化"与民众身份认同"排他化"的叠加挑战。数字媒体不断加剧、催化乃至制造着多重矛盾与弊端,全球互联网

与社交媒体平台充当着基于国族认同的"自我强化"与"他者异化"的"身份政治"思维的放大器，经济全球化带来的相互依存感与合作话语往往让位于"区分输赢"的零和逻辑、"非黑即白"的二元视角与"非民主即独裁"的"价值观滤镜"。国际传播如何突破重重认知鸿沟，搭建信任与友谊的沟通之桥，推动构建互联互通、普惠公平、多元包容的世界信息与传播新秩序，考验着绝大多数爱好和平与团结、合作与发展的国家和人民。

面对"世界之变"与"时代之势"，党的二十大报告提出了"中国式现代化"的理念路径，指出中国式现代化是中国共产党领导的社会主义现代化，是人口规模巨大的现代化，是全体人民共同富裕的现代化，是物质文明和精神文明相协调的现代化，是人与自然和谐共生的现代化，是走和平发展道路的现代化。同时，党的二十大报告还对建设社会主义文化强国作出战略部署，明确指出："加快构建中国话语和中国叙事体系，讲好中国故事、传播好中国声音，展现可信、可爱、可敬的中国形象。"

加强国际传播能力建设，全面提升国际传播效能，既为实现中国式现代化营造了必要的外部环境，也是实现中国式现代化需要解决的一个重大问题（周庆安、刘勇亮，2022）。中国国际传播能力的现代化亦是中国式现代化的重要路径与方面。本书聚焦于中国国际传播能力现代化的三个方面：一是对涉华负面信息的驳斥能力；二是对海外民众对华感知的改善能力；三是国际传播效能的评估能力。在百年未有之大变局加速演进的时代背景下，本书提出国际话语权确立与国家形象建构过程中"破"（驳斥涉华负面信息）、"立"（提升对华好感度）并举的"双轨驱动"机制，并采取实证主义的研究范式，以大规模、跨国别的媒体实验与问卷调查为研究方法，对既有研究中提出的宏观战略与具体路径进行一次系统的、聚焦于微观个体（海外民众）的实证补充，以丰富中国国际传播效果研究。

本章将对中国国际传播的研究现状进行系统梳理。具体而言，首先回顾中国国际传播研究的三重维度（史论梳理、理论探索与建构、实践路径），继而介绍学者们提出的关于提升国际传播效能的四个主要策略

("复调传播""他者叙事""一国一策"与"整合中国成就进入全球治理议题"),而后指出当前中国国际传播面临的困境及中国国际传播研究的未来走向,最后概括本书的目标、研究方法与特色。

第一节 中国国际传播研究的三重维度

无论是在新民主主义革命时期、社会主义革命和建设时期,还是在改革开放和社会主义现代化建设新时期,特别是在中国特色社会主义新时代,中国共产党都十分重视外宣工作,强调外宣工作的重大意义。基于当时的具体语境和实践需要,党中央对外宣工作提出了独到的见解,形成了一脉相承的外宣思想(史安斌、张耀钟,2019)。在改进传播方式和创新对外话语体系方面,中国共产党结合当时新闻传播的发展大趋势对外宣工作提出了明确的部署和要求。以毛泽东同志为核心的党的第一代中央领导集体强调要尊重国外读者的接受习惯,"软硬结合""反对党八股"和"浮夸之风";以邓小平同志为核心的党的第二代中央领导集体强调要了解国外受众,实现话语对接;以江泽民同志为核心的党的第三代中央领导集体强调要加强信息传播手段的更新和改造,积极掌握和运用现代传播手段;以胡锦涛同志为总书记的党中央则提出积极构建现代传播体系,进一步提高国内国际传播能力的主张。

在中国特色社会主义进入新时代和世界进入"新全球化"时代背景下,以习近平同志为核心的党中央吸收了历代中央领导集体的经验,结合"一带一路"倡议和"构建人类命运共同体"的宏伟构想,对如何推进外宣工作在内容、手段和方式上的改革创新提出了更为具体的要求,明确提出要"把握大势、区分对象、精准施策,主动宣介习近平新时代中国特色社会主义思想,主动讲好中国共产党治国理政的故事、中国人民奋斗圆梦的故事、中国坚持和平发展合作共赢的故事,让世界更好了解中国"(习近平,2020)。2021年5月,习近平总书记在主持十九届中共中央政治局第三十次集体学习时强调要"讲好中国故事,传播好中国声音,展示真实、立体、全面的中国"(习近平,2022),将中国国际传播上升到国家战略层面。在党的二十大报告中,习近平总书记对"增强中华文明传播力影响力"作出重要部署，要求"加强国际传播能力建设，全面提升国际传播效能，形成同我国综合国力和国际地位相匹配的国际话语权"（习近平，2022）。在具体策略上，习近平总书记指出要围绕中华文化深耕细作，强调要"更好推动中华文化走出去，以文载道、以文传声、以文化人，向世界阐释推介更多具有中国特色、体现中国精神、蕴藏中国智慧的优秀文化"（习近平，2022）；点明"必须加强顶层设计和研究布局，构建具有鲜明中国特色的战略传播体系"（习近平，2022），以及要求"用好国际化传播平台，客观、真实、生动报道中国经济社会发展情况，传播中国文化，讲好中国故事"（人民日报社评论部，2016）。

基于党和政府及历代领导人对对外传播的重视，学术领域的探索也徐徐展开。胡正荣、李润泽（2023）总结到，国际传播研究在20世纪七八十年代由中国台湾、香港地区开始引入，并在90年代中后期传入中国大陆（内地）。经过了近30年的历程，中国学者大体经历了从翻译引进、消化吸收，到自主研究、出版发表学术成果的过程，学术研究的基础性建制也随着国际传播独立成为一个专门的专业方向。纵观中国国际传播的相关研究，学者们主要围绕史论梳理、理论探索和实践路径三个维度展开。

一　史论梳理

从史论研究的角度，学者们回望历史，从不同角度梳理了中国国际传播和国家形象建构的发展历程。朱鸿军、蒲晓（2019）回顾了中华人民共和国成立70年来国际传播媒介与传播观念的变迁，认为变革不只发生在媒介形态当中，技术之变带来的是传播场域的重新洗牌、传播政策的调整转换，也是传播理念与范式的更迭。作者把分析的重点放在了技术基础之上的国际传播观念的演进，同时指出受众意识不强、不尊重新闻传播规律、缺乏开放精神等现存弊端，并提出了介入软性身份、盘活文化存量、调整传播圈层等策略建议。史安斌、张耀钟（2019）则从国家形象再建构的角度将中华人民共和国成立70年分为"红色中国"（1949—1978年）、"开放中国"（1978—2008年）和"全球中国"（2009年以后）三个阶段，并认为在"一带一路"倡议引领的新全球化的时代背景下,一个勇于担当、奋发有为的"全球中国"形象将会得到更多有识之士的接纳和信赖,中国国际传播事业将在"世界百年未有之大变局"的因缘际会中获得新的发展动力。周庆安、聂悄语(2022)则将中华人民共和国成立以来的对外传播制度史分为四个不同阶段(1949—1966年;1966—1977年;1978年至20世纪末进入21世纪以后),分析不同时期的国家认同构建和国际政治情境如何影响对外传播制度的"漂移"与"转换"。他们认为对外传播制度既像是中国国际认同的镜像,投射了中国人对自身的看法,也像是中国国际政治情景的杠杆,联结了中国外交政策和话语体系表达的变化。

此外,姜飞、张楠(2019)则以改革开放为起始点展开研究,梳理了改革开放以后中国对外传播政策、理论与实践的三次浪潮。还有学者将全球化语境下的中国国际传播分为两个时期,认为自20世纪90年代初算起至2013年的主要特点为"中国内容、国际表达";而在2013年中国提出"一带一路"倡议后,中国国际传播的内容不再局限于中国事务,而以提升中国对全球和地区事务的解释权与话语权为目标,此后国际传播以"全球内容、中国价值"为追求目标(王庚年,2013;杨帆、牛耀红,2022)。

二 理论探索

国际传播研究发展至今,已经形成了一套较为完备的理论范式体系,即传播技术主义范式、政治经济学范式和文化研究范式(胡正荣、李润泽,2023)。从理论探索的角度,中国国际传播研究的思想性和理论性在不断提高。学者们一方面扎根中国田野,阐释和发展中国本土的国际传播思想;另一方面,积极引介国外研究及其他社会科学领域的相关理论概念,并与本土国际传播实践相结合,跨越中西学术的樊篱。具体来说,姜飞、姬德强(2019)从思想史价值、文化内核和实践逻辑三个方面对发展中的中国国际传播思想进行了全面梳理和分析,认为构建人类命运共同体这一命题的提出,为国际政治经济秩序乃至国际传播秩序的重构提供了新的方向,是天下体系的学术思想在政治理想领域的顶层设计,是文化自信、文化自强和文化伟大逻辑的自然延伸,是中国智慧上升成为全球传播伦理上游的历史性选择。而党的二十大报告指出的中国式现代化作为一个兼具理论意义、时代命题和实践导向的重要概念，也为国际传播策略和叙事建构指明了新的方向。基于此，周庆安、刘勇亮（2022）认为，中国式现代化的国际传播是一个战略性的叙事体系，具备了文明、国家、政党和新时代四个主体。国际传播的叙事也应当从这四个维度展开，即历史叙事、集体叙事、精英叙事和时空叙事。荆江、冯小桐（2023）则提出，为与国家对外战略相适应，中国式现代化国际传播可以从和平（中国式现代化发展的底线）、共享（中国式现代化发展的理念）、创新（中国式现代化发展的路径）、绿色（中国式现代化发展的形态）与公平（中国式现代化发展的规则）五个维度建构框架。袁靖华（2017）与韦路、左蒙（2019）的研究指出，在推进人类命运共同体议题的国际传播时，"新世界主义"这一概念有助于进一步丰富中国的话语体系，推动中国与世界的交流对话，有效助力破解人类发展困局、化解全球性风险。史安斌、杨晨晞（2022）提出在 Web 3.0 时代中，"元软实力"的争夺是确立国际话语权至关重要的方面。

对国际传播的研究来说，跨学科的交叉研究是发展趋势。由此，一些学者将视角转入心理学领域，从共情现象（empathy）出发探索建构"人类命运共同体"的理论基础与实践路径（吴飞，2019；赵新利，2021）。例如，吴飞（2019）提出，人类应建立一种与他者共在的理念并努力发展共情的关爱，这样才能有利于解决全球传播中的"对空言说"的传播困境。王昀、陈先红（2019）则运用叙事学理论，提出"讲好中国故事"的互文叙事模型，尝试分析"讲好中国故事"与全球华语资源配置及文化地理对话的逻辑关联。彭修彬（2020）尝试引入"文化接近性"（cultural proximity）的概念，认为其为国际传播和公共外交研究以及跨国情感的互动研究提供了新的视角，可以帮助学者理解数字媒体及大众传播的背景下文化认同与文化接纳在公共外交和情感互动中所起到的作用。

三 实践路径

对中国国际传播实践路径层面的考察，主要是以案例研究为导向，分析较为重要的政治行为体和组织的国际传播路径及国际形象，或有影响力的事件及其他取得较好国际传播效果的新闻故事、文化产品及形象符号。"李子柒""滇西小哥"等网络达人在海外平台的爆火引发了学者的广泛关注。相关研究认为他们的成功一方面是因其精良的制作；另一方面，也是因为这些内容满足了西方民众对中国田园牧歌式的乡村生活的想象。但也有学者指出，如果一提到中国就自发地默认为悠闲、欠发达、度假的乡村奇观，那么就说明中国式现代化的文化意涵没能建立真正的内核，容易再度陷入"自我东方化"的话语困境中（张慧瑜、陈昱坤，2023）。除李子柒在YouTube平台上的短视频走红成为现象级事件外，云南大象迁徙视频、抗疫纪实影像、中国国际电视台主题短视频与纪录片等均是国际传播领域短视频实践的积极探索。杨凤娇、邱犇（2021）以推特平台上的《中国日报》（China Daily）为研究对象，考察全球治理语境下中国外宣媒体关于扶贫减贫议题的建构，发现多样化的议题（经济成就、政策介绍、资金投入、人的发展能力、绿色发展以及国际参与议题）较好地体现出中国多维度综合治理贫困的理念。邵鹏（2020）分析了获得第92届奥斯卡金像奖最佳纪录长片的《美国工厂》是如何通过讲述一个中国工厂在美国创业改革的故事，充分调动受众的情绪张力，通过四种路径——用共情叙事、用事实说话、讲究传播技巧和把握叙事规则，进而实现跨文化、跨民族的突破阻隔、直抵人心的传播效果。此外，刘小燕等（2022）还通过梳理中国共产党国际传播研究，提出四点建议：一是从概念、背景、历史等角度提升中国共产党形象国际传播的理论化水平；二是从党的活动、基层党组织和党员等角度拓展中国共产党形象国际传播主体的研究；三是将针对中国共产党形象的研究置于国际政治权力格局中，并建立完善的受众研究和评估体系；四是深化中国共产党形象认同的相关研究，从形象传播的目标入手来提升传播实效。

从融媒体到5G移动通信网络的全面覆盖，到现今备受关注的新型人工智能聊天机器人程序ChatGPT，学者们始终关注技术变革为国际传播带来的深刻影响。例如，元宇宙作为近年来学界与业界持续探索与建设的新方向，为国际传播的发展带来新理念与新效能。作为人与物共生的平台，元宇宙指向了国际传播中多主体平等化参与的特征，元宇宙本身所带来的具身化、虚拟化和多感官的技术想象为国际传播带来更多的可能性，其开放性特征与人类命运共同体理念也高度契合（李彪、曹时雨，2022）。何天平、蒋贤成（2023）立足以 ChatGPT 为代表的聊天机器人的技术特性与社会面向，探究其在重塑跨国传播交往模式的内在潜力及可能带来的多层次的风险隐忧。

一些学者还分析他国及超国家行为体（如欧盟）的公共外交活动与国家形象塑造策略，以期为中国提升国际传播创新能力提供启发、借鉴与参考。例如，张莉、崔杨臻（2022）采用对话理论的视角，对新冠疫情期间欧盟驻华使团通过其官方微博在中国开展数字公共外交活动进行形象自塑及效果展开实证研究。研究发现，新冠疫情期间欧盟驻华使团通过微博主要向中国公众积极塑造四种欧盟形象，分别为"国际事务中负责任的规范力量"、"欧洲团结合作的领导者"、"中国在全球议题上的合作伙伴"、"新冠疫情下的'常态欧洲'"。彭修彬（2020）则聚焦于邻国日本，发现在新冠疫情期间日本使馆利用文化接近性开展数字化公共外交，引发中国网民的媒介化共情。但彭修彬也指出，数字化语境下的共情逻辑正在发生变化，情感共情快速起效，而认知共情则更为持久。同时，中日之间的媒介化共情呈现出高度语境化的特点，文化层面的接近性与历史层面的冲突性交织，共情与"反共情"交替作用。徐佳（2021）认为邻国俄罗斯以"斯普特尼克"为持续符号线索进行的自塑国家形象的过程为中国的国际传播实践提供了参照。从冷战时期苏联发射人类第一颗人造卫星斯普特尼克 1 号（Sputnik-1），到 21 世纪俄罗斯以斯普特尼克为名组建通讯社，再到新冠疫情中率先注册全球第一款疫苗并再次以斯普特尼克命名，俄罗斯通过战略性地制造"技术震惊时刻"，来唤起并激活关于俄罗斯强大的科学技术与综合国力的构念以及"美好俄罗斯"的构念，从而形塑国际公众对俄罗斯的"认知图式"。

此外，关于中国国际传播的效果评估也日益得到学者们的关注，学者们或分析海外媒体及中国媒体海外平台播放和评论的数据，或通过对在华留学生开展调研，或聚焦海外传播个案分析，为评估中国国际传播的实际收效提供了实证支撑。例如，为了考察中国政治话语的国际传播实践情况，当代中国与世界研究院开展了三项调查（于运全、朱文博，2022），分别为"中国政治话语海外媒体传播情况调查"（围绕全球20个国家和地区近300家英文报刊和网站的新闻报道，分析2020年中国政治话语词汇在海外媒体中的传播情况）、"中国政治话语受众认知情况调查"（邀约来自亚洲、非洲、欧洲和中美洲等33个国家和地区的630名来华留学生，通过线上问卷调查的方式，调查中国政治话语在海外留学生群体中的认知情况）、"中国政治话语海外传播路径个案分析"（以"全过程人民民主"这一创新话语为案例，深入研究中国政治话语在国际舆论场中实现共情、共通、共享的传播路径与叙事方式）。陈功（2021）从叙事传输、移情、认知获取难易、认知视角理解、跨文化体验五个维度出发，调查了《华盛顿邮报》和《中国日报》关于"户口"的报道在英语国家受众中的接受效果。苏林森（2017）调查了美国受众对中国英语媒体的使用情况和传播效果；张梓轩、许晖珺（2016）搜集了国际主流视频播放网站上使用英语的用户对中外合作纪录片的评论，分析了国际受众对中国纪录片的解码情况。郭镇之等（2016）对英国广播公司（BBC）播出的三部中国主题纪录片的传播效果进行了两次小型的国际受众调查，调查对象是英国诺丁汉大学和马来西亚泰莱大学的在校生。刘滢、吴潇（2019）对"歪果仁研究协会"这一视频账号的86条视频的传播效果（粉丝量、播放量、点赞量、转发量等）进行了实证研究。

从指标指数建构的层面，中国研究者也在积极完善国际传播效果的评价方式。例如，刘滢（2018）将"国际微传播影响力"定义为：专业媒体机构通过基于社会化媒体的"微传播"活动对国际市场的覆盖和渗透情况，对国际受众产生影响和引导作用的能力以及国际受众认知、态度和行为的变化程度。而后，刘滢建构了多维度的中国媒体国际微传播影响力的评估指标，具体包括传播力（包含传播时机、传播力度、传播实效）、引导力（包含观点感召力、议题设置力、舆情疏导力）、影响力（包含吸引力、凝聚力和说服力）、公信力（包含公众态度评价值、公众态度稳定值、公众态度变化值）。王锡苓、谢诗琦（2020）的研究虽然也从这"四力"（传播力、引导力、影响力、公信力）出发，但在每个一级指标下建立了更具针对性的二级效果评价指标，建构"人类命运共同体"

理念的国际传播效果评价体系，并借鉴运筹学理论的层次权重分析策略。刘燕南、刘双（2018）则以"能力—效力"框架为主，建构了一个由基础建设、内容产制、传播影响、市场经营四项一级指标组成的综合性国际传播效果评估指标体系。

第二节　国际传播创新路径与具体策略

基于中国国际传播已有的理论积累与丰富实践经验，学者们不断根据对当前国际局势变迁、世界传播秩序的重构与技术变革的判断与反思，从传播主体、传播内容与传播策略等多个维度入手，提出切实提升中国国际传播效能的创新路径与具体抓手。

一　扩大国际传播的参与主体，实现"复调传播"

当前国际传播呈现出传播主体的多元化趋势，即政府、媒体、企业、其他社会组织、个人等传播主体在新媒体平台上多音齐鸣的"复调传播"。这种"复调传播"并非所有传播主体唱起同一个旋律的"齐唱"，而是发挥自身优势，塑造各自的话语体系，从而形成的一股中国内容国际传播的合力。相较于"一元主体"，"复调传播"的丰富性、立体化为国际受众提供了全方位、多维度了解真实中国政治、经济、社会、文化的可能。在多元主体的具体组成之中，中央企业、海外华人华侨及科学家群体的作用尤其突出。

由北京师范大学新媒体研究中心、中国日报网等联合发布的《2020中央企业海外网络传播力建设报告》显示，"2020年中央企业整体海外传播力进步明显"，不但通过传统媒体、企业自媒体及其他渠道主动传播企业信息、扩大海外影响，而且积极"借船出海"，在海外社交平台的入驻率逐年上升。胡钰（2022）提出，中央企业作为国家实施"走出去"战略的重要力量，是国家形象的重要塑造者。因此，央企海外形象建设主要有三大目标：提升企业全球声誉、成为全球企业公民以及当好国家的形象代言人。而在央企积极参与到国际传播的过程中，既要有宏大叙事，也要有细小渗透；既要有企业对当地的贡献展示，也要有企业的情感表达。

郭镇之（2022）提出，应该充分发挥海外华人、居侨和旅侨群体作为中国最主要的海外形象和舆论代表在海外维护中国利益、传播中国声音、改善中国形象方面的重要作用。此外，对所有海外华人，应该根据他们的不同特点，扩大与所在国家的文化交流及友好关系。就中华文化的海外传播而言，保持外籍华人与中华文化的传统联系，发挥永居华侨在传承中华文化方面的稳定性，鼓励旅居华侨在表达中华文化方面的能动性和策略性。伴随海外华人群体在世界范围内的流动与扩散，由中国大陆新移民创立的海外华文媒体自20世纪90年代起也大量涌现。根据这一现象，程曼丽（2015）提出要充分发挥海外华文媒体在所在国的传播优势，打破"海内""海外"的传播界限，将华文媒体融入中国国际传播的一体化布局之中。

匡文波、马茜茜（2021）提出，应该让"专业性"传播主体发出科学之声。促进专业人士尤其是科学家团体、智库学者等走向国际社会。充分带动科学家群体发声，保证专业内容真实与准确，促进科学传播。科学家群体因其具有相关领域的专业知识而使其传播行为具备准确性和专业度，同时也在民众心理上拥有较高的权威，更能增强信息的说服力。

二 "他者叙事"：借助"外脑""外口"的视角与表述方式来巧构中国故事

在不断拓宽传播主体的"复调传播"之中，一个不可忽视的力量就是外国人。中国媒体讲中国故事，故事讲述者的官方性质，让其作为故事文本的发出者说服的意图过于明显，且因为意识形态和文化鸿沟的存在，在接受者那里就会形成一种接受"前见"，这样一来，对话交流的基础就会十分薄弱——信任关系的脆弱、共享事物匮乏、认知习性相异，传播也就难以达成。而当外国人担任传播主体时，这一问题就能得到较好的解决。例如，澎湃新闻推出的外宣新媒体平台"第六声"（Sixth Tone），就是地方媒体参与国际传播的新尝试。积极借助"外脑""外口"讲中国故事，以多元视角提升对外传播的信度和效度。"第六声"积极引导外籍人士近距离观察中国社会，深入思考，以此纠正网络社交媒体上出现的肤浅、低俗和碎片化倾向。基于不同的文化背景，中外媒体人不同观点的交锋契合了网络传播的"对冲"机制，提升了中国国际传播的公信力和说服力（史安斌、盛阳，2017）。

随着实践层面的"他者叙事"逐渐成为中国国际传播中的一支重要力量，学者近年来也开始调转思路，考察外国人是如何讲好中国故事的，借镜他者。王小英、明蔚（2021）聚焦于美国作家彼得·海斯勒（Peter Hessler）的非虚构写作中国三部曲《江城》（*River Town*）、《甲骨文》（*Oracle Bones*）与《寻路中国》（*Country Driving*），认为其在中外皆能获得良好声誉与广泛认同的主要原因有三点：着眼中外共通话题；第一人称叙述带来的沉浸式体验；讲述及评价事件时带有同理心。王庆福、张红玲（2019）关于中国纪录片的国际传播效果研究认为，为了解决"对话双方"的历史与社会背景差异，应当邀请外国人讲述中国的故事，由传播主体使用"他者"视角理解纪录片并进行对话。

三 "一国一策"与基于用户画像的分层触达

细分全球舆论场，开展精细化传播与"一国一策"，深耕多语种国别传播已成为国际传播学者们的广泛共识。彭修彬（2020）提出，在开展国际传播活动时，充分考虑文化的接近性和差异性，坚持"他人视角"，一国一策，实现媒介化共情。特别是要将人类命运共同体理念与"全球风险社会"和所在国国情结合起来，将宏大理念具体化、符号化、人格化、情感化，坚持"走基层路线"，多寻求"最大文明公约数"，着力引发普通民众的情感共鸣。而具体到究竟如何实施"差异化"传播与"一国一策"，向安玲、沈阳（2021）的研究提供了一个操作性较强的抓手。他们认为可以通过对不同国家互联网用户搜索热词（谷歌趋势）和讨论热词（推特趋势）及 Quora（问答 SNS 网站，可以理解为海外版"知乎"）等平台涉华提问等进行细化分析，挖掘其对于中国相关议题的关注要点，从信息供需平衡视角出发进行针对性内容发布。向志强、向治国（2022）将"语言距离"的因素纳入考量，提出改进孔子学院国际布局的具体策略。他们认为，语言距离反映了目标国的民众对汉语理解的难易程度，其产生和形成不仅有语言符号自身因素的直接影响，而且有两国间的地理因素、地貌因素、政治因素以及历史因素的间接影响，因而语言距离是两国亲疏关系的综合反映。在中国国际传播实践特别是在孔子学院的建立方面，应按照语言距离的远近将世界各国分成若干层次，在此基础上再进行有层次、有秩序的传播，即实施对外分层传播。

除了实施"一国一策"，刘滢（2018）认为"精细化"传播还应当体现在针对同一个国家的不同群体也制定差异化的传播内容。由于海外受众的年龄、职业、教育背景趋于复杂化，对受众群体进行人口统计学画像和媒体使用习惯考察将成为受众研究的题中应有之义。在此基础上，即便是在同一个国家，对受众进行分层传播从而实现传播效果的最大化将是必然选择。具体来说，杨帆、牛耀红（2022）近期的研究针对以美国为代表的西方国家政治极化和社会割裂的现状，提出一种基于政治光谱视角的受众分析方法。她们研究了影响美国政治生态的三种意识形态群体（分别是宗教右翼、经济民粹主义者和政治文化民粹主义者）对中国差异化的认知和情感取向。通过对推特数据的文本挖掘分析，结果显示，在美国的语境下，宗教右翼较少关注中国，经济民粹主义者更关心中国人权议题，而政治文化民粹主义者对中国具有强烈的敌对情绪和意识形态偏见。基于这种多样性和社会内部的群体差异，杨帆、牛耀红（2022）提出要将政治精准投放理论（political micro-targeting）应用于国际传播之中。王沛楠（2022）则认为，"Z世代"作为人类社会的第一代"数字原住民"对全球的交往和互联网生态产生直接影响，因此国际传播应有针对性地向"Z世代"这类特定群体的社交媒体偏好靠拢，在精准传播的策略指导下不断提升国际传播的专业化、系统化和协同化水平。

四　将讲述中国成就的宏大叙事融入国际合作与全球治理议题

以往中国国际传播实践中强调中国成就的宏大叙事在海外民众往往收效不佳，这其中一个原因就是"谁在乎"（who cares）的问题，即"中国的成就与我何关?"。甚至，在全球竞争越发激烈的大背景下，零和思维支配了部分国家的外交政策和民众心理，中国发展取得的成就越大，海外受众的怀疑和不平心理可能越强。正如向安玲、沈阳（2021）的研究发现，在推特上关于中国梦议题的海内外认知差异巨大，国内民众最常提及属性为"民族复兴""大国崛起""互惠共赢"等，而海外受众却更多地将之与所谓的"威胁论""噩梦/阻碍""中美博弈"等属性进行关联。如何在讲好中国人民奋斗圆梦的故事的同时，激活海外民众的正面情感，成为国家战略议题国际传播中的重点和难点。

正如外交部前副部长、清华大学战略与安全研究中心主任傅莹在第六届全国对外传播理论研讨会上表示，"现在外界关注中国，不仅是关心我们自身取得了怎样的成就，更重要的是，一个不断取得成功的中国将如何影响世界"。程曼丽（2021）也认为，国家是否拥有话语权，除了硬实力，"还取决于它的价值观念和话语体系是否能够有效回答和解决当今世界面临的重大问题"。由此，学者们提出中国国际传播需要锻造世界思维与世界视野。中国"地方性"成就，如果不能转化为全球故事，不能提供"世界性"意义，则较难被普遍接受（白贵、邱敬存，2022）。史安斌、童桐（2020）认为，新时代中国国际传播与公共外交实践所应承载的新使命是发掘中国方案的普适性意义，向世界阐明"中国能够为世界带来什么样的共同善"（common good）。周庆安、刘永亮（2022）也指出，中国的国际传播叙事要以全球背景和国际社会为主要面向。想要与国际社会进行对话、达成有效传播，需要围绕全球问题、时代焦虑和社会共同矛盾进行回应。通过找寻全人类的共有问题来进行叙事，就成为获取国际关注的有效方式。在这一方面，健康、气候、贫困与环境治理等议题都提供了绝佳的国际传播素材。例如杨凤娇、邱犇（2021）的研究发现，将中国扶贫减贫议题与国际话语相融合，推动减贫经验共享，展现国际交流与合作，有助于推进全球贫困治理，也可以展现中国对全球治理的影响。

第三节　中国国际传播面临的困境与挑战

后疫情时代，中国正面临百年未有之大变局与情感压倒事实的"后真相"生态的叠加挑战。部分西方政客与媒体捏造谎言、污名化中国，激化了根植在西方社会中的意识形态偏见，涉华负面信息与怀疑情绪弥漫国际传播空间，中国的外宣工作与国家形象建构面临巨大挑战。其原因主要有以下两个。

首先，"西强我弱"的世界传播既有秩序并没有发生根本性的变革。第二次世界大战以后，舆论霸权与媒介霸权一直是美国霸权地位的一个有力支撑，中国的价值与话语传播长期处于一种失语的状态。西方政客与媒体多年来抹黑中国新闻行业，加之中西方新闻准则与价值取向有所区别，致使部分海外民众对中国新闻媒体怀有偏见，损害了外宣媒体所传播的内容在海外受众心中的可信度。更有甚者，中国官方媒体在西方社会已经被污名化为所谓的"官方的传声筒""专制的代言人"，且无论传播的内容是什么，"不可信"这一先入为主印象已经令传播效果大打折扣。基于此，在中国国际传播实践中，"有理说不出""说出传不开""传开人不信"的话语困境仍然存在。

其次，虚假信息、阴谋论、后真相及仇恨言论等新型传播生态的兴盛所造成的困境同样适用于国际传播。正如彭兰（2017）所论述的，社交网络传播主体的多元化带来传播格局的复杂化，而建立在社交网络基础上的传播渠道及其传播动力容易带来情绪化传播。碎片化的传播内容导致还原真相非常困难。信息失真与失序现象对国际传播的影响日益凸显，受地缘政治、意识形态冲突与"集体推理动机"的干扰，在Facebook、Twitter、YouTube等海外社会化平台上，"后真相"和"情绪压倒一切"的困境比比皆是。新冠疫情期间，中国国际传播的势能弱化就集中反映了中国国际传播战略部署中积累的结构性矛盾（史安斌、童桐，2020；孙吉胜，2020；胡正荣、田晓，2020），也促使国际传播亟须从理论和实践上进行调整，将虚假信息、阴谋论、极端种族主义与仇恨言论等各类"问题信息"（problematic information）的治理等纳入考量。本书认为，在大变局时代，中国的国际传播能力建设与国际舆情治理核心任务之一就是对国际上的各类涉华"问题信息"进行有效的澄清与驳斥，营造去伪存真、风清气正的国际舆论环境，并将真实多面的中国故事、中国经验、中国观点及中国的国际贡献有效地嵌入国际政治传播话语体系，为构建人类命运共同体铺就健康多元的全球话语场域。

第四节　中国国际传播研究的未来走向

中国国际传播研究无论是在史论研究、理论扩展上还是在实践分析上都已有丰富探索，但笔者认为在以下三个方面仍可继续完善。

第一，后疫情时代国际传播效能提升需要采纳"破""立"并举的互补循环视角。当前中国的国际传播、国家形象塑造与国际舆情治理面临两个重大挑战：一是对国际上的涉华各类问题信息与极端言论进行有效的澄清与驳斥，塑造去伪存真、风清气正的国际舆论环境；二是将中国的社会发展经验和国际抗疫贡献有效地嵌入国际政治传播话语体系，为构建人类命运共同体铺就健康多元的全球话语场域。这两个重大挑战，前者是"破"的问题，即击破"排华谎言圈"；后者是"立"的问题，即展现中国的大国担当，建立外国民众对华理性客观的认知基础。

第二，现有研究往往考察对外传播的"输出"层面，即从主体参与、目标定位、内容创制和传播渠道等维度加以讨论，而相对较少对"接收"层面进行实证调查。中国国际传播的目标对象是海外受众，海外受众对中国传播内容的接受度、认可度、入脑入心情况应作为检验国际传播收效的最终归依。笔者认为，对国际传播的效果研究不仅必要，且已处于恰当的时机。一方面，改革开放以来，中国的综合国力不断提升，前所未有地走近世界舞台中央。相比于20世纪的"中国说什么做什么不重要"和"一切朝西看"，崛起中的中国的一举一动开始吸引世界的兴趣与关注。这意味着，中国的国际传播真正开始对全球受众产生影响（即便由于部分西方媒体的不实报道与中西意识形态对立，一些外国民众对中国的媒体机构和传播内容仍然带有一定的偏见）。另一方面，数字化媒体的迅速发展使跨国界的传播活动呈现出崭新的样貌，全球传播场域内的信息反向流动初见端倪。尽管数字鸿沟依然巨大并且将持续存在，但社交网络为包括中国在内的广大发展中国家提供了一种直接抵达目标受众的传播平台，使迅速的跨国信息扩散和及时的国际受众互动成为可能（刘滢，2019）。虽然长期被西方主流媒体压制，但中国国际传播效能不佳与"失语"的状况已有所改善。因此，在世界政治格局变迁和技术迭代的双重背景下,考察中国国际传播效果已刻不容缓。

当前考察中国国际传播效果的研究大多采用两种研究方法。第一,以外国媒体涉华报道或中国媒体海外平台上传播内容的用户点赞数、转发数或评论数为样本,结合量化的内容分析与大数据网络分析(如张莉、崔杨臻,2022;周翔、户庐霞,2019)。这种方法只能对传播效果得出总体估计,难以针对具体传播策略提供效度检验。此外,以点赞数、转发数或评论数为衡量方式难以回答究竟是"什么人在关注中国议题"这一问题,没有办法将点赞、评论的海外华人华侨以及中国留学生和外国民众真正区分开来。汤景泰等(2020)还提出,随着"水军"产业化的发展和"计算宣传"水平的提高,使用机器模拟的网络账号刷数据的现象也越来越普遍,也造成了使用传统的评价指标(如活跃度、转赞评数)难以评估其真实传播效果。第二,考察中国国际传播效果的研究方式主要是针对具体传播事件或案例的传播效果进行分析,但对于较长一段时间的、较大范围的国际传播效果研究则力不从心。此外,传播主体的多元化,使效果评估的难度也随之增加。评估的不力也在一定程度上影响了我们对当前国际传播格局的准确判断,阻碍了中国对话传播策略的改进(刘滢,2021)。为解决方法论上的困境,本书通过大规模跨国别的问卷调研与媒体实验对中国国际传播的效度进行检验。笔者采用针对外国受众的实验与问卷调研法,通过国际主要的调研平台〔如凯度调研公司(Kantar Market Place)、亚马逊土耳其机器人(Amazon Mechanical Turk)、Qualtrics在线调查平台等〕招募海外多国民众参与实验与问卷调研。通过收集大量的多国别实验与问卷数据,检验研究假设,并探索影响受试者对中国国际传播内容认可度的心理因素。第三,当前提出的策略与方法大多源自新闻传播的学科之内,少部分学者融合了文化研究、社会心理学(如共情理论)以及公共外交领域的概念与最新发现,但其他社会科学领域的理论与概念仍较少地被中国国际传播研究采纳。在研究多元化和学科交叉性的今天,整合与借鉴来自国际关系、政治心理学、政治学等相关领域的理论与概念有望为中国国际传播策略优化提供全新视角、带来有益启发。正如于运全、朱文博(2022)所论述的,对外话语体系建设亟须跨学科与跨领域的支持。

第五节　本书的目标、特色及章节设置

基于当前中国国际传播面临的困境与挑战和国际传播研究的未来趋势及走向，笔者提出增强国际传播能力建设与全球舆论治理的三种新观点。一是在百年未有之大变局与后疫情时代下，中国国际传播能力提升、国际话语权确立与国家形象建构过程中需要采纳"破"（澄清与驳斥涉华负面信息）与"立"（提升对华好感度）并重的"双轨驱动"视角。本书关注国际舆论场域中的涉华虚假信息以及针对海外华裔群体的仇恨言论，而后考察改善对华好感的具体策略，"破"中有"立"，以"立"图"破"，在"破""立"互补中提升传播效度。二是衡量国际传播效果应加强对微观个体层面的接受研究。高远宏大的战略研究应被可重复验证的科学实证结果来验证和补充。本书以"受众导向"和"量化实验"为核心思路，切实对传播效果进行考察，并提出新的概念与国际传播范式。三是在国际传播能力建设上升为国家战略之际，构建融通中外的对外话语体系已成为整个人文社会科学领域的共同使命。本书融合心理学、政治学、国际关系学中的多种理论范式，以实证主义的思路，通过媒体实验及大规模跨国问卷调研检验中国国际传播效度。

本章作为第一章，对中国国际传播丰富的研究现状进行了系统梳理。接下来的七个实证章节，将从不同维度聚焦传播效果，对中国国际传播与国际话语权建构的"破"与"立"两个侧面的实际收效进行考察，并提出有针对性的提升机制建议。

第二章聚焦于涉华虚假信息的驳斥对策。当下，虚假信息在欧美诸国泛滥，去伪存真、正本清源是国际舆情治理的当务之急，更是避免信息与社会安全最终上升为政治安全的当务之急。本章采用针对美国民众的媒体与心理学实验，提出并分析了四种虚假信息驳斥方法的效度差异。其中，两种为针对传播内容的驳斥方法（预先接种法和科学信息纠正法），两种为针对受众的驳斥方法（虚假信息祛魅法和群际关系重塑法）。实证结果发现，针对传播内容的驳斥方法在一定程度上可以减弱虚假信息对受众的负面影响。虽然预先接种法没有显著减弱虚假信息的信

度,但科学信息纠正法产生了显著的驳斥效果。研究同时还证明了,针对受众心理的虚假信息祛魅法可有效降低人们对虚假信息的相信程度,从积极的角度重新想象与外群体关系也会明显减弱对虚假信息的接受程度。本章的目的在于系统性地检验与改进针对伪信息的媒介驳斥路径,拓展国际舆情治理的新思路,构建健康、理性与安全的国际传播环境。

第三章关注针对海外华人群体的仇恨言论现象。仇恨言论是指基于社会群体身份归属而煽动暴力、仇恨或歧视的辱骂性表达,被看作网络表达空间中的主要威胁之一。仇恨言论不仅会危害协商民主话语、破坏包容性的网络公共领域,还有可能导致现实世界中的暴力及犯罪行为。在过去,穆斯林和非裔等少数群体通常是国际互联网上仇恨言论的主要攻击对象,但随着世界竞争与冲突加剧以及新冠疫情的影响,针对海外华人华侨的仇恨与种族言论也逐渐在世界范围内的社交媒体上显现。虽然各方对实现仇恨言论的全面规制作了各种努力,但政府和互联网平台的干预对策也面临种种困境,所以普通用户的在线规制就非常重要。本章以澳大利亚民众为实验对象,探究能够有效提升其面对针对华裔群体仇恨言论的规制意愿的影响因素。研究发现,提升群体间共情与建立集体认同均能够有效提升海外民众对涉华仇恨言论的干预意愿。此外,多元文化主义、威胁感知与网络政治效能感有效调节了海外民众对涉华仇恨言论的干预意愿,即拥有较高多元文化价值观、认为仇恨言论对自我和社会有较高威胁感以及怀有较高网络政治自我效能感知的人,更容易通过改善对华态度,进而对针对华裔群体的仇恨言论做出规制行为。

第四章从群际关系的视角思索改善海外民众对华态度的可能路径。国之交在于民相亲,国际传播的主要归依是海外民众,最终目的是增进海外民众对中国的了解,提升其对华好感。本章以社会心理学领域的群际关系视角为切入点,以社会认同理论为立足点,整合四种改善群际关系的具体路径("构建共享认同""去刻板印象""延伸交往"与"积极想象"),并将其嵌入国际传播实践中。在研究方法上,通过亚马逊旗下的众包平台 Mechanical Turk 招募美国民众参与实验,对提出的四种传播策略进行效度检验。研究结果证实,四种改善群际关系的传播策略均能显著提升受试者的对华好感。本书以实验法明晰因果关系，为考察中国国际传播效果提供实证检验与支撑。

第五章聚焦于公共外交的具体话语路径。后疫情时代，多边合作的减少以及大国关系的"脱钩"现象加剧，公共外交在重建信任方面的潜力备受关注。公共外交重建信任的潜力得到凸显。本书考察了不同策略对改善国际态度的影响，并以可信度为中介变量。以中美关系为个案，采用被试间因子设计，将叙事视角（"单边信息"与"双边信息"）与叙述者身份（目标受众的"内群体"与目标受众的"外群体"）进行交叉。结果表明，当美国参与者接触到与中国相关的媒体内容时：（a）从正面和负面的双重角度讲述故事；（b）由内部成员提供，他们认为信息具有很高的可信度，并表现出显著的对华积极态度。然而，将两种战略结合起来并没有带来叠加效应。本章结果表明，两面叙述和内群体叙事是媒介公共外交的有效方法。这对新时代的公共外交研究和实践具有启示意义。

第六章关注网络视听的国际传播效果评估。以网络短视频、网络直播为代表的网络视听新模式正崛起成为一种新兴的国际传播方式，迅速实现了"全民化生产"与"全球化传播"，成为传统国际传播实践的有效补充，二者共同承担起向世界讲述中国社会发展经验和国际贡献的历史使命，为构建人类命运共同体铺就健康多元的全球话语场域。考察网络视听国际传播的效能，首先需要建构系统性的网络视听国际传播效果评估指标。本章提出衡量网络视听节目内容国际传播效果的四重指标，即兴趣度、信度、认可度与亲善度。第一是兴趣度，即中国网络视听节目是否引发海外受众对中国的关注与兴趣，使其愿意了解中国。第二是信度，即中国网络视听内容作为信源的可靠、客观与权威程度。第三是认可度，即海外民众对中国共产党治国理政、中国人民奋斗圆梦、中国坚持和平共赢的发展历程的总体认可指数，重点考察海外受众对中国网络视听平台与节目内容所讲述的"中国故事"的理性认知程度。第四是亲善度，即海外民众在何种程度对华持有情感性认同或深层共情，聚焦网络视听国际传播的内容"由脑入心"后外国受众对华认知的情感转向。四重指标紧密相连、层层递进，共同为提升中国网络视听平台与内容的国际传播效能提供具体衡量指针。

第七章旨在建立一个系统的国家形象量表。提升中国国际传播能力要以准确、清晰了解世界对中国的态度与情感取向为前提。"中国国家形象"应该被扩展成一套多维度、系统性、可量化的综合量表,该量表既应包含海外民众对中国较为宏观的国家发展、国际参与、文化景观等层面的看法,也应包含对中国和其自身所在国家双边关系与实力的评估,以及海外民众对中国和中国人持有的情感性认同,比如兴趣、信任与共情。只有将中国国家形象与海外民众对华态度细化成多层次、多角度的综合量表,中国外宣部门才能找准国际传播中的"良好基础区"与"薄弱区",并据此制定有的放矢的国际传播策略。本章综合国际关系、传播学、政治心理学和商学四大社会科学相关理论,采纳当代中国与世界研究院、皮尤研究中心等发布的十余份国内国际知名民调报告,构建"全球对华认知与情感指数"量表,并通过实证检验其效度。通过国际数据调研公司凯度集团招募海外十余个国家(包括美国、日本、德国、法国、俄罗斯、日本、韩国、印度、印度尼西亚、墨西哥和巴西)的民众填写调研问卷,本章检验所构建的全球对华认知指数的信度与效度,搭建分析模型,计算各个子维度对海外民众对华整体态度的影响权重,提取对改善对华态度的最重要因子并根据其制定精准传播方略。

第八章聚焦于技术赋能下国际传播的守正与创新。本书的前七个章节秉承"以人为媒""以人传情"和"以人为本"的研究理念,聚焦于海外民众个体对中国和中国人的心理认知路径与情感取向,从"破"与"立"双重角度剖析新时代中国国际传播效能提升的具体策略。本章将研究视角由"人"转向"物"与"器",探讨数字技术为国际传播带来的机遇与挑战。在智能媒介全速发展的背景下,国际传播已进入全面提质增效的新历史阶段。本章重点关注以深度平台化、元宇宙、人工智能与数据新闻为代表的智媒技术赋能下,国际传播实践与研究领域面临的深刻变革。

第九章作为结论章节,将整合本书的实证发现,描摹出中国国际传播话语体系建构和国际传播实践的重构图景。并且,国际传播效果研究仍有诸多令人期待的方向值得进一步讨论。在本书的结论章节,笔者提出以下几个引人深思的方向和议题，期望为后续的学术探索提供借鉴，其分别为：采取中长期导向的效果研究新范式；采纳代际视角，聚焦面向全球"Z世代"的国际传播；从方法论层面，加强国际传播研究创新。笔者建议综合传播学中长期效果研究的最新进展（包括纵观实验、面板调查、连锁分析、机器学习等），通过深入挖掘国际传播的机制和规律，更准确地描摹海外受众接触和理解涉华信息的认知逻辑和情感取向，更有针对性地应对国际上涉华负面信息的传播，提升海外民众对中国的认可度与好感度，从而更好地维护国家形象和加强国际话语权。

最后，本书是中文领域首次整书采取实证主义的研究范式，通过跨国媒体实验与民意调查的方法考察国际传播在具体传播策略上的效果的尝试。笔者希冀覆盖到大变局与后疫情时代下，中国国际传播能力提升、国际话语权确立与国家形象建构过程中的"破"（澄清与驳斥涉华负面信息）与"立"（提升对华好感度）的"双轨驱动"，并对过往研究者提出的宏观战略与具体路径进行一次系统的、聚焦于微观个体（海外民众）的实证补充，以丰富中国国际传播效果研究。但必须指出，这种效果的测量与验证大多是短期的。但正如有学者所指出的，在当今全球交往的大背景之下，国际传播实践与国家形象建构都是复杂、多变而动态的，我们需要以审慎的态度对待短期的民调结果与"碎片化"的信息或研究发现（张毓强、潘璟玲，2022）。尽管本书的研究结果都源于国际知名民调平台或咨询公司，由此最大程度上确保了数据的科学性与可信度，但统计学上呈现的态度的"即时"与"显著"的改变（无论是降低对华的仇恨情绪还是提升对中国与中国人的好感），都需要经由更为中长期的国际传播实践与跨国交往来反复验证。笔者呼吁更多的来自社会科学领域的学者将本学科的成熟理论与中国国际传播所面临的现实问题相结合并通过实证对中国国际传播效果进行检验，以学理和实证的双重方式为后疫情时代提升中国国际传播能力提供支撑与建议。

切实提升国际传播能力，道阻且长，笔者深深受惠于中国国际传播学者三十年来深耕这一领域的不懈努力与已有的卓越成果，得益于数字媒体时代下海外调研的便利性和跨国数据的可得性，本书从一个较少被采纳的视角为中国国际传播研究的宏伟版图添上一点补充。希望本书能够为国际传播领域的研究者抛砖引玉，为有志于国际传播研究和实践的高校学者开拓思路，为国际传播从业者和多元主体提供一些有益的参考。

第二章

去伪存真:涉华虚假信息的驳斥对策

虚假信息现象古已有之,但冷战后数字媒体的兴盛助长了虚假信息的泛滥。一项在美国、阿根廷、德国、英国、意大利、波兰等国进行的跨国民调显示,大多数被访者至少相信一种带有阴谋论色彩的虚假信息(Drochon,2018)。有学者认为这标志着很多西方国家已进入"阴谋主义时代"(Hollander,2018)。社会科学领域与人文科学领域的研究者纷纷针对虚假信息现象进行了大量细致的探究,其中的社会心理学研究者从认知角度分析形成虚假信息的来龙去脉,并探索在虚假信息接受层面上呈现出的个体差异;政治学学者倾向于将虚假信息阐释为当代民主制度失范的产物;社会学家则运用现代性理论解释虚假信息与社会变革和社会生产过程之间的关系;传播学学者则对包括阴谋论、谣言和虚假新闻在内的虚假信息在大众媒体和数字平台的生成与扩散展开讨论。

虚假信息的泛滥会削弱公众对媒体内容与现实的理性甄别能力,冲击健康有序的政治生态,对内煽动极端主义,对外推动对他国的政治干预。而国际传播场域的虚假信息在生产、传播和受众接收层面的特殊性,导致核查、甄别、纠正它们更加困难,主要是因为:其一,政治隔阂和意识形态偏见导致事实性信息中杂糅政治倾向、意识形态的主观判断,而且通常具有较高的隐蔽性;其二,地域鸿沟、语言差异和互联网访问限制,增加了追踪核查伪信息的难度;其三,受到文化差异、国际偏见的影响,转变国际受众的既定认知、固有立场、既存价值观的难度很大。然而,迄今为止,学界比较缺少驳斥涉华虚假信息与减少其危害影响的对策研究。先发制人(pre-emptive strike)的治理方式(比如依靠政府和社交媒体自身的审查)虽然可以暂时减少受众接触虚假信息的机会,但往往被一些社会群体抨击为对言论自由的干扰。同时,这种治理方式也可能在技术上是失效的,因为虚假信息制造者可以采取诸多方式逃脱信息监管;它也可能在经济上是失策的,因为虚假而情绪化的"标题党"媒体内容依然有利可图,从而促使在线平台不断转发这些信息,以提升其经济价值。考虑到虚假信息供应侧的干预措施的有效性与合理性受到颇多质疑,探寻有效的、以受众为中心的干预措施便显得更为重要。

此外,关于虚假信息的驳斥研究对建构突发公共事件的国际传播策略有突出意义。国际传播不仅要传递真相,还要澄清谬误,生产与消解并存。例如,在新冠疫情中,虚假信息的剧增与扩散破坏了一些国家民众对中国的正确认识。在一些国家,日益加深的偏见对中国的危机传播与国际传播效能构成潜在冲击。可以说,失去有效的传播安全对策,就失去了对外传播的"韧性"空间。因此,在突发公共事件背景下,将虚假信息驳斥方法嵌入国际传播过程是构成后者传播效能的必要条件。由此,在对虚假信息的社会危害性的反思基础上,本章试图建构国际舆情治理的新思想与新方法。本章以美国民众为调查对象,从对虚假信息的媒介干预角度对重大突发事件中的虚假信息防治进行系统性考察,评估不同虚假信息驳斥机制的有效性,以期降低虚假信息所带来的"次生危害"影响。虽然由于当前国际舆论场内涉华虚假信息盛行,小部分海外民众对华偏见已经固化,驳斥与澄清工作难以取得立竿见影的效果。但本章的目的在于对海外民众进行长期的认知测评,为中国在后疫情时代铺垫友善和谐的国际舆论环境,优化国际传播策略,以实现重大突发事件中国际传播的"先发制人"。

第一节 虚假信息研究

2017年以来,虚假信息研究已成为政治传播研究领域最为热门的新兴课题。国际政治传播研究的权威期刊《政治传播》(*Political Communication*)和《国际媒介与政治杂志》(*International Journal of Press/Politics*)均于2020年组织特刊讨论这一重大议题。后文就概念区分,社会动因,虚假信息的影响,虚假信息、国际传播与群际关系四个方面对虚假信息研究做简要梳理。

一　概念区分

"虚假信息"（disinformation）可被理解成"为促成某种政治目的而以新闻报道或模拟纪实形式传播的带有特定意图的虚假内容",欧盟委员会"虚假新闻和网络伪信息高级专家组"（High Level Expert Group on Fake News and Online Dsinformation, 2018）也对此术语作出了一个简明定义:"虚假信息是以故意造成公共损害或获取某种利益为目的而筹划、展现及推广的各种形式的错误的、不准确的、具有误导性的信息。"这一定义强调三个界定标准：信息的欺骗性、潜在危害性以及制造者故意伤害的动机。因此,"虚假信息"通常强调通过误导信息蓄意欺骗他人的行为动机,其制造与散布经常含有政治性,旨在误导包括政府或社会成员在内的特定受众,以影响政治进程。但是,政治动机不一定是构成"虚假信息"的必要条件,"虚假信息"的生成可能仅仅服务于特定的经济利益。比如,在2016年美国大选期间,北马其顿小镇韦莱斯（Veles）的一些青年通过网络发布关于美国大选信息的假新闻,每天的收入达到几千欧元。同时,"虚假信息"有别于"错误信息"（misinformation）,后者指代由于疏忽或者无意识的偏见而导致的错误或不准确信息。

另一个与虚假信息相近的概念是"虚假新闻"（fake news）。"虚假新闻"是指那些以新闻格式呈现,但既不符合正常新闻媒体的编辑流程规范,也违背新闻工作的目的与原则,因而无法确认其准确性和可信性的信息形式。美国媒体公司BuzzFeed的编辑Silverman在2016年发表的文章中首次提出了这一术语（Graig Silverman, 2016）。在特朗普赢得2016年的总统竞选后,"虚假新闻"这一词语迅速在普通民众和学术研究中流行开来。以往研究将假新闻区划为包括讽刺、恶搞、捏造、操纵和宣传等在内的诸多类别。然而,对"虚假新闻"一词的使用浪潮在其被特朗普采用后戛然而止。特朗普利用该话语消除对其不利的批评性报道的合法性。这使"虚假新闻"一词从根本上丧失其真正内涵和分析价值。因此,许多近期研究呼吁采用更精确的"虚假信息"一词来代替"虚假新闻"。

此外，以阴谋论、谣言和虚假新闻为主要叙事文体的虚假信息通常含有难以追踪检索的模糊信源、情绪宣泄式的行文风格、极端化的夸张表述以及浅显直白的警示语等（施爱东，2016）。而"后真相"时代网络虚假信息的传播机制带有"事实让位于立场""圈群化传播使可视化带来负效应"和"谣言传播的少数群体情绪启动效应"等特征（李彪、喻国明，2018）。换言之，在数字媒体时代，虚假信息通过煽情、夸张、虚拟与"立场过滤"等手段加剧了传播与社会关系空间的茧房化。袁会、谢耕耘（2015）的实证研究还发现虚假信息主体（如造谣者）具有一定的聚合性身份特征，多媒体的佐证形态和新异性的话题塑造是非常重要的手段，传递的主要是恐惧和愤怒等负面情绪。

二 社会动因

根据技术本体论的观点，网络数字媒体的主体选择性、算法特征与信息超载导致了信息失序，进而催生虚假信息的生成与传播。而政治传播学者认为，技术只有在基础性制度和政治文化结构被瓦解的情况下才可能通过加剧政治极化而使社会坠入危机（史安斌，2017）。西方政治体系的内生性危机是生成"虚假信息"现象的社会因素之一，此政治社会的阐释视角可分为制度、社会与政治经济三个层面。

在制度层面，民主制度的信任危机促成了虚假信息的制造。民主制的信任危机指公众对现行民主制度与资本主义制度的合法性的认知危机。政治学学者认为，西方世界的民主正日益"浅薄化"（superficial）——商业精英的崛起以及对"社会问题市场化解决"模式的依赖削弱了选举和政策的全民代表性。在此"后民主"的背景下，社会成员对其治理结构与传播体系的认同在日渐削弱。"爱德曼 2020 信任度晴雨表报告"（The 2020 Edelman Trust Barometer Report）显示，美国、英国、澳大利亚、法国、西班牙与日本等国家的民众普遍对其政府与新闻业表现出较低信任度。这种对本国民主体系的不信任印证了"资本主义制度正遭受批判"的趋势——该调研报告显示在世界范围内56%的受访者赞同"当前的资本主义模式对整个世界弊大于利"这一说法。当民主制度的信任危机加剧时，人们试图寻找关于政治制度的替代性解释。而虚假信息、阴谋论与流言等信息形式恰恰利用公众对"体制的信任的丧失"来提供一种替代性现实。因此,"后真相"的深层原因是"后民主"。

在社会层面,社会极化与民粹主义的盛行加速了虚假信息的流通。虚假信息是针对人们对其社会关系及其所处社会地位的感受而生成影响的。当前以美国为代表的西方发达国家社会普遍存在社会撕裂和民粹主义思潮盛行的现象,这就为以"耸人听闻""强烈情感唤起"和"将对方党派邪恶化"为特征的伪信息提供了丰沛的民意土壤。2021年年初,美国前总统特朗普的支持者冲击国会山,引发震惊全美的政治风暴,正是美国社会极化和民粹主义盛行等痼疾的集中体现。各党派的支持者将对立党派的支持者视为具有与自己截然不同的政治信念和价值观的人,加剧了对对立党派的怀疑与敌意。在日益极化的党争中,强烈的负面情绪成为许多党派人士对另一方成员态度的主要特征。在这种社会氛围里,人们更加青睐于可以将对方党派敌对化、恶魔化的负面媒体信息,使"事实让位于情感"。这进一步损害了中立派新闻媒体的社会调节作用,加速了虚假信息的流通。

除了关注民主体系内部危机的政治社会学视角,现有研究还从政治经济学视角将"情感经济"(the economics of emotion)阐释为虚假信息的主要影响因素。情感经济意指媒体利用公众的情绪来获取关注、增加观看时间,进而将其转化为广告收入。阴谋论、谣言、虚假新闻三种叙事都是情感经济的产物,他们通过激发受众的情感共鸣从而制造替代性解释以取代那些已被证实的信息。此外,随着对用户注意力进行货币化的依赖程度逐渐加深,一些新闻机构开始在政治或其他领域的报道中以各种诱骗性的内容争取观众。这种传统新闻机构与低成本、零声誉,却能够吸引大量受众的"后起之秀"的竞争态势被描述为"标题党媒体"(clickbait media)的经济格局。在数字广告盛行和深度平台化(platformization)的背景下,大量的"垃圾新闻"(junk news)严重破坏了传统新闻行业的内容审查功能,削弱了社会对虚假信息的防御机制。

三　虚假信息的影响

虚假信息的影响体现在内容的生产与接受两个层面。根据传播内容的供给侧研究，一般强调对虚假信息网站在线内容的大规模数据进行建模分析。例如，相关研究运用扎根理论对美国大选时政治辩论期间分享在社交媒体上的大量内容进行分类，发现假新闻与真实信息被权威专业媒体报道的频率是相近的（Freelon and Wells，2020）。此外，在设置媒体议程的过程中，虚假信息网站与以事实为依据的新闻报道平台会进行频繁的互动，使假新闻取代真实报道，并将公众的注意力从重要议题上引开。虚假信息的影像化与多媒体化使其较以文字为单一载体的虚假信息呈现具有更高的蛊惑力。

值得注意的是，虚假信息的生产主体可以是政府。一些研究从国际关系的视角探索"虚假信息战"的影响和作用。美国中央情报局（Central Intelligence Agency，CIA）一度宣称俄罗斯政府利用"伪信息运动"（disinformation campaign）操纵 2016 年的美国大选。此论点认为俄罗斯借助于"草根营销"的策略，将机器人账号伪装成美国普通公民，对社交媒体上支持特朗普的帖子进行大量转发。虽然美国常常将自己描述为俄罗斯政府操纵的虚假信息宣传活动的受害者，但也有一些研究证实美国政府本身就有使用虚假信息进行宣传和政治干预的历史和传统，目标主要是俄罗斯、拉丁美洲政权和中东国家。在 2020 年的新冠疫情中，特朗普政府对虚假信息的制造与推动已给包括美国社会在内的世界人民带来深重灾难。因此，在越发复杂的国际局势和日渐激烈的"（虚假）信息战"中，俄罗斯和美国互相指责对方开展了以扰乱其国内社会为目的的虚假信息宣传活动，将对方塑造成破坏互联网秩序、危害世界和平的"威胁者"。

虚假信息的需求侧或接受侧研究一般探究对虚假信息的接触如何影响公众的观点、态度和行为。由于虚假信息往往具有煽动性并饱含着情感的控诉，使信息成为情绪的载体，而社交媒体的圈层化不仅禁锢了网民的认知，也同质化了他们的情绪（宋凯、袁奂青，2019）。虚假信息削弱了选民基于自身对政治制度的认识而进行理性甄别的能力，从而对民主体系与程序的公正性与合法性构成威胁。实证研究表明，虚假信息宣传活动能够影响人们在总统选举、公投或其他投票环境中的判断。例如，在英国脱欧公投期间，有关伊斯兰阴谋论的虚假信息推动大量选民倒向脱欧派；针对奥巴马与希拉里的政治谣言的扩散，对其二人的总统选举过程造成了不同程度的影响；在德国 2017 年的议会选举中，虚假信息的传播使部分选民疏离主要政党而转投极右翼民粹主义党派（选择党，Alternative for Germany，AfD）。虚假信息还破坏审议制民主与公共空间的健康运转，摧毁了哈贝马斯所倡导的以公众场域为基石的民主理想。

四 虚假信息、国际传播与群际关系

针对外国公民、外民族与外群体的虚假信息与阴谋论古已有之。来自政治学与社会心理学领域的专家们已经证实，刻板印象、歧视与外群体仇恨既是针对某些特定族群的虚假信息的成因，又是其后果。具体而言，一方面，人们对外群体的既有态度（如刻板印象和种族主义）会显著提升其对外群体的虚假信息和阴谋论的接受程度，即那些本身就对外群体怀有怀疑和敌视态度的人会更加容易受到此类虚假信息的蛊惑，把外国人、外民族或外群体成员视为对己方怀有恶意的"他者"（Husting and Orr, 2007）。有研究证实，在美国，对黑人怀有歧视情绪的种族主义者会更倾向于相信"奥巴马并非美国公民，因而没有参选美国总统的资格"这一虚假信息。而弥漫于美国社会的反移民、反伊斯兰教的社会氛围也导致了针对穆斯林群体的虚假信息——"伟大替代计划"（The Great Replacement）在美国拥有大量狂热信徒。另一方面，针对特定群体的虚假信息与阴谋论话语又进一步加剧了对外群体的仇恨。20 世纪初在欧洲和美国流行开来的"犹太人控制世界阴谋论"（Global Jewish Conspiracy Theory）造成了灾难性的后果（Swami, 2012）。犹太人在第二次世界大战中受到侮辱、压迫和屠杀，至今这股"反犹太浪潮"仍根植于德国、奥地利、波兰等国社会。

然而不同以往的虚假信息指涉对象，在新冠疫情肆虐期间，涉华虚假信息尤其猖獗。国际权力与认知结构的震荡性转变催生了涉华虚假信息在疫情期间的流行。首先，美国耗时 20 年的反恐战争宣告结束，亟待制造与锁定新的"敌人"以维护自身的政治内聚力。其次，美国政府对华战略接触时代结束，进而将中国定义为一个"不可改造"的政治"他者"与战略竞争对手。随着美国的大战略中心由反恐战争转为遏华导向的"不安的和平"（uneasy peace），全球安全环境正经历不断上升的不稳定性与不确定性。在此背景下，虚假信息通过阴谋论叙事为非道义行为炮制了"道义"支撑。换言之，"涉华"虚假信息利用中美关系不确定性剧增与美国内部社会动荡的契机，通过鼓吹"毒源论"等阴谋论，将本国公众日益加剧的对华偏见转化为对进攻性策略的支持。同时，互联网大数据环境下的虚假信息消费极可能致使"阴谋论信念的螺旋升级"，即原先的种族主义者或具有仇华倾向的人将更加容易受到涉华阴谋论蛊惑，从而进一步恶化其认知错误。

由此，后疫情的时代背景与国际舆论环境恶化催发了对国际传播策略的再思考。当前中国外宣媒体面临的困局有三点：第一，对涉华虚假信息的驳斥多以"对冲式"话语为主，往往引发西方国家更激烈的舆论反弹；第二，对"真实中国"的建构通常体现在强调集体成就的宏大叙事中，难以激发西方民众的认知和情感共鸣；第三，数字时代众声喧哗的舆论生态使"信息瘟疫"的治理更添复杂性（史安斌、童桐，2020；彭修彬，2020；孙吉胜，2020；胡正荣、田晓，2020）。新冠疫情期间中国国际传播的势能弱化反映出中国国际传播战略部署中积累的结构性矛盾，也促使国际传播亟须从理论上和实践上进行调整，将虚假信息治理纳入考量。近年来，中国研究者也开始关注虚假信息和阴谋论盛行对中国国际传播及国家形象建构的深刻影响。例如，陈秋怡、汤景泰（2023）通过大规模文本分析与社会网络分析，发现新冠疫情期间涉华虚假信息运动是当下西方社会中"情感政治"的集中体现。涉华虚假信息的传播呈现出典型的泛政治化倾向，形成了政治逻辑对风险逻辑的碾压，并基于媒介化逻辑造成负面效应被加倍放大，其主要表现就是将疫情与政治立场挂钩，并且试图在舆论场中强化所谓的"中国威胁论""中国崩溃论"和中国责任论的认知图式。从议题来看，相关虚假信息也主要以攻击论调为主，运用似是而非的逻辑，将局部问题全局化，将公共卫生问题政治化，将个别问题阴谋论化，既非理性讨论，也缺乏对疫情防控的建设性意见，所以其实这是通过激进的话语策略来抢占话语空间，已经呈现出典型的立场政治倾向。方兴东等（2020）则认为，"信息疫情"的本质是新技术背景下人类社会信息传播的无序和失控，是民众、媒体、国家与国际社会整体对新形势不适应的一次集中剧烈的爆发。其根源是互联网发展历程中形成的大众传播、网络传播、自传播和智能传播等多种传播机制交错叠加的融合传播的复杂格局。袁会、蔡骐（2022）借鉴了站位三角理论模型，通过研究阴谋论谣言的文本特征与生产逻辑，总结出了以对立性建构与一致性建构为核心的谣言说服框架。阴谋论谣言的底层说服逻辑是"造谣者—阴谋者—接收者"三角立场中的二元关系建构，造谣者通过循环论证、复杂论据和因果联结证实阴谋真实存在，降低受众的深思概率，并采用诉诸威胁、众议和情感的方式提出假想敌意与共情唤起，以诱发接收者的态度或行为改变。

简言之，面对一些国家的涉华虚假信息与民众负面情绪，中国国际传播正面临前所未有的压力，亟须建设一套可以有效驳斥涉华虚假信息的国际舆情治理策略，以应对日趋激烈的国际斗争。笔者认为，涉华虚假信息治理应遵循"破""立"并举的互补循环视角。澄清国际舆论空间是讲好中国故事、建构国家形象的必要前提。本章提出并验证驳斥涉华虚假信息的四种具体策略，以"受众导向"和"量化实验"为核心思路，切实对传播效果进行考察。

第二节 虚假信息的驳斥路径

目前虚假信息研究主要聚焦于虚假信息的生成原因、受众的心理动机与社会影响。相对而言，缺少对虚假信息对抗性的研究，即如何探索有效的对策以减轻虚假信息带来的不良后果。虽然社会已经意识到虚假信息对民众个人和社会有害，但对这些信息的驳斥往往极为困难。

从信息来源与供给侧的维度来看，很多国家已经出台了法律法规政策来规制网络空间中假新闻、仇恨言论和谣言的生产与传播，然而，在这一问题的解决上过度依赖政府作为单一治理主体是不现实的。特别是西方社会中的一些政府行为体也将"虚假信息战"作为实现他们自身利益的政治武器，扩张自己的审查权和社会控制权。例如，一些民粹主义极右翼政治人物曾将合法的新闻来源称为假新闻以打压媒体报道中的异己言论。从商业的角度来看，尤其是对在线平台来说，耸人听闻、夺人眼球的虚假内容在今天的"标题党"媒介经济中无疑是有利可图的。虽然一些大型社交媒体公司为了减少用户与不良信息接触的机会而时常删除一些有害内容或者关闭虚假信息的来源账号，但什么样的内容可以被认定为非法并且需要删除仍存在巨大的法律、政治与伦理争议。

从信息需求侧的维度来看，虚假信息的驳斥同样面临挑战。首先，对虚假信息的驳斥可能落入"熟悉逆火效应"（familiarity backfire effect）的陷阱。"熟悉逆火效应"是指在证明一个信息的虚假性时，驳斥行为体不得不在叙事上不断强调此信息，然而这种重复会带来一种非预期效应，即反驳行为本身会增加受众对驳斥对象的熟悉度，从而提高对该信息内容的信任程度。其次，如果人们感觉到说服者想要限制他们的行为选择，那他们往往会拒绝接受对其说服。过于强烈、宣传化的驳斥行为会招致受众抗拒感的加强。既往研究也表明，由政治危机和类似于全球瘟疫的无前例事件所带来的不确定性和恐惧激发了民众的"主体性恐慌"，促使民众寻求阴谋论作为一种替代性解释，而这也让虚假信息驳斥行动变得更加困难（Melley，2000）。

尽管极难实现对虚假信息的完全纠正，但为减轻虚假信息媒体接触带来的负面影响而做出的尝试在不断涌现。目前的虚假信息治理研究主要探索如何有效地澄清伪信息、科学辟谣以及加强网络舆论生态的深层次治理（例如张志安、束开荣、何凌南，2016）。借助大数据和人工智能，网络监管机构可以屏蔽伪信息、假新闻、谣言和阴谋论的常用关键词，有针对性地进行管理。此外，提升民众的虚假信息识别能力也被认为是新时代提升社会整体媒介素养的重中之重（刘鸣筝、孔泽鸣，2017）。同时必须要认识到，在当今的数字环境中，基于个体传播、事实诉求的传统式澄清和驳斥手段的效力在不断消解，"后真相"时代的虚假信息治理与辟谣必须要变被动为主动、变内容识别为圈群识别和情感识别、变各自为战为社会化综合治理（李彪、喻国明，2018）。本书认为，虚假信息的驳斥策略大致可分为两个类别：以传播内容为中心和以受众心理为中心的虚假信息反制策略。其中，针对传播内容的驳斥方法主要包括预先接种法和科学信息矫正法。在以往以受众为导向的虚假信息驳斥研究基础上，本书发展出两种新方法：虚假信息祛魅法和群际关系重塑法。

一 预先接种法

预先接种法（inoculation strategies）是一种以认知抗体的培育为主要路径的伪信息抵御与说服策略。学界借用生物学隐喻描述此方法。在医学上，对病毒的抵抗力可以通过暴露于不具伤害力的病原菌来提高。这种减毒后的病原菌足以刺激人体免疫系统的特性，产生一种保护物质，即抗体。当人体再次接触到这种病原菌时，免疫系统便依循原有的记忆制造更多保护物质，有效阻止病原菌的伤害。遵循相似的逻辑，作为一种社会心理学理论的"预先接种法"强调：预先向人们展示一些说服力极弱的观点或有明显逻辑谬误的虚假信息，人们的认知"免疫系统"便会被激活，以帮助他们在未来应对相似的虚假信息威胁（McGuire, 1962）。

目前已经有大量的研究将预先接种理论应用于不同场景，如健康问题、转基因食品问题、电视暴力问题以及政治动员问题。现有研究证明预先接种法的"预铺"（prebunking）效应通过激活"心理抗体"抵制了关于气候变化和"9·11"恐怖袭击的假新闻和虚假信息（Cook et al., 2017）。学者 John Roozenbeek 和 Sander van der Linden（2019）还制作了一款名为"坏新闻"（Bad News）的网页游戏，玩家可以扮演假新闻制造者的角色，了解几种常见的错误信息技巧。这一游戏实验表现出持续且显著的接种效果。

然而，预先接种法也存在一定的理论与应用局限性。预先接种法在设计之初旨在保护个人预先存在的（积极的）观点不受未来恶意信息的影响。这种方法的运作有赖于受众自身的"以身份认同保护为动机的认知模式"（identity-protective motivated reasoning），但是受众自身的个体性差异极大。譬如，有些人可能倾向于通过"阴谋论视角"来看待外部世界，另一些人则不然。因此，对"坚定的阴谋信徒"这一亚群体的"接种"效果不那么明显是可以预见的，因为这些人可能会吸收任何阴谋论话语（即使其中包含明显的逻辑谬误），并将其融入他们的世界观中。

二 科学信息矫正法

科学信息矫正法通过以事实为基础的科学化阐释形成对虚假信息的驳斥。当采用科学矫正法时,对虚假信息的反驳主要集中在提供科学性与事实性的矫正信息,不需要重复伪信息,能够避免"熟悉逆火效应"。对事实和科学的信息的强调能够有效降低虚假信息和阴谋论的可信度,但研究证实,在当下情绪胜过一切的"后真相"时代,基于事实的信息纠正能够减少但不能完全消除虚假信息带来的错误认识(Walter and Tukachinsky, 2020)。

此外,事实核查(fact checking)是基于科学信息矫正理论而发展起来的一种虚假信息驳斥工具。为了应对虚假信息的泛滥,美国的PolitiFact 与 FactCheck.org 等事实核查平台在纠正虚假信息上起到一定作用。事实核查人员通过对媒体内容进行调查,最终评判该信息的真伪,并提供对事件真实状况的描述。很多事实核查人员会在 Twitter 和 Facebook 等社交媒体上发布类似的纠正信息。同时,实证研究证明,事实核查者发布的纠正信息是对虚假信息的有效反驳,而包含文本和视觉画面的多模态事实核查要比单纯基于文本的纠正信息更为有效。

三 虚假信息祛魅法

上述两种虚假信息驳斥方式都是以传播内容为对象的,目的是帮助人们批判性地理解和分析所遇到的虚假信息内容,或者通过接种"弱版本"虚假信息来防止虚假信息的进一步影响,或者依托以事实为基础的科学澄清。第三、第四种驳斥方法更注重人的因素,强调个体心理状况的改善以及他们对某些外群体的(正面的)情感和认识。本书将第三种心理干预方法命名为虚假信息祛魅法。在方法归属上,虚假信息祛魅法是媒介素养(media literacy)提升形式的一种。媒介素养是一种个体对自己所接收到的媒介信息提出批判性问题的能力集合。通过提升媒介素养,公众可以更好地应对"后真相"时代由虚假信息和情绪至上主义所造成的信息甄别困境。虽然可能面临"回旋镖效应"(boomerang effect,即被施加驳斥性干预的个体反而吸纳了更多有害的信息。Potter, 2010),但现有研究表明，媒介素养提升在减弱儿童对广告形象的模仿欲望、减弱广告宣传所激发的购买冲动等方面还是具有积极效果的（Jeong et al., 2012）。为了加强受众的甄别能力，一些媒介素养的提升策略着重培养受众对媒体内容呈现现实的真实性及其生产过程中的资本与权利逻辑的批判。

相比之下，作为媒介素养法重要分支的"虚假信息祛魅法"则更多关注受众自身的心理特点：帮助受众理解其认知的脆弱性如何被虚假信息叙事所利用。具体而言，虚假信息祛魅法通过阐释虚假信息的本质、特征以及对受众心态的作用机制，降低人们对伪信息的接受程度（例如，虚假信息是什么？为什么人们在政治不确定的时候寻求阴谋信息？）。破译虚假信息的生产与影响机制旨在帮助个体更好地、更彻底地理解阴谋论等叙事文体的信息加工过程与其传播所依托的相关心理前因，从而增强受众个体的自我效能感与自我控制感。

值得注意的是，"破译"处理和科学信息的纠正干预都倾向于颠覆由文化亲熟度催生的虚假信息文本的隐含语义。虚假信息祛魅法着眼于破解虚假信息语篇背后的文化机制，并与科学信息矫正法一样，试图规避"熟悉逆火效应"的影响。因此，虚假信息祛魅法鼓励对自然语篇中所隐含的解释性话语进行不同程度的认知干预，而不仅仅是显性语篇本身。相较于科学信息矫正法，"破译"处理是一种更为彻底的伪信息干预路径。受路德维希·维特根斯坦的语言游戏理论启发，科学信息矫正法可以被认为是由一个真/假命题的实证逻辑所主导——如果某一主张符合科学验证的结果，则该命题为真，反之亦然（Bjerg and Presskorn-Thygesen, 2017）。然而，此科学论证并不能很好地解释一种更为复杂的矛盾现象，即使是科学上证伪的命题也可被认为是有意义、可被理解的。譬如，由于受到不同的文化信仰与社会背景的影响，不同个体可能已经拥有不同的潜在阴谋论心智，这种先设认知对一些不符合科学事实的信息进行合理化加工，从而对之后的科学诠释形成一种认知抗力。因此，虚假信息祛魅法不再拘泥于科学论证层面，而是彻底挑战虚假信息的生产机理，阐释这些尽管有违科学，但可被感性认同的命题是信息处理过程中的偏见与对语言的错误使用所致。

由此可见，虚假信息祛魅法将注意力从语言的表征内容转向实际使用，指出如阴谋论这样的虚假信息叙事形式不仅是一种表征手段，而且服务于不同政治和修辞功能。虚假信息祛魅法一方面认同科学论证上的真伪之辩；另一方面更关注公众感知层面的不同认知逻辑，从而揭露那些感知上合理而科学上证伪的信息本质。科学信息纠正法局限于事实基础的验证逻辑，而虚假信息祛魅法试图揭示科学验证与检定无法触及的"难以捉摸的认知论"基础的虚假性。这种更为基础性的驳斥策略的重点不单是对信息内容的澄清（如揭露阴谋论叙事中的不一致与自相矛盾的地方），更是对虚假信息现象本身的"去自然化"（如被干预对象不再认为其极端信念的前设与意义是恒久的、客观的与"自然生成"的）。

四 群际关系重塑法

群际关系重塑法旨在减轻针对特定群体（如非裔美国人、犹太人、穆斯林群体、亚洲人和同性恋群体）的阴谋论叙事为载体的虚假信息带来的负面影响。阴谋论叙事以激进的二元对立为话语结构特征，捏造"自生"的、"公正"的和"良好"的政治秩序与"邪恶"的政治秩序之间的对抗，以铲除异己为目的，破坏民主话语空间的多元性。在此二元对抗的极端叙事的影响下，加之"动机性集体认知"（motivated collective cognition）的陶染，对外群原本已感焦虑与不信任的人更容易受到虚假信息蛊惑而认为某些外群在密谋邪恶计划。阴谋论叙事者往往通过一种"排外辞令"将这些"邪恶"团体或个人置于一种吉奥乔·阿甘本（Giorgio Agamben）理论中的例外境地（state of exception），从而宣称自己的认知主权，以强行决定哪些信息应免于理性的科学审查和公开辩论。

为了抵制这种将某些群体贴上邪恶标签的虚假信息的危害，本章提出一种重塑群际关系的方法，以瓦解支撑伪信息生产的语义结构。群际关系重塑法通过对某一群际接触进行基于不同日常情景的想象而重新建立或者恢复一种正常的外群认知，打破将特定外群建构为敌对的他者的阴谋论思维。特别是在此想象性重构的过程中，此方法鼓励人们进行健康积极的群体间接触想象，回忆良性群体间接触的经历可以激发对外群体成员的积极态度，从而降低针对外部群体的敌视与恐惧。既有研究证实，群体间的事实性或想象性接触可以有效地减少群体间歧视。基于重新设想群际关系可能产生的积极的政治伦理作用，此方法或将群际关系从认知例外状态转移到理性思考的领域。但是，群际关系重塑法的效用可能是有限的，因为这种方法主要针对虚假信息生产过程中阴谋论叙事的部分构件。群际关系重塑法主要针对阴谋论概念的三个叙事要件之一的"摩尼教式的二元对立"（Manichean binary），而此法对摩尼教二分法的有针对性的单一化处理可能会忽略其他叙事构件之间的内在作用。

综上所述，本章通过实验性的验证方法分析不同虚假信息驳斥方法的效度差异。上述四种方法或是在现有研究中已被采用（包括内容导向的预先接种法和科学信息矫正法），或是基于过往研究进一步开拓而成（包括受众内对象的虚假信息祛魅法和群际关系重塑法）。基于上述讨论，本章提出以下假设：

H1：针对传播内容的虚假信息驳斥方法可以减轻受众对涉华虚假信息的相信程度；

H1a：预先接种法会降低大众对涉华虚假信息的相信程度；

H1b：科学信息纠正法可以有效降低涉华虚假信息的信度；

H2：针对受众心理的虚假信息驳斥方法可以减轻受众对涉华虚假信息的相信程度；

H2a：虚假信息祛魅法是削弱涉华虚假信息信度的有效方法；

H2b：群际关系重塑法是削弱涉华虚假信息信度的有效方法。

第三节　研究过程与结果

本章采用实证主义研究范式，在分析归纳澄清伪信息的几种具体方式的基础上运用实验法考察上述澄清方式的传播效果。具体来说，本章将预先接种法、科学信息矫正法、虚假信息祛魅法和群际关系重塑法四种干预方式作为实验刺激，进行控制实验研究，进而对不同实验刺激下的传播效果加以探究。本章考察传播效果的认知层面，即采取澄清虚假信息的干预办法是否能够有效降低美国民众对涉华虚假信息的相信程度。

一 实验材料

本实验的测试材料皆是国际视频网站 YouTube 上关于新冠疫情的虚假信息内容。具体来说,在预先接种组,被试者观看的是 YouTube 上的一则有关新冠疫情的虚假信息。需要强调的是,本组被试者在完成全部实验后(即被试者填写完问卷,并且不可以修改答案)会接触针对实验文本中所提出的伪信息的驳斥材料,以免实验材料对被试者产生不当的引导效果。

在科学信息矫正组中,被试者观看两段欧美媒体有关新冠疫情溯源的新闻报道。一则新闻指出 2019 年 3 月,在西班牙巴塞罗那废水样本中发现了新型冠状病毒的痕迹;另一则报道是 2019 年 9 月,在意大利参加肺癌筛查试验的 959 名健康志愿者中检测出了新冠病毒抗体。两则新闻通过科学信息重释了病毒起源的时间线,打破了针对中国的"毒源论"。

在虚假信息祛魅组中,被试者观看的材料是一段荷兰社会心理学家对虚假信息及阴谋论的微型讲座,阐释在遭遇重大危机时人们寻求和相信此类内容的社会心理根源。

在群际关系重塑法中,实验并不涉及具体媒体材料。在这一组中,被试者要求用 5 分钟来想象一段与中国人的接触过程,即构思一个场景——"你与一个中国人在火车上相遇并聊天,在和这位中国人的对话中你们分享了许多有趣的话题"。随后,被试者被要求写出他/她想象出的这一段对话。此种方法的目的是通过激活和改善被试者对华裔群体的既有态度,以期达到驳斥涉华虚假信息的目的。因此,被试者写下的想象片段并不纳入分析。

二 实验主体

本研究的被试者均招募于亚马逊旗下 Mechanical Turk(MTurk)平台。MTurk 作为一个众包(crowdsourcing)平台,提供了一种发布任务并收集数据的新途径,起初主要被用于训练人工智能,随后广泛地被应用于定量研究、市场调查等领域。由于具有便捷高效的优点,MTurk 深受科研人员的欢迎。MTurk 所提供的样本不同于以高校大学生群体为主体的便利样本，在人口学、职业分布、性格特征、文化背景等个体变量上具有多样性，非常接近传统大众样本。此外，MTurk 样本还具有较高的可靠性，实验研究表明，在实验中使用 MTurk 的样本复制得到的数据与先前的结果没有太大出入，实验质量有所保障。因此，亚马逊 MTurk 成为当今社会科学领域广受认可的被试招募平台。

在本章中，被试者（共 550 人）被随机分配为 5 组，其中 4 组接受澄清虚假信息干预，另有 1 组作为控制组，未接受任何实验刺激。所有被试者完成实验后，排除了 45 名在过短时间内完成测试的被试者（小于 30 秒），最终共计招募 505 名被试者。

三 因变量

本书的因变量"对涉华虚假信息的相信程度"通过四个问题来衡量，其中一个问题为针对新冠疫情的虚假信息，另外三个是较为笼统的有关中国和中国人的虚假信息。

代表性题项为：（1）中国和中国人正在越来越多地从事秘密活动，目的是颠覆美国社会；（2）许多中国人来到美国是为了激进地改变美国社会、政治和文化；（3）中国为了其自身利益，正在蓄意地制造全球性的经济危机[①]。被试者将针对每一项虚假信息论断，给出自身对其相信程度 1—5 的打分，1 分为完全不相信，5 分为完全相信。

四 实验过程

实验在 2020 年 10 月展开。每位被试者通过亚马逊 MTurk 平台点击链接进入研究者设置的网页之中，首先填写一些人口学及个人性格方面的题目，然后随机分组进入实验设置中，或观看实验材料（预先接种组、科学信息矫正组、虚假信息祛魅组），或完成相应环节（群际关系重塑组），最后填答问卷相关题目，测试被试者对涉华虚假信息的相信程度。每位被试者的实验时间为 20—25 分钟。

---

① 本书实验中所采用的四项因变量衡量量表，来自目前美国部分政客和右翼媒体所鼓吹和捏造的反华论调，并且这些反华言论与虚假内容在美国社会获得一定程度的流行。本书探索针对这些言论的驳斥之道。

五 实验结果

五组实验对象的涉华虚假信息信度的测量值的描述性统计如表 2-1 所示①。每组的样本量在 97—103。对照组的虚假信息信度的测量值的均值高于其他实验组。

表 2-1　　涉华虚假信息信度的测量值的描述性统计

	样本量	均值	标准差	标准误	最小值	最大值
对照组	101	3.3020	1.08761	0.10822	1.00	5.00
第一组	97	3.1830	1.06771	0.10841	1.00	5.00
第二组	103	2.8956	1.22900	0.12110	1.00	5.00
第三组	102	2.8333	1.09416	0.10834	1.00	4.75
第四组	102	2.9216	0.98879	0.09790	1.00	5.00
总计	505	3.0976	1.12100	0.04550	1.00	5.00

本章使用 Dunnett 提出的多重比较法（multiple comparison），通过比较四个实验组与对照组的虚假信息信度的测量值的均值来检验假设。检验结果如表 2-2 所示。

表 2-2　　各实验组与对照组差别检验结果（Dunnett's t-tests）

因变量：	虚假信息信度

Dunnett's t（双侧检验）						
(A)	(B)	均值差 (A-B)	标准误	p-值	95%置信区间 下限	95%置信区间 上限
第一组	对照组	-0.11899	0.15592	0.861	-0.5009	0.2630
第二组	对照组	-0.40635**	0.15359	0.030	-0.7826	-0.0301
第三组	对照组	-0.46865***	0.15396	0.009	-0.8458	-0.0915
第四组	对照组	-0.38041**	0.15396	0.047	-0.7576	-0.0033

注：* p-值小于 0.10；** p-值小于 0.05；*** p-值小于 0.01；**** p-值小于 0.001。

---

① 正文中，均值差、标准误相关数据四舍五入保留小数点后两位。

本书的第一组假设是关于针对传播内容的伪信息驳斥方法是否可以减轻受众对涉华虚假信息的相信程度。具体来讲，H1a 预测了预先接种法会降低大众对涉华虚假信息的相信程度。由于第一组与对照组的涉华虚假信息信度的测量值的均值的差别并无统计显著性（均值差 = -0.12，标准误 = 0.16，p-值 = 0.861），实验结果无法支持预先接种法对受众对虚假信息的相信程度的降低作用。H1b 预测了科学信息纠正法能有效降低涉华虚假信息的信度。由于第二组与对照组的虚假信息信度的测量值的均值的差别具有统计显著性（均值差 = -0.41，标准误 = 0.15，p-值 = 0.030），实验数据支持这一预测。第二组的实验对象在观看了关于新型冠状病毒起源和传播途径的科学解释的视频后，取得了显著低于对照组的涉华虚假信息信度的测量值。因此，实验结果支持 H1b。

本书的第二组假设是关于针对受众心理的虚假信息驳斥方法是否可以减轻受众对涉华虚假信息的相信程度。具体来讲，H2a 预测了虚假信息祛魅法是削弱涉华虚假信息信度的有效方法。由于第三组与对照组的涉华虚假信息信度的测量值的均值的差别具有统计显著性（均值差 = -0.47，标准误 = 0.15，p-值 = 0.009），实验数据支持这一预测。第三组的实验对象在观看了两位社会心理学家简单介绍阴谋论的特征和为什么某些人倾向于相信阴谋论的视频后，取得了显著低于对照组的涉华虚假信息信度的测量值。因此，实验结果支持 H2a。此外，H2b 预测了群际关系重塑法是有效削弱涉华虚假信息信度的有效方法。由于第四组与对照组的虚假信息信度的测量值的均值的差别具有统计显著性（均值差 = -0.38，标准误 = 0.15，p-值 = 0.047），实验数据支持这一预测。第四组的实验对象在被要求想象与某一位中国人进行交流后，取得了显著低于对照组的涉华虚假信息信度的测量值。因此，实验结果支持 H2b。

第四节 "后真相"时代涉华虚假信息与国际舆论治理的新思路

2020 年，新冠疫情席卷全球，一些西方媒体与政客为掩盖其政府抗疫不力的事实，刻意编造针对中国的假新闻与谣言，发起"黑色宣传"。由于其政治性与煽动性极强，这些虚假信息像病毒一般蔓延，甚至为西方社会"设置"了"排华议程"①。此外，基于意识形态的对立性和骨子里认定的其政治制度"优于中国制度"的傲慢，此类涉华虚假信息将许多西方民众固定在被"立场过滤"后的"信息茧房"之中。在这一国际政治背景下，寻求破除涉华伪信息影响的路径，并提升中国在突发公共卫生事件中的国际传播能力与机制建设是营造良好国际环境的当务之急。

本章通过实验法检验了四种虚假信息驳斥方法的效度差异。实验结果部分支持了研究假设。针对传播内容的驳斥方法在一定程度上减少了虚假信息对受众的影响；虽然预先接种法没有显著减弱涉华虚假信息的信度，但科学信息纠正法被证明是有效的驳斥方法；研究同时还证明了，针对受众心理的虚假信息驳斥方法（虚假信息祛魅法和群际关系重塑法）可以显著减轻受众对涉华虚假信息的相信程度。

第一，预先接种法在降低受众对涉华虚假信息的相信程度方面无明显效果。之所以效果不明显，本书认为可以部分地解释为一种时间性局限的结果。预先接种法本质上是一种"预铺"方法，依托"先制"（preemptive）逻辑培养受众的"心理抗体"，以抵御未来可能接触到的类似虚假信息危害。由于本书不是一个纵贯性调查，预先接种法在短时间内无法有效缓解虚假信息的负面影响是可以理解的。对那些已经形成某种错误认知或阴谋论心智的人，预先接种法的干预效果可能更加微弱。接种无效的另一个潜在解释是，我们的研究没有将情感维度纳入预先接种策略。情感可以作为检测预先接种法有效性的一个外围线索，例如"9·11真相"阴谋论唤醒了许多公众对美国政府的负面情绪，从而使阴谋论观点更容易被接受。在新冠疫情中，西方针对中国所谓的"毒源论"话语导致了美国、英国、澳大利亚与非洲部分地区等反华排华情绪上升，进而使这一"毒源论"叙事更具蛊惑性。在这种情况下，这些虚假信息本

---

① 例如，根据皮尤民调机构显示，截至 2020 年年底，超过 70% 的美国民众对华持负面和怀疑的情绪。此外，在美国、澳大利亚、英国等地针对华裔群体的暴力事件也层出不穷。

身尽管经不起任何检验，但是情感性偏见使这些叙事合理化。换言之，虽然预先接种法的目的是突出虚假信息叙事的逻辑缺陷和论点的荒谬，但这种方法所需要的理性与逻辑支撑可能被情绪性冲动湮没。此外，本章的媒体实验设定的是"一剂量"的媒体刺激，而长期累进的媒体干预可能要比一次性干预更有效。

第二，本章的研究结果表明，科学信息纠正法有效减少了个人对虚假信息的接受程度。需要指出的是，本书的调研工作是在2020年美国第59届总统大选前几天进行的，这是美国政治史上最为极化的大选之一。特朗普政府不仅仅纵容了虚假信息在社会中的泛滥，并且主动制造与散布伪信息言论，以操纵民众情绪。然而，本书结果并不完全支持现下流行的"事实让位于立场"或"情绪战胜理性"的"后真相"理论可能对此特殊环境下科学性驳斥的效果推断。在由虚假信息影响的社会情绪极化到一定程度时，研究发现一种"反弹"现象——当人们被来自各种媒体平台的极端的情绪信息压得喘不过气来时，理性和事实论据的信息价值反而上升，从而削弱了阴谋论煽动极端观点与情绪的能力。这种对事实论据的重新关注可能会在一定程度上暂时限制虚假信息所制造的公众负面情绪的破坏性影响。此外，科学信息矫正法的有效性可能还部分归因于本书的实验设置，Cook等（2017）学者认为有效的伪信息纠正应该聚焦于事实本身，而不是在错误信念本身的更正上，以避免由于不断重复那些错误信息而使其变得更加强化。此外，驳斥过程应包括另一种替代性解释，这两个关键要素都嵌入了本章的科学信息纠正干预过程中。在这一方面，匡文波、马茜茜（2021）指出在后疫情时代的国际传播实践中，应让"专业性"传播主体发出科学之声。应继续鼓励专业人士尤其是科学家团体、智库学者等走向国际社会，尤其是增加一些有影响力的国际论坛的举办频次，积极引导国内力量参与国际秩序改革与民主化进程，做到"凡是有重大国际场合，必有中国人在发声"。充分带动科学家群体发声，保证专业内容真实与准确，促进科学传播。科学家群体因其具有相关领域的专业知识从而使其传播行为具备准确性和专业度，同时也会在民众心里拥有较高的权威，增强信息的说服力。

第三，本章的研究结果表明，虚假信息祛魅法可有效降低受众对虚假信息的相信程度，这与研究假设是一致的。虚假信息祛魅法以支撑伪信息生产的社会、话语与认知机制为解构对象，揭示了偏见、错误信念和伪信息叙事是如何互构互生的，是对虚假信息何以存在的本体论驳斥。通过这种本体论层面的驳斥，那些"科学上证伪而感性上仍可理喻"（false but still sensical）的虚假信息丧失了合理性前提。此外，针对以阴谋论为本体的伪信息生产，虚假信息祛魅法是一种综合性治疗法，因为驳斥过程挑战了阴谋论概念三个核心构件的所有存在前提。三个阴谋论思维要件包括"密谋者"对信息与事件操控的绝对性、异己者的敌对性与现行检定核查体系的可疑性（Baden and Sharon, 2020）。虚假信息祛魅法通过对虚假信息生产机制的批判性阐释消解了三个构成元素自身的合理性。研究结果表明，这种整合的、以受众为中心的方法在减少涉华虚假信息信度方面比以内容为中心、以科学论证和事实核查为路径的纠正方法更有效。虚假信息祛魅法通过对虚假信息生成的本体论驳斥，降低了人们对涉华虚假信息的普遍接受度。

第四，为应对一些国家以虚假信息为支撑的所谓"中国威胁"论，研究结果发现，从积极的角度重新想象与中国人的群体间关系会促进对相关涉华虚假信息信度的显著降低。波兰的一项全国性研究曾发现，群际接触是公众对犹太群体态度的一个重要预测因素，但群际接触与犹太群体相关阴谋论的相信程度没有显著相关性（Winiewski, Soral and Bilewicz, 2015）。在不同的时代背景与群际关系下，我们的研究结果证实了这种相关性。以阴谋论为叙事文体的虚假信息通常制造一种例外化的认知状态以发挥作用，将异己观念或群体魔鬼化、敌对化以压制公共空间的理性批判。实际上，群际关系重塑法再现了一种类似于批判理论中"去安全化"的效果：通过重塑一种积极的群际关系，受众倾向于降低或停止将华人群体与中国视为存在威胁。实验参与者被要求重新想象与一个外群体成员（一个中国人）在日常情景下（例如在每天回家或上班的火车上）进行一场随意、非正式、私人、积极的对话，以发现对方生活中有趣的内容。这种想象中的群际交流有助于解构虚假信息叙事所依赖的认知例外，减弱与外部群体对立化的可能性。

第五节 本章小节

后疫情时代需要提倡与重构合作型安全的心智——指长期塑造与意识深层的心理——基础。以阴谋论为表现形式的虚假信息往往以封闭视角取代开放视角，以二元对立瓦解共同体意识、以冲突叙事裂解合作叙事。在三者共振下，全球安全文化将退化至丛林形态。此蜕变标示着全球安全理性的内向化与断裂，即不同国家、不同群体对安全的感受与认识产生了难以和解的分歧，零和思维成为主导逻辑。并且，随着认知极端化的形成，这种认知论的矛盾会逐渐渗入本体论层面——国际关系的核心论争不再是"如何"管理的分歧（激烈竞争、彻底脱钩或有限合作），而是本质上"是"什么的不合（自由对抗非自由、正义对抗非正义等）。虚假信息加剧的本体论分裂将进一步扩大中美分歧，最终给全球带来灾难性影响。只有通过全球治理，才可能防止目前的局部问题串联成全球全系统的认知分裂。

本章期望通过已有或新创的虚假信息驳斥法来降低海外民众对涉华虚假信息的相信程度，矫正由于虚假信息导致的美国社会（或更广泛意义上的——西方社会）的对华偏见，修复近年来尤其在新冠疫情中被虚假信息严重破坏的中美（中西）社会的互识基础。由此，本书希望最终可以实现一种多尺度的舆情安全。此外，当前西方社会针对包括华裔群体在内的少数族裔的极端情绪也在后疫情时代上升成为一个日益严峻的社会问题。随着极右翼媒体在美国的不断壮大（例如阴谋论网站 Infowars），虚假信息的生产与扩散，美国社会的"反智"和"向右转"思潮，与极端排外思想呈现出一种"三位一体"的螺旋上升趋势。党派政治和种族主义引发的暴力冲突日益加剧，针对华人群体的仇恨犯罪率也显著上升。如何治理虚假信息连带的极端化问题直接关系到国际政治与社会环境的稳定。在国际层面，虚假信息驳斥可以帮助国际关系恢复到一个相对理性的对话状态，但严重失衡、各自为战的虚假信息治理格局会阻碍跨文化、跨国际认同的形成。因此，虚假信息驳斥是全球治理的一部分。在国内层面，虚假信息驳斥可以间接控制群际暴力的生成与恶化,这样不仅可以帮助一些国家深受涉华虚假信息之害的民众重塑正确认知,也可使民众避免再遭虚假信息"次生灾害"之苦。在人的层面,虚假信息的全球治理有助于帮助各国人民提升思维,进而形成科学理性的共识性认知基础,促进普遍安全。因此,虚假信息驳斥本质上是以信息与社会安全为体,以政治安全为本,以人民安全为基。

第三章

在多元文化社会中打击针对华裔群体的仇恨言论

针对某些种族和文化群体（如非裔美国人、穆斯林群体）的仇恨性话语，在许多西方社会的互联网和社交媒体平台上长期存在。一直以来，穆斯林群体被美西方社会政客肆虐渲染为"潜在的恐怖分子"，一些媒体也常常将非洲裔的移民加以"懒惰""愚蠢"的种族主义描述，将这些少数族裔诬陷为东道国的"象征性和现实性的威胁"以及"福利接受者"，引发了对这些群体的仇恨言论（例如 Awan, 2014; Evolvi, 2019; Obermaier et al. , 2021）。在过去的三年里（2020—2023 年），针对华人（及更广泛意义上的亚裔）移民的歧视、侮辱和诽谤急剧增加，甚至在澳大利亚、加拿大这样的一贯标榜自己为奉行多元文化和对移民友好的国家也是如此。围绕中国和中国人的威胁及焦虑程度因新冠疫情加剧。正如纪莉（2020）所论述的，每每疾病传播的危险逼近，"仇外"与种族主义思维和现象就会蔓延。从 2009 年的甲型 H1N1 流感到 2014 年的埃博拉病毒传播，伴随病毒传播的不仅有需要全人类共同面对的疾病，也有普遍存在的种族主义偏见。更为重要的是，线上和线下领域的仇恨言论与现实生活中的仇恨犯罪呈正相关（Harrison and Hamilton, 2019）。根据一些 NGO（Non-Governmental Organizations，非政府组织）的最新报告，针对亚洲人的仇恨犯罪与暴力事件不断攀升（例如 Stop AAPI Hate, 2021）。鉴于这种情况，研究针对中国移民群体的仇恨言论的反制措施既是必要的，也是紧迫的；制定行之有效的对策，可以帮助防止种族偏见升级为大规模的身体暴力。

有关仇恨言论的既有研究主要集中在美国、英国和德国等特定背景下——极右翼领导人和民粹主义政党在这些国家的崛起使围绕移民与难民问题的社会冲突不断凸显。因此，澳大利亚很少被选作仇恨言论研究的案例。然而，近年来，在澳大利亚的网络空间中，越来越普遍地出现了明确的"白人至上主义"的言论，这些言论煽动着种族仇恨和群体冲突，破坏了健康公共领域的宽容和多元化。更为重要的是，华裔群体作为澳大利亚的第三大移民，已经成为种族与仇恨叙事的一个新目标。华人群体既面临身体上的威胁，也承受心理上的压力，包括伤害感、恐惧感、失能感和沉默感（Tan et al., 2021）。针对华裔群体的偏见、歧视和种族主义情绪，也被称为"恐华症"，它有深刻的历史根源和复杂的社会政治背景（如"白澳政策"）。这些偏见和负面情绪因新冠疫情而进一步加剧。

第一节 仇恨言论：定义与社会影响

学者们将仇恨言论称为对集体的仇恨或贬低态度的表达，其目标是基于群体定义的特征（如种族、宗教、国籍、性别、性取向和政治偏好）而非个人特质的贬低（Rieger et al., 2021; Schmid et al., 2022）。虽然仇恨言论长期存在于人类历史中，但数字技术的快速发展和社交媒体的野蛮生长导致了偏见、歧视、种族主义和群体间仇恨的大量涌现。由于算法和企业决策等因素，数字媒体已成为仇恨团体传播宣传的有效工具，促进了所谓的"志同道合"者之间的互动，这导致他们为暴力辩护并使其行动合法化（Cohen-Almagor, 2011; Matamoros-Fernández, 2018）。越来越多的研究揭示了这一全球挑战，深入研究了仇恨言论的心理政治起源、内容、平台和传播，其个人和社会影响，以及检测方法和治理方法（Alkiviadou, 2019; Paz et al., 2021; Watanabe et al., 2018）。

学者们关注到仇恨言论为公共空间带来的影响，并且从多个角度展开了讨论。有学者将协商审议的话语过程分成三个部分：输入维度、话语过程维度和规范输出维度，仇恨言论在这三个维度都会对协商审议带来影响。第一，协商民主的输入维度主要包括为个人提供平等参与和表达意见的机会。在线讨论平台和社交媒体有很大的潜力来满足这些条件，大多数用户群体拥有相应的数字技能和社会文化支持。但是仇恨言论因为常常会攻击少数群体的身份并带有歧视性特色，所以有可能会阻止少数和弱势群体参与在线辩论并表达他们的意见，进而导致他们从政治辩论中撤回至内部社区而破坏民主参与。第二，在话语过程维度，协商民主希望坚持文明、理性和互惠的讨论原则，但是仇恨言论的攻击性有可能会进一步强化"回声室效应"和极化现象，社交媒体用户有可能会"表达更少的不同意见，并采取更多的退出行为"，不利于包容性公共领域的形成。第三，从规范输出维度看，协商民主的最终目标是形成关于议题尽可能一致的共识，但是，仇恨言论会通过攻击表达者的社会身份转移政治讨论的焦点，破坏与议题核心相关的讨论。

仇恨言论不只会危害到网络空间，也会对现实世界产生影响，甚至引发暴力犯罪行为。因为这些言论不仅仅会激发个体恐惧、担心的情绪，也有可能会激发他们的暴力情感进而诱发现实生活中的犯罪行为，特别是针对仇恨言论攻击的群体。例如，Cohen-Almagor 对"暴风在线"网站（Stormfront website）的研究发现，网站煽动和传播仇恨言论的行为要对近100人的死亡负有间接责任。此外，仇恨言论还会对那些受到语言攻击的人造成心理伤害，包括情绪困扰、恐惧、丧失权力、沉默，以及将日常生活中的负面结果归因于歧视（例如 Maitra and McGowan，2012；Lee-Won et al.，2020）。Boeckmann 和 Liew（2002）的研究发现，当亚裔美国人在接触针对亚裔的仇恨言论的信息或新闻时，表现出集体自尊心的降低。除伤害目标之外，Shaw 认为，仇恨言论也可能影响到犯罪者，"如果得到受众的呼应，他/她的仇恨信仰更有可能变得根深蒂固"（Shaw，2012：282）。此外，频繁接触仇恨言论会助长多数群体对少数群体的负面刻板印象（Hsueh et al.，2015），进而促进两极化倾向，并激化群体间关系（Kteily and Bruneau，2017）。简言之，仇恨言论的泛滥破坏了多元文化社会的多元主义价值观、宽容和凝聚力，伤害了健康的公共领域的民主潜力。

随着社交媒体平台的发展，在线空间已经成为传播仇恨言论的理想场所。首先，网络结构可能产生言论极端化的效果，个人的极端观点容易转化成想象中的"集体情感"。其次，当下网络仇恨更多生成于现实政治、经济利益的博弈和交换之中。在网络世界中污名化"异族"和煽动仇恨经常被政客用作保持政治活跃度、巩固政治阵营的手段。例如被戏称为"推特治国"的美国前总统特朗普，曾长期在社交媒体平台发表仇恨言论与煽动性内容，直到2020年败选后仍试图透过此举博得政治关注。再次，社交媒体平台为仇恨团体发展、联系和组织提供可能，甚至导致其在国际范围内产生仇恨集群，这加快了仇恨言论在平台上的传播。此外，社交媒体环境中的匿名性以及隐身性可能会导致用户话语"变得更加离谱、令人讨厌或可恨"（Shaw，2012：298）。社交媒体网络还充当着种族主义话语的放大器和制造者，通过其平台可供性、算法推荐系统和用户的交互工具（如评论和分享功能）促进了不文明内容的传播。而且，在没有外界干预的情况下，社交媒体还可能无限期地保留这些仇恨言论，这就有可能导致仇恨言论被反复使用和永久保存，进而造成更进一步的伤害。

在打击仇恨言论这一问题上，各国政府和互联网企业巨头作为内容的监管"提供方"（supply-side）达成了空前的一致，纷纷采取各类措施对其进行规制。从国家层面来看，各国（地区）普遍采取立法和罚款的形式对平台作出要求。早在2007年，欧盟就通过立法《关于反对种族主义和仇视外国人的框架决定》（Framework Decision on Cambation Racism and Xenophobia，以下简称《决定》），以加强各成员国打击种族歧视的司法合作。并且《决定》还要求成员国将煽动种族歧视或仇恨言论界定为犯罪。社交媒体普及后，网络空间内仇恨言论的监管又成为各国关注的重点。2018年，德国最先出台《网络执行法》（*The Network Enforcement Act*），成为第一个立法明文规定规制仇恨言论的国家。例如，"NetzDG"（Netzwerkdurchse tzungsgesetz，Netz DG）要求在线平台在收到通知的24小时内删除"明显违法"的仇恨言论，否则他们将受到超过5000万欧元的罚款。随后，法国、英国等相继出台类似法规试图规制在线仇恨言论。除了政府出台的法律法规，Facebook、YouTube等互联网企业巨头也一直为打击仇恨言论做出努力。YouTube在2018年进行了超过30次的规则更新以应对仇恨言论不利的批评。另外，人工智能的算法标记、人工内容审核员都是互联网科技巨头应对仇恨言论泛滥的主要措施。报告显示，Facebook 在全球范围内至少雇用了 1.5 万名内容审核人员来负责审核工作，TikTok 也雇用了超过一万名内容审核人员来进行安全审核工作。

然而，虽然这些措施小有成效，但对仇恨言论的规制仍然面临多重困境。其中，对仇恨言论的识别问题是困扰内容提供方的主要障碍之一，因为人工智能系统对仇恨言论的识别远没有达到预期成效。据 Facebook 宣传，他们能够删除 99% 的恐怖主义宣传内容、96% 的裸体内容，但对仇恨言论内容识别只有 52%。尽管 Facebook 等科技公司不断投入科技力量进行反仇恨言论的干预，例如升级自动内容识别技术（automated content moderation）等，但是在具体文本语境中的识别仍然非常必要并且面临多种困难。不仅机器智能识别文本内容面临困境，人工审核员在面对仇恨言论审核时就审核标准也常常产生争执。尽管 Facebook 规定社区中仇恨言论的标准是，"基于他人的性别、种族、国籍、宗教及严重残疾或者疾病等产生的直接攻击"，但是具体的操作仍然取决于人工审核员的自我界定。

可见，仇恨言论的复杂定义和难识别性为仅仅通过智能算法的规制带来了挑战，而普通用户作为社交媒体环境的主要参与者和行动者，他们的行为对规制不良言论和塑造网络空间中的话语质量起到了非常重要的作用。当普通用户接触到难以定义的仇恨言论时，他们可以通过基于自身文化和生活的理解进行规制与反抗。这一过程既是仇恨言论治理的重要环节，也可以理解为用户进行政治参与和公民行动的具体体现。正如卞清、陈迪（2021）所说："欲理解特定地区、特定用户的仇恨及其表达，需要的可能是设身处地的换位思考。"因此，这就呼吁普通用户在日常网络使用中将自己的本土化经验带入仇恨言论的识别中，他们在仇恨言论规制中的在线参与就十分重要。Porten-Cheé 等提出了"用户在线干预"（online civic intervention）这一概念来形容普通用户对危害协商民主言论（包括仇恨言论）规制的行为，并将其定义为"用户在感知到政治在线讨论受到威胁时做出的努力"（Porten-Cheé，2020：591）。需要指出的是，这里的用户不是被平台雇用参与审核以获得报酬的"用户审核员"，而是自发且无偿地参与到网络规制中的网民。

在仇恨言论研究领域，人们的注意力主要集中在针对非裔美国人和穆斯林群体的种族主义、仇外言论和基于宗教的仇恨。自 2016 年特朗普当选美国总统、难民危机和欧洲极右翼政党崛起以来，这种种族主义与仇恨言论激增。因此，反仇恨言论的举措主要在这些背景下进行。值得注意的是，针对其他少数族裔（如中国移民）的刻板印象、骚扰、虐待和有害信息变得越来越突出。

第二节 澳大利亚背景下针对华人移民的种族主义话语与仇恨言论

在西方语境中，仇恨言论往往基于移民的国籍、民族、种族和宗教信仰来攻击他们，例如"伊斯兰恐惧症"（Islamophobia）和"反犹太主义"（Anti‐Semitism）。在这种情况下，现有的关于仇恨言论的研究往往将种族主义、民族主义和宗教话语的"三位一体"作为研究案例（例如 Awan，2014；Evolvi，2019；Obermaier et al.，2021）。此外，由于"全球反恐战争"的政治议程和各种媒体将穆斯林群体歪曲为"潜在的恐怖分子"，以及非裔美国人和白人之间的种族冲突加剧，针对穆斯林群体和非裔美国人的仇恨言论较为凸显，因此引起了集中的学术和政策领域的重视。而针对亚洲人或中国人的偏见、敌意与歧视则较少被关注（Croucher et al.，2020）。但是，在新冠疫情期间，推特和其他社交网站上对中国人的仇恨情绪显著增加。并且，这些仇恨和种族话语并非仅来自政治极端分子或种族主义者，而是已经被证明在一般社交媒体用户中很常见（Kim et al.，2021）。更重要的是，线上的仇恨言论与现实生活中的仇恨犯罪呈正相关（Harrison and Hamilton，2019）；根据一些非营利组织的最新研究发现，针对中国和亚洲人的仇恨犯罪在全球范围内呈上升趋势（如 Anti‐Defamation League，2021；Stop AAPI Hate，2021）。

在澳大利亚，针对华人移民的种族歧视和仇恨话语有悠久的历史和社会政治根源。澳大利亚的排华情绪可以追溯到英国殖民初期。19 世纪 50 年代澳大利亚发现黄金，导致来自世界各地的移民流入，华人成为主要移民群体之一。中国移民通常被描述为勤劳但用工成本更低，"在澳大利亚人的想象中，中国移民是一种威胁"（Gao，2020：118）。因此，此起彼伏的反华种族暴乱（例如 Lambing Flat Riots），在澳大利亚引发了一场限制亚洲移民的反动运动，这被看作"白澳政策"的起源。1901 年，澳大利亚第一届联邦议会通过了《1901 年移民限制法案》（Immigration Restriction Act 1901），主要针对中国移民，他们被视为对新成立的"联邦的威胁"（Clancy，2004）。

在正式废除"白澳政策"之前，1950 年科伦坡计划的出台使澳大利亚华裔人口的规模不断增加，尤其是受过良好教育、会讲英语的中产阶级华人移民。随着 20 世纪 60 年代末 70 年代初"白澳政策"被逐渐废止，"多元文化政策"在澳大利亚得以实施（Moore，2010）。澳大利亚在高夫·惠特拉姆（Gough Whitlam）任总统期间，在 1975 年的《反种族歧视法案》（Racial Discrimination Act 1975）中正式认可多元文化主义并将其立法，该法案随后得到鲍勃·霍克（Bob Hawke）和保罗·基廷（Paul Keating）政府的进一步支持。从那时起，澳大利亚的华人人口经历了显著的增长。然而，多元文化主义的实施也改变了澳大利亚现有的社会经济结构和秩序，影响了资源分配和价值观的多元化。对澳大利亚华裔来说，里程碑式变革是 1993 年时任澳大利亚总理保罗·基廷就高等法院原住民产权裁决向全国发表讲话，这是澳大利亚"转向亚洲"的历史性转变和中国改革开放政策的结果。20 世纪 80 年代末 90 年代初以后定居的移民大多受过良好教育、技术水平高、生活富裕，这不仅改变了澳大利亚华裔社区的构成，一定程度上也导致了澳大利亚人对华裔群体的复杂情绪。一方面，在中澳地缘政治和经济关系密切的背景下，中国新移民为澳大利亚的经济发展做出了突出贡献；另一方面，反华情绪和对澳大利亚华裔的刻板印象已经存在了一个多世纪，这是后来部分澳大利亚民众在网络生活、实际生活中对中国人偏见开始的社会基础。

在后多元文化时代，澳大利亚的"恐华症"有几个原因。首先，包括中国人在内的亚洲移民通常勤奋工作，这使他们在学术研究、劳动力市场和房地产购买等领域更具竞争力。学者指出，中国人是"高房价的替罪羊"，某些澳大利亚媒体将房价上涨归咎于中国买家，以激起恐惧和愤怒（Gao，2020）。其次，中国的影响力在经济和意识形态上被部分别有用心的澳大利亚媒体污名化为"渗透"和"间谍活动"（Chubb，2023），这加剧了澳大利亚人对中国移民的不信任。再次，新冠疫情进一步加剧了仇恨、不信任和敌意，导致仇华和种族主义在澳大利亚激增。疫情发生后，洛伊国际政策研究所的一项调查报告称，约有 1/5 的澳大利亚华裔因族裔身份而受到攻击或威胁（The Guardian，2021）。

第三节 反制措施：从社会认同的角度出发

与攻击个人的网络不文明行为相比，仇恨言论是基于与社会群体相关的特征来贬损个体，因而仇恨言论攻击的是一种"社会身份"（Hawdon et al.，2017）。由此，关于发展以受众为中心的反制措施的研究往往从社会身份和社会认同的角度出发。一些研究者尝试通过重建社会身份和改善群体间关系减少仇恨言论的吸引力和提升民众的干预意愿（如 Obermaier et al.，2020；Taylor et al.，2019）。本章亦提出了两种具体的方法——"提升群体间共情"和"构建共享认同"，并通过实证调查它们对提升旁观者干预的可能性。

一 减少仇恨言论吸引力和提升民众干预意愿的两种方法

（一）提升群体间共情

共情可以被狭义地定义为"感知他人情绪的认知能力"（Sirin et al.，2017），或者更广泛地定义为一个多维的概念，包括检测他人情绪和关心他人的动机（Batson，1991）。研究表明，个体层面的共情可以扩展到群体层面，因为跨越群体边界的共情可能有助于减少群体偏见、歧视和冲突。从群体关系的角度来看，之前的一些研究，如 Batson 等（1997）的实验发现，对一个受污名化群体的成员（如种族或文化少数群体、残疾人或社会污名化人群）产生共情，可以改善对整个群体的态度；诱导群体共情还可以促进对开放移民政策的积极态度（Sirin et al.，2017）。Taylor 等（2019）则发现，旁观者的共情增加可以促进公民对网络欺凌的干预。受这些研究的启发，本章提出第一个研究问题：

RQ1：通过接触描述澳大利亚华裔因其国籍和出生地而遭受不公正对待的内容，是否能够提升民众针对澳大利亚华裔的仇恨言论的干预意愿？

（二）构建共享认同

常见的内群体认同模型提出，如果不同群体的成员认为自己是一个包摄水平更强的上位群体，而不是一个独立的群体，则可以通过将亲内群体的倾向扩展到前外群体成员，从而减少群体间的偏见、刻板印象和歧视（Gaertner and Dovidio，2000）。通过重新分类，两个群体的成员拥有共同的群内成员，这可以扩展认知和动机因素，增加群内成员对前群外成员的好感和吸引力（如 Riek et al.，2010）。很多实证研究支持了建立共同身份认同在促进良性群体关系方面的有效性。例如，当作为"美国人"的共同身份显著时，民主党人和共和党人感受到的威胁更少，并展现出更积极的外群体态度（Riek et al.，2010）。由此，笔者提出本章第二个研究问题：共同的国家身份（澳大利亚人）是否能够克服种族文化分歧，并增加反对针对澳大利亚华裔的仇恨言论的干预意愿，即：

RQ2：个人针对澳大利亚华裔的仇恨言论的干预意愿，能否通过接触激发"我们澳大利亚人民"共同身份的内容来增强？

二 多元文化主义、网络政治效能和感知威胁的调节作用

本章亦探讨多元文化主义、网络政治效能以及感知威胁对提升网络公民干预的调节作用。在处理群体间关系时，社会中占主导地位/多数的群体的多元文化意识形态是一个关键因素（Berry，1984；Berry and Kalin，1995）。"多元文化主义"概念指的是"对大多数群体的总体评价，即他们对移民和文化多样性持有积极态度的程度"（Arends-Tóth and van de Vijver，2003）。这意味着文化多样性不仅被认为是社会的人口特征，而且其公民被认为对整个社会的运作很重要。从政治的角度来看，多元文化主义指的是人们"认同于'不同的政治'，也就是说，致力于在政治体系中维护不同的、同样有效的生活方式的价值和可行性"（Citrin et al.，2001：249）。由于多元文化主义的概念经常在西方（如美国、荷兰、加拿大）的种族冲突和移民问题的背景下被审视，笔者认为，个人对"差异"的认可可以广泛地影响他们感知"差异性"的方式、他们对"差异性"的容忍程度以及他们在澳大利亚背景下支持"差异性"存在的程度。

此外，本章还研究了个体感知威胁的调节作用。威胁感知是指一个或一组个体被认为具有对另一个个体或群体造成负面后果的能力和意图。社会建构主义理论的支持者（如 Hopf，2002；Wendt，1999）和社会认同理论的支持者（如 Tajfel，1978；Tajfel Turner，1986；Nelson，2015）预测，群体间动态、价值相似性、安全需求的不协调和个体人格等情境因素会影响最初的威胁评估和随后的行为互动。与情境威胁相关，Latané 和 Darley（1970）的旁观者干预模型（Bystander Intervention Model，BIM）认为，个体自发干预"反社会行为"有五个步骤，其中"注意到一个危急的情况"和"评估该情况为威胁（对他人和/或自我）"是首要和必要的。BIM 和感知威胁元素已被用于研究美国、英国和德国社会中的旁观者对网络不文明行为（如网络欺凌和网络仇恨言论）的干预（Leonhard et al.，2018；Ziegele et al.，2020）。本章将其应用在澳大利亚背景下，考察澳大利亚参与者感知到针对澳大利亚华裔的仇恨言论的威胁水平更高时，他们是否会有更高的干预意愿。

本章也考虑了将网络政治效能作为调节因素。Campbell 等（1954）首次提出了政治效能的概念，将其定义为"个人政治行动确实对政治进程有影响或能够产生影响的感觉"（p. 187）。既有研究考察了政治效能与政治参与（如投票）之间的联系。在数字时代，学者认为，在研究在线政治参与时，"网络政治效能"（Online Political effectireness，OPE），即政治效能的一个下辖维度，是一个更可靠的衡量标准（Sasaki，2016）。Sasaki 认为，网络政治效能应该被理解为"一个人对自己利用互联网影响政治程度的感知和信心"（Sasaki，2016：198）。本章考察较高的网络政治效能是否会使个人有能力采取积极的措施来促进和善，避免伤害，相互关心，以尊重的态度进行沟通，并在他人可能处于危险之中时采取行动。因此，笔者提出了以下问题：

RQ3a：多元文化主义是否会调节改善群际关系对打击针对华裔的仇恨言论的影响？

RQ3b：网络政治效能是否会调节改善群际关系对打击针对华裔的仇恨言论的影响？

RQ3c：感知威胁是否会调节改善群体间关系对打击针对华裔的仇恨言论的影响？

第四节　研究过程与结果

一　参与者

本章设计了一个被试间实验，探讨改善群体间关系对促进网上干预针对中国移民的仇恨言论的影响。实验的参与者（N = 300）是于2023年5月从亚马逊MTurk招募而来的。参与者是澳大利亚白人成年人，他们的参与获得了3美元的报酬。本章的样本中有50.3%是女性。样本的中位年龄组为41—45岁，教育水平的中位数为高中。

二　设计及程序

本章采用了两个实验组和一个对照组的相互组间设计。在进行实验刺激前，参与者首先被要求提供人口统计学信息和测量影响因素。其次，随机分配参与者接受反仇恨言论刺激或分配给未接受刺激的对照组。在阅读完刺激或对照信息之后，所有参与者被要求评估包含针对澳大利亚华裔的仇恨言论的五条推文，并评估他们干预此类信息的意愿。

三　刺激材料

在第一组间关系改善干预（提升群体间共情）中，参与者被要求阅读一条推文，该推文描述了一个因为出生地是中国而受到侮辱和殴打的澳大利亚华裔的故事。阅读完故事后，参与者完成了因变量测量。在第二组干预方法（构建共享认同）中，参与者被要求观看一条新闻，其中描述了来自不同种族文化背景的澳大利亚人在后疫情时代共同努力以促进经济复苏。对照组没有接受媒体刺激材料。随后，参与者完成了因变量测量。刺激材料可见于附录。

四 测量

本章采用了 Kunst 等（2021）对在线网络规制意愿（OCI）的测量方式，其中 OCI 相关的题项以五点李克特量表进行测量，参与者表示他们从事相应行为的可能性（1 = 非常不可能；5 = 非常可能）。三个题项包括"低门槛"和"高门槛"的规制类型：其一，如果有标记的选项，你是否会向平台举报这些用户评论；其二，你是否会点击"不喜欢"该用户评论；其三，你是否有可能写用户评论来纠正此类仇恨话语（M = 3.52，SD = 1.13，Cronbach's α = 0.89）。

为了测量调节变量，本章采用了多元文化意识形态量表（Arends-Tóth and van de Vijver, 2003）。多元文化主义由四个题项进行评估，从 1（非常不同意）到 5（非常同意）。具有代表性的项目包括："澳大利亚人应认识到澳大利亚社会由具有不同文化背景的群体组成"（M = 3.52，SD = 0.76，Cronbach's α = 0.88）。此外，本章使用了 Woon 等（2005）的量表，从"严重程度"和"脆弱性"两个维度来衡量感知到的威胁。代表性题项包括："我认为，通过社交网站针对特定文化族裔群体的言语辱骂、歧视和仇恨言论，对我们的社会和公共领域而言是一个严重的问题"（M = 3.28，SD = 0.86，Cronbach's α = 0.86）。本章使用 Sasaki（2016）的测量方法来评估网络政治效能，其中的四个项目是："通过使用互联网，像我这样的人可以拥有更多的政治权力""通过使用互联网，像我这样的人可以对政府的工作有更多的发言权""通过使用互联网，像我这样的人可以更好地了解政治""通过使用互联网，政府官员会更关心像我这样的人的想法"（M = 3.19，SD = 0.96，Cronbach's α = 0.85）。

五 操纵检验

本章旨在通过"提升群体间共情"和"构建共享认同"两种方法，探讨群体间关系的改善是否对提高干预反对仇恨言论的意愿起作用。笔者进行了单独的操作检查，以确保刺激操作是有效和可信的。操作检查也采用了受试者之间的设计，有两个实验组和一个对照组。参与者（N=150）被随机分配到两个反仇恨言论实验组中的一个（提升群体间共情和构建共享认同，材料与实验相同），或者被分配到一个没有刺激材料的对照组。在阅读了刺激材料后，(a) 被分配"提升群体间共情"的参与者被测量他们的组间共情态度［采用 Sirin 等（2017）的群体共情指数的简短版本］；(b) 被分配"构建共享认同"的参与者被测量他们的国家认同［采用 Huddy 和 Khatib 的国家认同量表（2007）］；(c) 与对照组参与者的群际共情和共享认同的测量。操纵检验结果表明，在第一种干预（提升群体间共情）中，被试获得的组间共情支持水平（M=3.89, SD=1.02）高于对照组（M=3.27, SD=1.87），t = -20.53；Df=407，$p < 0.001$；在第二种干预（构建共享认同）中，被试的集体认同水平（M=3.57, SD=1.05）显著高于对照组（M=3.12, SD=1.64），t = -18.75；Df=305，$p < 0.001$，这意味着两项操纵都是成功的。

六 实验结果

笔者使用 Dunnett-t（双边）多重比较来回答研究问题 RQ1 和 RQ2。表3-1描述了实验组与对照组的平均差异检验结果。每组的样本量为100。两个实验组（第1组和第2组）的干预意愿得分的样本平均值明显高于对照组。询问参与者是否可以通过诱导共情来增强他们对针对澳大利亚华裔的仇恨言论的干预意愿。结果表明，影响显著（b=0.473，p 值=0.010）。与对照组相比，接触了显示澳大利亚华裔因其国籍和出生地而遭受痛苦刺激的那一组在统计上显示出对仇恨内容的干预意愿水平更高。询问是否可以通过建立集体的国家认同来提高参与者反对针对澳大利亚华裔的仇恨言论的意愿。结果表明，影响也是显著的（b=0.453，p 值=0.015）。这意味着与对照组相比，接触了强调"我们澳大利亚人民"身份和国家一致性刺激的那一组在统计上显示出了更高水平的针对涉华仇恨言论的反制意愿。

表 3-1　　　　　　　实验组与对照组的平均差异检验结果

因变量	组别（一）	组别(J)	平均数差异（I-J）	p 值	95% 置信区间 下限	上限
干预意愿	建立集体认同	控制	0.473*	0.010	0.092	0.855
		控制	0.453*	0.015	0.072	0.835

注：*表示在0.05水平上，平均差异显著。

研究问题 RQ3a、RQ3b 和 RQ3c 考察被试者的多元文化主义、网络政治效能和感知威胁是否会影响群体间关系改善干预和打击仇恨言论意愿之间的关联。为了回答研究问题，作者进行了一系列的方差分析（ANOVA）。在两种实验条件下，干预意愿被输入为因变量，而多元文化主义、网络政治效能和感知威胁被用作调节变量。提升群体间共情和构建共享认同分别作为自变量。在共情诱导效应方面，回归模型显著性强[$F(7, 192) = 11.54$, p 值 < 0.001]。表 3-2 报告了系数、标准误差和显著性水平。如表 3-2 所示，受调节的模型显示，共情通过多元文化意识形态、感知威胁和网络政治效能对干预意图有显著的交互作用。多元文化意识形态、感知威胁和网络政治效能对群体认同建构的调节作用显著[$F(7, 192) = 15.05$, p 值 < 0.001]。

表 3-2　　　　　　　　多因素调节作用的结果

	系数	SE	t	p 值
拦截	0.029	0.546	0.054	0.957
提升群体间共情	1.463	0.760	1.926	0.056*
多元文化主义	0.587	0.161	3.653	0.000****
感知威胁	-0.092	0.150	-0.612	0.542
网络政治效能	0.448	0.126	3.560	0.000****
提升群体间共情×多元文化主义	-0.388	0.234	-1.658	0.098*
提升群体间共情×感知威胁	0.666	0.212	3.138	0.002***
提升群体间共情×网络政治效能	-0.566	0.173	-3.278	0.001***

注：*$p < 0.1$；**$p < 0.05$；***$p < 0.01$；****$p < 0.001$。

为了更好地理解两者之间的关系,在图 3-1 中绘制了共情和多元文化主义之间的相互作用。对那些具有高水平的多元文化主义以及阅读了诱发共情的刺激材料的参与者,他们的干预意向是最高的。与此相反,没有接触共情材料并且持有低水平多元文化主义的参与者干预仇恨言论的意愿最低。结果表明,与多元文化水平较低的人相比,提升群体间共情对提高干预意愿的积极作用对多元文化水平较高的人来说较弱。

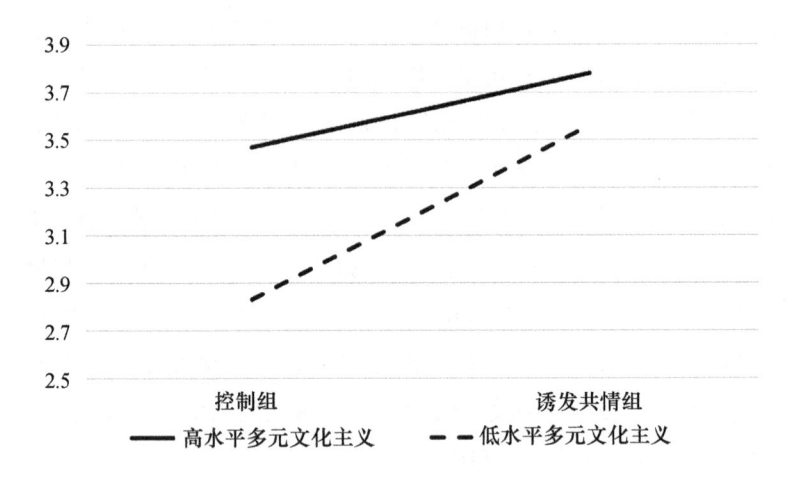

图 3-1 提升群体间共情与多元文化主义对干预意向的交互作用

关于提升群体间共情和感知威胁之间的潜在相互作用,结果表明,被感知的威胁对共情诱导与反对针对澳大利亚华裔的仇恨言论意愿之间的关系有显著的调节作用。一般来说,暴露在刺激下的人更有可能干预仇恨言论(如图 3-2 所示)。阅读诱发共情的刺激对干预意图的影响,在感知威胁高的人身上比感知威胁低的人身上更明显。

据图 3-3,网络政治效能在提升群体间共情与反仇恨言论意愿之间的调节作用是显著的。提升群体间共情对干预意图的影响在网络政治效能低的人群中要强烈得多,以至于在阅读描述华裔群体的遭遇后,低网络政治效能的人群比高网络政治效能的人群显示出更高地对抗针对华裔群体的仇恨言论的意愿。

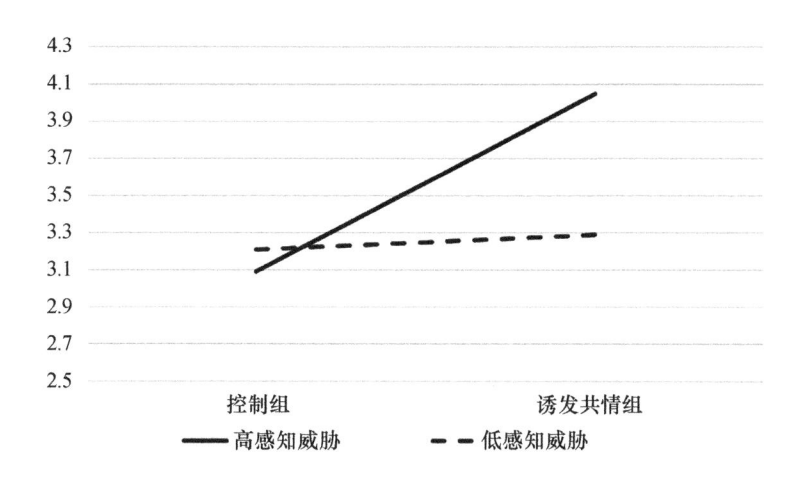

图 3-2　提升群体间共情和感知威胁对干预意图的交互作用

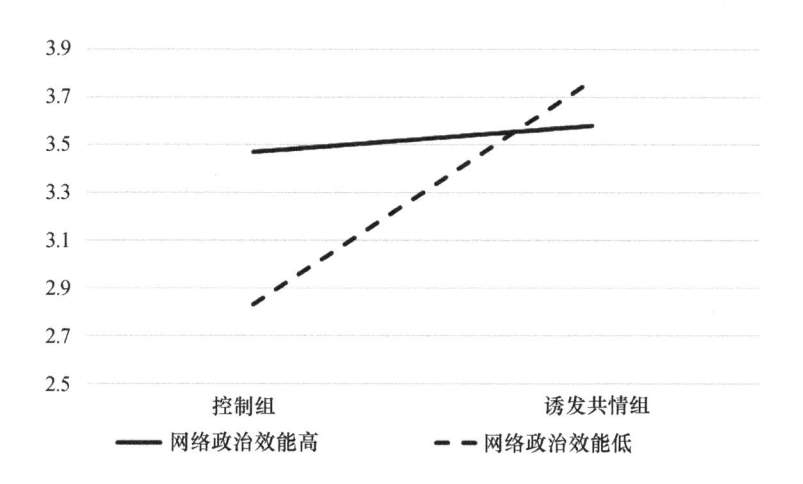

图 3-3　提升群体间共情与网络政治效能对干预意向的交互作用

第五节　大变局时代下反击涉华仇恨言论的实践创新

中国移民很少被作为仇恨言论研究的对象,尽管这个群体(或更广泛的亚洲移民)在西方社会中经历了长期的偏见和歧视(Tan et al.,

2021）。从刻板印象的角度来看，中国移民通常通过一个复杂的视角被审视，即"有能力但冷漠"，显示出与其他少数族裔的明显区别，比如非洲或穆斯林移民被评价为"无能和冷漠"（Fiske，2018）。即使在移民政策开放的多元文化社会，中国移民也常常被视为勤奋却"自我隔离"，因而缺乏对东道国的"忠诚"。这样一来，中国移民对当地社区的贡献被提及得较少（Boeckmann and Liew，2002；Shimpi and Zirkel，2012），长期的不信任和威胁感因新冠疫情而进一步加剧。

正如 Ali（2008）所言，虽然疾病和他者归罪之间的联系并不新鲜，但疾病的暴发会唤起历史上的刻板印象，反过来又会诱发更公开的种族主义形式的回归。2020 年年初以来，由于被毫无根据地指责为新冠疫情的所谓"罪魁祸首"，移民海外的中国人在线上和线下都特别容易受到种族主义、不容忍甚至暴力的伤害。由于依靠政府和社交媒体平台审查的仇恨言论法规通常会遇到实际困境，来自普通人的"旁观者干预"有助于防止种族仇恨言论的受害者认为社会大多数人都同意仇恨言论，并说服未参与的用户不要认可仇恨言论（Obermaier et al.，2021；Schieb and Preuss，2016）。特别是在本章的案例中，澳大利亚是世界上最大的 9 个移民东道国之一，而中国是世界上最大的四个移民输出国之一，这项研究的结果对全球化深入发展的今天具有重要的意义。在后疫情的背景下，地缘政治竞争和意识形态对抗使国际和群际间的信任和善意成为一种珍贵而稀缺的现象。

研究证明，诱导共情对提高干预仇恨言论的意愿是有效的。Barlińska 等（2018）和 Taylor 等（2019）的实验发现，共情诱导设计可以激发旁观者对网络欺凌的干预，研究表明，对单个受害者的共情关注可以扩展到更广泛的、群体层面的仇恨言论受害者。如果没有共情，网民可能无法感受到或认识到仇恨言论所造成的伤害和痛苦。本章中的实验刺激，通过展示针对澳大利亚华裔侮辱性和刻板印象的评论，提供了一种共同经历的感觉，促进了对他者视角的理解，并提醒被试者华裔群体在他们的日常网络生活中正在经历什么。研究表明，共情的增强使实验的参与者更有可能干预针对华裔群体的仇恨言论的评论，以减轻这种话语的负面影响，并增加对受害者的社会支持。

研究结果还表明，在试图对抗仇恨性话语的过程中，引入"我们澳大利亚人"的共同身份非常重要。内群体对共同身份的认可，结合外群体所表达的类似情绪，产生了对外群体（澳大利亚华裔）的重要的包容性表述和积极取向。Ang 和 Colic-Peisker（2022）认为，全球移民潮在许多白人占主导地位的国家引起了强烈的焦虑，担心种族和民族人口构成的变化，以及他们可能将政治权力从占主导地位的民族群体中转移出去。然而，正如本章的实验所证明的那样，这种种族政治上的"我们还是他们"的分歧可以通过强调总体的国家认同来减少。当人们将原本被归类为外群体成员（华裔）的人视为具有共同的内群体身份（澳大利亚人）时，对内群体成员偏爱的过程会转向前外群体成员。这种良好的态度转变为对针对澳大利亚华裔的歧视和侮辱的干预意愿。虽然 Siegel 和 Badaan（2020）发现，在黎巴嫩，共同的宗教（伊斯兰教）信仰比国家身份更有吸引力，但"我们澳大利亚人"代表了一种被认可的、重要的身份，可以有效地将人们融入澳大利亚参与者。此外，强调"共同身份"也为在后疫情时代重建澳大利亚经济创造了一种目标兼容性。当两个群体共享一个上级目标或将他们的群体关系视为合作和互补时，群体间的怀疑可能会减少，从而最大限度地减少身份威胁（Gómez et al.，2008）。

　　此外，研究结果说明，在干预过程中，个人的多元文化主义、网络政治效能和感知威胁有明显但不同程度的调节作用。在实验中，群际关系改善的刺激与个体原有的宽容和包容的观念以及他们关心社会和他人的责任相互作用，从而更好地激活了"亲社会"（pro-social）的干预行为。具体而言，共情刺激对多元文化水平低的参与者有更大的影响，从而产生对干预的反应偏好。对具有高度多元文化的个体来说，刺激的效果有一个"边际效用递减"，也就是说，在多元文化程度较高的情况下，共情刺激的附加效应只会导致强势多元文化信仰者对亲社会干预行为的偏好越来越小。同时，对多元文化信仰薄弱的个人来说，可能有许多其他的，也许比多元文化主义更重要的信仰（如社会平等主义或非暴力），这些信仰通过不同的启发和影响帮助感知刺激并促进社会道德行动主义。此外，对少数族裔仇恨言论的威胁感知的增加，加强了刺激措施的作用，促进个体积极反击污染数字通信空间的仇恨信息。

本章的被试呈现出对针对澳大利亚华裔的仇恨言论威胁感知程度很高。需要指出的是，有时仇恨言论是以非常间接和微妙的形式呈现，例如通过幽默元素来减少民众对仇恨信息的认知，因为它被视为只是一个无伤大雅的玩笑（Billig，2001）。对更隐蔽的仇恨叙述，培养公众对其严重性的认知非常重要。此外，网络政治效能作为公民社会的重要特征，有助于数字公共领域的公民理性话语的生成。研究结果发现，那些觉得自己没有权利的人往往更积极地打击仇恨言论，保护脆弱的社会群体，并向他们提供社会支持。考虑到弱势少数群体（如非裔美国人）通常更同情和支持其他少数群体，这并非完全不可预测（McClain et al.，2006）。接触澳大利亚华裔群体正在遭受的痛苦，第一会激发低政治效能相关的前摄情感（如失落、被剥夺权利和被疏远）；第二会与自认为处于弱势地位的受众更相关；第三会更有效地唤起被认为是弱势群体的愤怒、羞辱和同情的情绪。可及性、自我相关性和情感唤起会导致那些感觉自己没有能力的个体与少数族裔（澳大利亚华裔）产生一种共同的委屈感或兄弟情谊的剥夺，从而产生一种内群体认同。

第六节　本章小节

"黄祸"这一种族主义词语在 19 世纪登上历史舞台，是 20 世纪初西方列强鼓吹入侵和殖民中国的理由之一。19 世纪西方极端种族主义者宣称，黄种人会吞噬西方的"文明"社会，是白种人的威胁，于是以之为"黄祸"。这种建立在肤色血统论上的词语一直被视为西方国家歧视东亚人民的表现（纪莉，2020）。20 世纪末以来，由于经济全球化的发展，国际人员流动频繁，出现了新一轮的移民潮。移民潮促进了输入国的人才流动和经济发展，也引发了一系列社会问题。西方国家社会分裂凸显、政治危机突出、社会不平等加剧、族群矛盾严重，而移民则成为一切负面问题的"背锅侠"。数量庞大的华人群体，最先成为"他者归罪"的对象，承受着巨大的痛苦。

当今世界正经历百年未有之大变局，中美关系跌宕起伏，摩擦和纷争不断。地缘政治、大国博弈与贸易摩擦使中美关系（以及广泛意义上中国和西方国家的关系)陷入了前所未有的困境,而且累及在海外的华人华侨群体。西方社会普遍贫富差距较大,在某些社会精英的渲染下,当地民众越发倾向于把经济不景气带来的失业等社会问题归因于工作岗位流向中国以及移民的进入,于是把怨恨一股脑儿撒向了勤劳上进的华裔,进而排斥和打击华裔移民的"中国威胁论"出现了。一方面是政客的鼓噪;另一方面是底层百姓和草根阶层以受害者的身份充当了排华主体,各种媒体则发挥了摇旗呐喊的作用。在英、法、德、澳等国家的公共场合、社交媒体均出现了歧视华人的言行。新冠疫情进一步加剧了西方社会的种族歧视,放大了对华人的偏见,使海外华人面临双重困境:一方面是人身安全难以保障;另一方面是要面对来势汹汹的排华浪潮。这种现象是西方社会近年来盛行的种族主义、排外主义、本土主义、民粹主义、极端民族主义等各种社会思潮叠加的结果。这些思潮成为"黄祸论"的各种外衣和载体(姬虹,2020)。

聚焦于本章的研究对象,由于澳大利亚媒体对中国数十年的偏见性叙事(Ang and Colic-Peisker, 2022; Sun, 2021),近年来恐华情绪在澳大利亚被重新点燃,使中国移民成为澳大利亚越发明显的种族导向仇恨言论的目标,形势的严重性不容忽视。而本章的实证结果表明,由于在许多西方社会针对中国移民的民族/种族仇恨言论很大程度上源于群际间的紧张关系,这种紧张关系还可能进一步加剧,因此可以通过改善人们对群体外成员的态度和情感来消除这种仇恨。

在"后真相"和"后民主"时代,仇恨言论很可能引发其他信息混乱和社会问题,因此制定以受众为视角的干预对策是仇恨言论治理的当务之急。仇恨叙事通常在"内群体"和"外群体"之间采用"二元对立"的摩尼教的观点(Hameleers et al., 2021),这是民粹主义意识形态的一个关键特征。这种"非黑即白"的世界观可能会导致新的社会分化。此外,因为仇恨言论具有强烈的情感共鸣,也可能助长虚假信息和阴谋论的传播——当信息满足了将少数族裔、移民群体描绘为负面的情感需求时,个人可能就不太在乎信息的真实性。因此,虽然像澳大利亚这样的国家受到右翼民粹主义政党、难民危机和政治两极分化的影响较小(与美国相比),但仇恨言论引发民粹主义、两极分化和问题信息的破坏性值得进一步关注。这不仅伤害了移民群体和少数族裔，而且加剧了竞争或对抗中国家之间安全困境的"下行螺旋"（Liu et al.，2022）。

本章关注的是如何在澳大利亚语境中减少仇恨言论对中国移民的心理影响。正如"情感经济"（Ahmed，2004）和"情感网络"（Hinshewood，1989）的概念所示，态度和情绪从个人到集体层面的转变可能遵循一种传染模式。因此，笔者呼吁扩大应对措施的规模，以补充我们在微观层面干预仇恨言论治理的方法。将个人方法与群体或中观层面的干预结合起来，可能有助于在政治社会化的不同维度和阶段中确定更多的变量，从而形成一种综合的方法来破坏仇恨言论的互动，防止由"投射性认同"和"情感趋同"等心理过程引起的媒体促进的偏见和群体冲突（Anderson et al.，2003）。

本章的研究发现具有现实意义。首先，国际传播和对外话语的建构迫切需要一种基于"我们"的包容性上位认同的政治沟通方式。近十年来，包括澳大利亚在内的许多西方国家，见证了少数族裔在国家媒体话语和公共空间中的被"重新他者化"的趋势（Ang and Colic-Peisker，2022），而建构包容的身份认同，是地方、国家和全球在后疫情时代促进经济复苏的必要步骤。其次，中国国际传播实践应大力强调华裔群体对所在国的积极贡献，以营造更健康的社会气氛。对某些少数群体的负面刻板印象往往作为一种"认知捷径"，在重大危机和不确定时期作为"指责他人"的情感理由。这只会阻碍基于事实的科学信息的传播。因此，通过强调被污名化群体的优点和善意来反驳这些持久的刻板印象，会对"后真相"沟通逻辑釜底抽薪。这种做法将创造一个理性、审慎和宽容的公共领域的环境，特别是在重大事件或危机期间。最后，我们指出了促进媒体素养、旁观者培训和以社区为中心的方法的重要性，以提高公众对仇恨言论的认识，并增强他们干预仇恨言论的意愿，这是治理仇恨言论和预防仇恨犯罪的重要及有效步骤。

第 四 章

立足群际与认同:改善海外民众对华态度的新思考

当今世界正经历百年未有之大变局。在后疫情时代,一些西方国家打着国家安全的幌子,出于地缘政治考虑不仅仅展开对中国的经济与科技脱钩,并且联合起来对中国施行知识围堵。无论是物质层面的脱钩还是认知层面的围堵,其本质目的在于切断中国与世界的价值纽带,破坏中国性与世界性的内在联结。新冠疫情期间,部分西方政客与媒体通过捏造谎言、污名化中国的手段来统合社会共识,激化了根植在西方社会中的意识形态偏见。皮尤研究中心 2021 年 3 月的民调报告显示,近九成美国人视中国为"竞争对手"或"敌人"而非"合作伙伴"(Pew Research Center, 2021)。在外部舆情环境高度紧张的背景下,中国外宣工作与国家形象建构面临的挑战激增,催发了对中国国际传播策略的再思考。

需要用辩证的思维看待大变局时代对中国国际传播的影响,化海外民众对华好感下行之"危",为推进新时代对外话语体系建设之"机"。中国国际传播需要着力打造全球共同认同,重构由西方叙事主导的国际传播舆论场,打破西方政治传播长久以来的二元对立范式,切实拓宽"人类命运共同体"的全球基础。而过往善于宏大叙事的国际传播实践,在很大程度上落入了跨文化传播研究中的一个文化本质主义框架内的二元对立陷阱,即集体主义与个人主义,在强调国家主义和集体主义(如群像)的同时,把最容易产生认知和情感共鸣的个人故事掩盖了,进一步加剧了外国受众对一个大一统或集权国家的刻板偏见。换言之,没有走好国际传播的"群众路线"(姜飞、姬德强,2019)。

国之交在于民相亲，国际传播的主要归依是海外民众，最终目的是增进海外民众对华的了解，提升其对华好感。本章以社会心理学领域的群际关系与社会认同理论为立足点，整合四种改善群际关系的具体路径（"构建共享认同""去刻板印象""延伸交往"与"积极想象"），通过媒体干预实验检验其国际传播效度。本章以"低政治"和"平民视角"的群际关系为切入点，弥补过往国际传播实践中强调宏大叙事的势能偏差，矫正中国现实与外部想象力之间的认知错位，力求激发海外民众的情感共鸣，赢得国际社会的信赖。在研究方法上，本章亦采用针对美国受众的媒体实验法，通过亚马逊旗下的众包平台 Amazon Mechanical Turk 招募美国民众（N = 543）参与实验，针对具体传播策略提供效度检验，明晰因果关系，为考察中国国际传播效果提供实证支撑。

第一节　群际关系与社会认同视域下的国际传播

正如本书第一章所论述，当前中国国际传播研究无论是理论还是实践上已有丰富探索，但当前提出的策略与方法大多源于新闻传播的学科之内，部分学者融合了文化研究和公共外交领域的概念与最新发现，但其他社会科学领域的理论与概念仍较少地被中国对外传播研究采纳。在研究多元化和学科交叉性的今天，整合与借鉴来自国际关系、社会心理学、政治学等相关领域的理论与概念有望为中国国际传播策略优化提供全新视角、带来有益启发。例如，群际关系是考察跨族群关系时的主流视角，而不同国家公民之间的认知、情感取向与交往属于典型的群际关系范畴。文化身份与各种层次的社会认同（如民族认同、国家认同、政治认同、族裔认同等）亦是跨文化传播领域中的一个重要话题（于洋、姜飞，2021）。近年来，中国学者开始将群际关系和社会认同的经典理论概念运用于国际传播研究之中，以期提出对外话语体系建设的新方向和新策略（例如徐迪，2023；肖晞、宋国新，2020）。本章也以群际关系与社会认同理论为立足点，整合四种形成认同与改善群际关系的路径，并通过实验考察其传播效度。

社会认同（social identity）的视角重点关注在不同群际交往过程中

"身份协商"的重要作用。因而,它的提出拓展了社会心理学的研究范畴,促进了对群际关系的进一步理解。简言之,社会认同指的是"个体从他感知到的自身所属团体那里得来的自我形象,以及作为团体成员所拥有的情感和价值体验"(Tajfel and Turner, 1979)。社会认同的心理过程包含三个部分,分别为社会分类(social categorization)、社会比较(social comparison)和积极区分(positive distinctiveness)(Tajfel, 1982),而形成社会认同的过程包括认知、印象和行为层面。根据社会认同理论,人们依据群体归属感,将他人归类于内群体成员(ingroup)或外群体成员(outgroup),人们倾向于对内群体作出积极正面的评价,对内群体成员更加友好(内群体偏爱),而对外群体的评价往往消极负面,也对外群体成员有所偏见和怀疑(外群体贬损)。内群体偏爱、外群体贬损与群际冲突代表了一种"人类天性",社会心理学领域的学者多年来致力于研究形成良性认同与改善群际关系的一些策略。本章介绍其中的四种路径,分别从认知、印象和行为层面考察形成跨族群认同的可能。

一 构建共享认同

本章提出的第一种改善美国民众对华态度的方法为"构建共享认同",这是从"认知"层面探索形成美国民众对华认同的可能,其理论基础为社会心理学中的共同内群体认同模型(Common Ingroup Identity Model, Gaertner and Dovidio, 2000)。该模型认为,在两个原本分离的不同群体的认知表征形成为一个包摄水平更高的"上位群体"的情况下,群体成员的身份从"我们"和"他们"可以转变为"我们"这样一个更具宽泛意义和包容性的群体身份,本来只对内群体投射的积极情感也可以延伸至当前新形成的上位群体,进而减少以往的负面印象与偏见歧视(管健、荣杨,2020)。

共同内群体认同模型认为,社会分类并不是天然形成的,而是具有相当程度的流动性和可变更性,个体可以属于不同的群体(如一个美国民众可以同时从属于民主党人/美国人/亚裔/女性)。这些群体根据不同的包容性水平,分层次地组织在一起。情境因素、感知目标、过去经验以及期望均可以促进分类水平发生转换,凸显现存的共同内群体关系或者增加新的因素，例如共同任务或共同命运，进而使某种分类水平占据显性位置，通过提升分类水平影响分类结果进而实现行为的改变。而群体通过重新进行社会分类，可以带来群际关系的改善、群际冲突的消弭，降低群际竞争，增加群际帮助、群际共同性和相似性的感知，减少差异性感知。现有研究证实了通过构建共享认同而改善群际关系的可能性。比如，Levendusky（2018）的研究发现，当被访人的美国国家民族认同感提高时，他们开始将反对党的成员视为美国同胞而不是敌对的党派，结果他们更喜欢对方，从而减少情感两极分化；另一则实验则发现通过构建和强调"美国人"这样一种共享认同，非裔美国学生和白人美国学生均显著降低了对对方族裔的怀疑和负面情绪。类似地，Vezzali 等（2015）分别在小学和大学校园内开展的研究也证实了，"小学生""大学生"的共同身份认同干预可以改善教育环境中本土学生和移民学生群体间的联系和合作。学者还以苏格兰独立公投事件为背景考察了次级群体身份（苏格兰身份）和上位群体身份（英国国民认同）转化机制，以及以朝鲜半岛为背景，将韩国认同作为次级群体身份，将朝鲜民族认同作为上位群体身份，探讨其转换机制。

需要强调的是，构建跨党派、跨国籍、跨族裔的共享认同从来都不是一件易事，尤其是在对外关系中，国家认同（national identity）往往是人们在理解复杂多变的国际事务时所采纳的根深蒂固而影响深刻的"认知捷径"（cognitive shortcut）。对长期处于博弈与竞争关系的大国（如中美、美俄），这种国家认同尤其"泾渭分明"和"非此即彼"，是民众理解"自我"与"他者"的最重要依据。然而，本书认为席卷全球的新冠疫情为打破民族国家的"认同气泡"和搭建全人类命运共同体这一"上位认同"提供了可能（Fuochi et al.，2021）。正如既有研究证实，严重的自然灾害虽然破坏性极强，但是可以有效地促进重新"范畴化"和"归类"进而提升援助意愿（Vezzali et al.，2015）。在百年未见之大疫情和百年未有之大变局叠加的时代背景下，构建"全球抗疫共同体"这一共享认同可以铸牢共同体的心理基础，借助于共同内群体认同的包容性力量，改善过往基于国别差异和竞争而形成的群际冲突，将离散的分类融合到更高级别的分类水平中，建构包摄水平更高的上位群体，形成"共同感"

与"一体感"。这不仅有助于改善美国民众对包括中国在内的他国民众的态度,也将为后疫情时代的国际合作铺垫广泛的民意基础。由此,本章提出第一个研究假设:

H1:通过接触"人类抗疫共同体"这一共享认同的媒体内容,能够提升美国民众的对华好感水平。

二 去刻板印象

依据社会认同理论,本章提出的第二种改善美国民众对华态度的方法为"去刻板印象",这是从"印象"的层面为构建美国对华认同去除障碍、铺就基础。刻板印象(stereotype)是社会心理学领域内研究人们的社会性偏差(social bias)的一个重要方向。简单来说,刻板印象是人们对某些社会群组的知识、观念和期望所构成的认知结构。作为一种特定的社会认知图式,刻板印象可以理解成有关某一群体成员的特征及其原因的比较固定的观念或想法。尽管学界对刻板印象这一概念的适用性尚存争议,有一部分心理学家认为刻板印象既不能在理论上准确定义,也不能很好地解释经验现象,但刻板印象这一术语自1922年提出以来,一直受到社会心理学领域的广泛关注,许多研究从理论和实证的角度不断对其进行丰富。对刻板印象的研究也从最初的概念界定、特点和作用探析,逐渐发展到对其生成和变化模式及影响因素和行为表现的探索。

近年来,刻板印象的具体内容一直是相关研究的热点问题,学者们就此提出了不同的刻板印象的内容结构维度,其中最有影响的是Fiske等人提出的刻板印象内容模型(Stereotype Content Model)。Fiske等(2002)认为,从功能主义和实用的观点来看,刻板印象的维度应该来自人际和群际互动。刻板现象根源于全人类群体普遍存在的社会现象:为了自身的利益和生存,人们会不自觉地评估和确认其他群体是朋友还是敌人(是否热情,warmth)以及他们对自己是否可以构成威胁(是否有能力,competence)。由于复杂社会中普遍存在群体之间的竞争和地位的差异,人们对自己所在内群体和外群体的评价会在热情和能力的刻板印象中显示出一些固定的偏向。因而,SCM模型即是关于刻板印象的内容从能力(competence)和热情(warmth)两个维度上的评价组合。截至目前,

SCM 模型得到了在不同文化样本中的广泛实证研究的支持，显现出很好的文化普适性和群际关系预测性。在老年群体、亚裔美国人群体、移民群体、女性群体、黑人群体、精神疾病群体的研究中均得到较好的验证。

关于 SCM 模型的实证研究证实了许多目标群体给人们留下的印象是相对固定的，并且人们在评价具体对象时，刻板印象内容却受到群际边界（成员身份）、群体接触历史、群际关系等因素的影响。具体来说，沿着热情和能力两个维度，某些群体被刻板地看作能力和热情都比较低（low warmth and low competence，在西方社会代表性群体为非裔和穆斯林）；有些群体则被认为能力和热情都较高（high warmth and high competence，比如中产阶级）。与此同时，研究还发现有些目标群体在人们脑海中的形象是混合的，即热情与能力两个维度往往并不一致，比如，老年人群体被认为是热情但缺乏能力（low-competence but high-warmth）的，而另外某些群体被认为是很有能力但不够热情友好（在西方语境下，亚裔和犹太人就归属于这一群体）。而中国人在西方民众心中，就是一个"有能力但不够温暖友善"的典型代表。改革开放四十余年中国取得的巨大成就和人民生活水平的显著提高早已让中国和中国人在西方社会的认知里摆脱了贫穷落后等形象。但多个民意调查显示，一方面，中国人的"勤劳"和"努力工作"等品质得到了广泛的认可；另一方面也被打上了"不爱交际""不够热情""比较封闭""不融入主流社会"（指移民群体）等负面标签。而大量实证研究证明，在最后一种"能干但不友好"的刻板印象作用下，人们往往会对这类目标群体产生"嫉妒性偏见"（envious prejudice）和阴谋论思维，即认为此类外群体既有意图也有能力计划实施针对内群体的邪恶阴谋（Fiske，2018；Fousiani and van Prooijen，2019；Winiewski et al.，2015）。新冠疫情暴发后，涉及中国的一些阴谋论话语之所以能够迅速在西方社会发酵，除部分欧美政客和右翼媒体的大力鼓吹和煽动以外，就是因为这些话语激发了根植在许多西方民众心中的对华刻板印象和负面偏见。后来，即便世界卫生组织等国际机构对新冠进行了联合溯源，也难以在短时间内对西方民众的刻板印象和对华偏见认知进行矫正。

基于刻板印象是人际交往间产生偏见的主要原因，研究者一直致力于如何从根源上减少乃至消除刻板印象。关于刻板印象的可控性，传统观点认为刻板印象是固定的和不可避免的，而修正观点则认为其是有条件的。近些年，实证研究已揭示出一些消除刻板印象的有效干预策略（如意识性抑制、熟悉性策略和树立无偏见信念等），并证实了消除刻板印象对降低对外群体的歧视、偏见和改善群际关系的作用。例如，Peffley等（1997）的研究证实通过向美国白人传递非裔群体是"努力工作"（hardworking）与"行为良好"（well behaved）的信息，可以显著逆转其对非裔美国人"懒散"的刻板印象并提升对其好感。相似地，通过向人们强调男同性恋者具备的"男子汉特性"（masculine），可以显著驳斥人们对这一群体"娘娘腔"的刻板印象，并提升对这一群体的好感度。

由此，本章探索通过去刻板印象来改善美国民众对华态度的可能性。鉴于包括中国人在内的亚裔群体在西方社会民众的认知中（尤其是美国）长期存在的"能干且冷漠"的刻板印象，研究选取实验视频强调中国人的"温暖感"，以此来进行对华认知的"去刻板印象"，进而形成良性认同。由此，本章提出第二个研究假设：

H2：通过接触驳斥针对华裔群体的负面刻板印象的媒体内容，能够提升美国民众的对华好感水平。

三 群际接触：延伸交往与积极想象

本章提出的第三种和第四种改善美国民众对华态度的方法为"延伸交往"和"积极想象"，这二者是从"行为"层面探索促进跨族群之间形成良性认同的可行性路径。一直以来，群际接触（intergroup contact）被认为是促进群际关系的金牌法则。Allport（1954）提出的群际接触假说认为，群体偏见是由于某一群体对另一群体缺乏充足信息或存在错误信息而产生的，群际接触则为获得新信息和澄清错误信息提供了机会。群际接触假说提出以来，群际接触可以改善对外群体的态度这一结论已经被普遍证明，多项研究发现，越多接触目标群体，越可能显著地提高对该群体的喜爱程度（Binder et al., 2009; Pettigrew, 1998）。例如，不同种族或不同信仰的学生，无论他们是被随机分配还是自愿选择，住在同一寝室则有助于减少群体间的偏见。

关于群际接触的近期研究发现，直接交往并非人们形成或强化对外群体态度的唯一途径，还可通过"延伸交往"和"积极想象"的方式达成跨群体接触。这二者的提出丰富了群体间交往中"交往"这一概念的内涵和外延。"延伸交往"指的是当人们看到内群体成员与外群体成员展开交往、建立友谊时，他们对外群体的态度可能发生积极的转变。对内群体的积极态度有可能移情和转化为对外群体的积极态度，而对外群体的消极感知也可能会消解。这种由其他内群体成员延伸而来的间接交往经验，即为延伸交往。在这种情况下，个体间的交往不再是一个群体间交往的个案，而是存在一定泛化效应，交往所产生的积极影响不仅作用于交往者本人，而且会以交往者本人为起点，通过延伸交往向更广泛的人际网络进行延展。积极的延伸交往的这种影响作用不仅有助于消解对外群体的偏见，而且可能增加对外群体成员的信任感和宽容度。而"积极想象"则代指在完全不认识外群体成员的条件下，可以通过想象接触来提高、改善对外群体的态度。神经心理学的研究表明心理想象与知觉有同样的神经基础，心理想象与记忆、情绪和自动控制使用相同的神经机制。心理想象可以引发与真实经历一样的情感和动机反应。据此，想象接触成为一种有效的替代干预，并且作为群际接触研究的新取向已经越来越受到研究者的重视（Eller et al., 2012; Stephan and Stephan, 2000）。

"延伸交往"和"积极想象"对改善群际关系的作用也已被许多实验证实。例如，Pettigrew 等（2007）的研究发现，当德国民众得知他们的朋友与穆斯林群体有一定的接触以后，会显著降低他们对穆斯林群体的偏见和仇视情绪。"延伸交往"也被应用于中国大陆与台湾民众关系的检验上，Chiang（2021）最新的研究发现，当中国台湾的民众了解到大陆民众对其他来自中国台湾的人民表现友好时，会回馈以同样的友好的善意，Chiang 称为"间接互惠"（indirect reciprocity）。而自从 Turner 等人发现想象接触可以有效减少对老年人和男性同性恋的偏见后（Turner et al., 2007），研究者们进行了大量的研究，发现想象接触减少偏见可以适用于不同民族群体、不同信仰群体、移民群体等。例如，Wang 等（2020）以中国学生为被试者的研究表明，通过让中国学生想象接触更少的日本"恶"，可以提高中国学生对日本人的积极看法，促进群际良性认同的形成。West 等（2017）的研究发现，通过对无家可归者和跨性别女性的想象接触，人们会减少对这两类群体的偏见，增加对他们的积极认同。这项研究还指出，人们初始的偏见程度越高，想象接触就越有效。

中国国际传播学者近期也意识到增加群际接触对提升海外民众对华感知方面的重要作用。民众间的人文交流作为积极接触的一种形式，既以直接接触的方式促进跨群体的面对面交流，又以新闻报道、观察式参与等间接接触的方式扩展群际接触经历，对塑造共情环境有良好的效果。例如，邢丽菊（2016）指出，在"一带一路"倡议的背景下，人文交流以中外民众个体面对面的接触、互识、互知、互动为主，在推动情感与文化认同和理解的同时，也成为塑造"一带一路"倡议民意基础和社会根基的路径。徐迪等（2023）则以《寰球民意指数（2020）》调查结果为依据，客观评估日本公众的对华形象认知及其如何受到群际接触、社会信任、国家认同、威胁感知等因素的综合影响。研究证实了群际接触对日本公众对华形象认知的正向预测作用。在这一影响机制中，社会信任影响着日本公众在群际接触中的认知和判断，间接预测了他们的对华形象认知；国家认同与威胁感知在个体信息处理过程中作用突出，也影响了群际接触与日本公众对华形象认知之间的相关关系。基于既有丰富的发现，本章提出第三个研究假设：

H3a：通过接触展现中美人民交往的媒体内容，能够提升美国民众的对华好感水平。

H3b：通过正面、积极地想象与中国人的接触，能够提升美国民众的对华好感水平。

第二节 研究过程与结果

本章采用实证主义研究范式，在分析归纳形成认同、改善群际关系的几种具体路径的基础上运用媒体实验法考察上述方式的传播效果。具体来说，本章将构建共享认同、去刻板印象、延伸交往与积极想象四种干预方式作为实验刺激，进行控制实验研究，进而对不同实验刺激下的传播效果加以探究。本章主要考察传播效果的认知层面，即采取改善群际关系的干预办法能否有效提升美国民众的对华好感度。

一 实验材料

在构建共享认同法中，实验涉及媒体素材一"全球人类抗疫共同体"。在这一组中，被试者要求观看媒体素材一。该视频素材选取于YouTube网站，2021年3月中国工程院院士、国家卫生健康委员会高级别专家组组长钟南山和美国传染病学专家安东尼·福奇在英国爱丁堡大学举办的线上论坛进行对话。钟南山与福奇共同呼吁在新冠疫情这一全球性危机面前，世界各国虽国情不同但命运与共，需要相互携手才能战胜新冠疫情，再见晴空。

在去刻板印象法中，实验涉及媒体素材二"清华大学老年校友会合唱团"。在这一组中，被试者要求观看媒体素材二。该视频素材选取于央视网，描述了一群平均年龄在70岁以上的清华大学校友在古稀之年组成合唱团，视频中老年人用一曲活泼感十足的《少年》向人们展示了中国老年人的青春与活力，也用歌声表达对祖国和人民的热爱。在此处需要说明，本研究正是"利用"了西方民众对"老年人"和"中国人"这两种群体的既有刻板印象（认为老年人是"温暖且缺少能力"以及认为中国人是"冷漠且有能力"），通过"再刻板化"来驳斥其对华刻板印象。视频的选取将两种相对立的刻板印象统合于一体，既驳斥了西方传统认知中对中国人和其他亚裔群体"冷漠"的这一刻板印象，也澄清了通常加诸老年人群体身上的"孤独""没有活力"等负面印象。

在延伸交往法中，实验涉及媒体素材三"中国在美留学生与当地学生的交往"。在这一组中，被试者要求观看媒体素材三。该视频素材选取于Bilibili（哔哩哔哩）网站，描述了一位赴美的中国留学生，与美国当地的学生积极交往，成为朋友并进行丰富多彩的社交活动的场景。在该视频中，赴美留学生属于代表了中国人的"外群体"，而当地的学生则是属于与被试者（美国民众）认同感一致的"内群体"。

在积极想象法中，实验并不涉及具体媒体素材。在这一组中，被试者要求用5分钟来想象一段与中国人的接触过程，即构思一个场景——"你与一个中国人在火车上相遇并聊天，在和这位中国人的对话中你们分享了许多有趣的话题"。随后，被试者被要求写出他/她想象出的这一段对话。

二 实验主体

在本章的研究中，所有被试者（共 550 人）被随机分配为 5 组，其中 4 组被试者接受实验干预，另有 1 组作为对照组，未接受任何实验刺激。所有被试者完成实验后，排除了在过短时间内完成测试的被试者（小于 60 秒），最终共计招募 543 名被试者。

三 因变量

本章的因变量为对华态度，"总体而言，你对中国持何种态度？——非常喜欢、比较喜欢、中立、不太喜欢、完全不喜欢"（即被试者的打分越低，其对华好感度越高）。这一衡量方式简单直接，被皮尤研究中心、芝加哥全球事务委员会（the Chicago Council on Global Affairs）以及舆观（You Gov）等国际知名民调中心所采纳。

四 实验过程

实验在 2021 年 6 月展开。每位被试者通过亚马逊 MTurk 平台点击链接进入研究者设置的网页中，首先填写一些人口学及个人性格方面的题目，然后随机分组进入实验设置中，或观看实验素材（构建共享认同法、去刻板印象法、群际交往延伸法），或完成相应环节（积极想象法），最后填答问卷相关题目，测试被试者对中国的好感度。每位被试者的实验时间大约为 15 分钟。

五 实验结果

首先，通过对各组间人口学变量的比较，可以检验随机分组是否成功。本研究采集的被试者的人口学变量有六个，分别是性别、年龄、种族、受教育程度、收入水平和党派立场。被试者的性别、种族和党派立场（即民主党、共和党或无党派），这三个变量属于分类变量，使用卡方检验（Chi-Square Tests）可以检验各组之间在这三个变量上是否存在显著差别。卡方检验结果显示，各组之间在性别、种族和党派立场上没有统计上显著的差别（即 p-值都大于5%）。被试者的年龄、教育程度和收入水平，这三个变量一般作为连续变量处理，使用方差分析可以检验各组之间在这三个变量上是否存在显著差别。方差分析结果显示，各组之间在年龄、受教育程度和收入水平上没有统计上显著的差别（即 p-值都大于5%）。因此，各组之间在这些人口学变量上均无统计上显著的差别，这表明随机分组是成功的。

表 4-1　　　　　　　　　人口学变量组间差别检验

变量名称	性别	年龄	种族	受教育程度	收入水平	党派立场
检验方法	卡方检验	方差分析	卡方检验	方差分析	方差分析	卡方检验
p-值	0.396	0.446	0.507	0.795	0.120	0.715

五组实验对象的对华态度的测量值的描述性统计如表 4-2 所示。每组的样本量在 86—122。对照组的对华态度的测量值的均值均高于其他实验组。

表 4-2　　　　　　　　对华态度的测量值的描述性统计

	样本量	均值	标准差	标准误	最小值	最大值
对照组	120	3.14	1.162	0.106	1	5
第一组	86	2.50	1.114	0.120	1	5
第二组	117	2.41	1.161	0.107	1	5
第三组	122	2.41	1.058	0.096	1	5
第四组	98	2.48	1.195	0.121	1	5
总计	543	2.60	1.170	0.050	1	5

本章使用 Dunnett 提出的多重比较法（multiple comparison），通过比较四个实验组与对照组的对华态度的测量值的均值来检验假设。检验结果如表 4-3 所示。本章的第一个假设 H1 预测了构建共享认同能够提升对华好感度。由于第一组被试者与对照组被试者的对华好感度的测量值的均值的差别具有统计显著性（均值差 = -0.64，标准误 = 0.16，p-值 = 0.000293），实验结果支持这一预测。第一组的实验对象在观看了有关

全球人类抗疫共同体的视频后,取得了显著高于对照组的对华好感度的测量值。因此,实验结果支持 H1。

本章的第二个实验假设 H2 预测了去对华刻板印象能够有效提升外国受众对华好感度。由于第二组与对照组的对华好感度的测量值的均值的差别具有统计显著性(均值差 = -0.73,标准误 = 0.15,p - 值 = 0.000004),实验数据支持这一预测。第二组的实验对象在观看了清华大学老年校友会合唱团的合唱视频后,取得了显著高于对照组的对华好感度的测量值。因此,实验结果支持 H2。

本章的第三个实验假设 H3 是关于增加群际接触的方法是否可以提升美国民众的对华好感度。具体来说,H3a 预测了"延伸交往"能有效增加受众对华好感。由于第三组与对照组的对华好感度的测量值的均值的差别具有统计显著性(均值差 = -0.73,标准误 = 0.15,p - 值 = 0.000003),实验数据支持这一预测。第三组的实验对象在观看了一名中国赴美留学生与其美国同学的交往视频后,取得了显著高于对照组的对华好感度。因此,实验结果支持 H3a。H3b 预测了"积极想象"能有效提升对华好感。由于第四组与对照组的对华好感度的测量值的均值的差别具有统计显著性(均值差 = -0.66,标准误 = 0.16,p - 值 = 0.000090),实验数据支持这一预测。第四组的实验对象在被要求想象与某一位中国人进行交流后,取得了显著高于对照组的对华好感的测量值。因此,实验结果支持 H3b。

表 4 - 3　　各实验组与对照组差别检验结果(Dunnett's t - tests)

(A)	(B)	均值差 (A - B)	标准误	p - 值	95% 置信区间 下限	95% 置信区间 上限
第一组	对照组	-0.642 ****	0.161	0.000293	-1.04	-0.25
第二组	对照组	-0.731 ****	0.148	0.000004	-1.09	-0.37
第三组	对照组	-0.732 ****	0.146	0.000003	-1.09	-0.37
第四组	对照组	-0.662 ****	0.155	0.000090	-1.04	-0.28

因变量:对华态度；Dunnett's t (双侧检验)

注:* p - 值小于 0.10;** p - 值小于 0.05;*** p - 值小于 0.01;**** p - 值小于 0.001。

图 4-1 为各组对华态度均值和 95% 置信区间的点线。从图 4-1 可以看出，四个实验组的对华态度均值均低于对照组的对华态度均值，且它们的置信区间与对照组的置信区间没有重叠的部分，这能够直观地表明四个实验组的对华态度的均值均显著低于对照组的对华态度均值，即结论与上述统计检验一致。

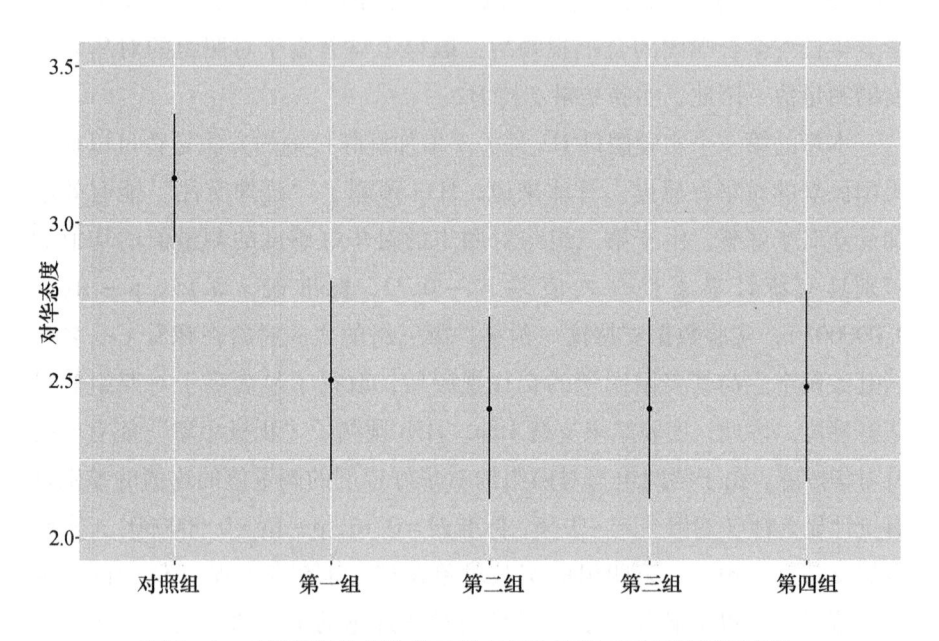

图 4-1 对照组与各实验组对华态度均值和 95% 置信区间点线

第三节 以改善群际关系作为国际传播新的着力点

古语有云："冰冻三尺非一日之寒。"同理，一时之寒也不能彻底冷却长久的依存与温暖。本章的实验结果说明，尽管中美关系在特朗普上台后频频遇冷，两国半个世纪以来的双边合作、经贸往来与民间交流已将"友谊"与"互惠"等理念深深印刻在美国人民的心中，成为中美表层冰冷下改善两国关系的"火种"。这火种一经点燃，必将融化因为某些西方政客与媒体捏造事实以抹黑中国所带来的两国交往之间的寒冰，将中美关系带回互信互谅、互惠共赢的和平与发展的轨道上。本章从社会认同与群际关系的理论视角出发，开展针对美国普通民众的媒体与心理学实验，通过施加四种媒体干预，即"构建共享认同""去刻板印象""延伸交往"与"积极想象"，有效改善了美国民众的对华态度，形成良性认同。本章的实证发现为后疫情时代中国的对外传播策略与实践提供了一些基于学理与实证的新思考。

首先，本章证实了构建共享认同在改善美国民众对华认知上具有显著效果。共享认同有助于对外群体形成一种包容性（inclusive）而非排他性（exclusive）的塑造，催化了对外群体的积极取向。不可否认的是，新冠疫情及其附带的社会变革在某些层面上激化了潜藏已久的群际差异与群际冲突。与此同时，病毒对世界各国人民的"无差别攻击"也使一种新的全球认同——"人类抗疫共同体"——的形成成为可能。在疫情之下，人类直面病毒带来的共同风险、承担疫情所导致的社会封锁和经济下行等共同代价，同时也为对抗疫情、回归常态做着共同努力。通过强调与提升这一共同认同，本章的实验证实，国别层面的群际差异感和分歧感被明显降低。"我们"与"你们"，"美国人"与"中国人"的冲突让位于"人类抗疫共同体"这一上位认同和共享命运。由此，对美国民众而言，原本只给予"美国人"的内群体偏爱（in-group favoritism）被扩大到了共同位于"人类抗疫共同体"的其他外群体成员（包括中国人）。此外，从国际政治的角度，塑造共享认同还有助于增强国家间的"目标兼容性"（goal compatibility），即指出，中国在全球抗疫中所做出的努力以及在更广泛的国际事务中所发挥的作用都是同时有利于中美两国人民的。正如肖晞、宋国新（2020）的研究指出，新冠疫情全球大流行深刻表明了国际合作是解决全球性问题、实现和平与发展的最优路径，而民众的共同身份认同与国家间的目标兼容性是影响国际合作的重要变量，将显著影响国际合作的实现程度。在这一层面上，周庆安、刘勇亮（2022）的研究提出了具体抓手，指出想要与国际社会进行对话、形成有效沟通，就需要围绕全球问题、时代焦虑和社会共同矛盾进行回应。通过找寻全人类的共有问题来进行叙事，就成为获取国际关注的有效方式。从全球问题来看，当前世界各国都面临共同的挑战和难题，包括健康议题、气候议题、环境问题等。因此，以全球共同关切的议题为切入点，讲好中国故事、表达中国态度，成为国际传播叙事的重要内容。

其次，本章的研究结果证实了通过驳斥对中国人和华裔群体的负面刻板印象，可以改善美国民众对华态度。长期以来，包括中国人在内的亚裔群体在西方民众眼中存在着一个"有能力但冷漠"的刻板印象。以往一些民调显示，中国人的许多品质，诸如"聪明勤奋""努力工作"等得到了西方民众的普遍认可，同时，中国人"热情友好""与人为善"等性格特征在西方社会的接受度较低。由于这种刻板印象，在国际传播中，中国人民奋斗圆梦的故事经常难以在国际上获得情感共鸣，甚至有时会起到相反的效果——中国的对外话语越强调中国取得的宏大成就，越引发外国受众的警惕与嫉妒性偏见。在本研究的实验素材——"平均年龄为74.5岁的清华校友合唱团"中，作者选取了"老年人"这样一个在西方语境下带有天然"温暖感"的群体，呈现他们的青春活力、不忘初心与爱国情怀，有效对被试者进行了"去对华刻板印象"，提升了其对中国人民和华裔群体的好感度。后续研究还可以验证是否通过利用其他在西方语境下自带"温暖感"的群体（如女性、少年儿童等，详见 Fiske，2018），可以起到打造传播捷径，逆转对华刻板印象的作用。

最后，本章的研究结果证实了群际接触在改善海外受众对华认知上的显著效果。刘宏与赵欣（2017）指出，跨文化人际传播在塑造和传播国家形象上发挥着重要作用。与其他国家民众建立跨群体友谊是实现跨文化和谐、消解其他国家民众的偏见、建构积极的国民形象和国家形象的重要途径。虽然大范围增加跨群体交往和友谊面临严峻的现实障碍，但本章的研究结果说明，在直接交往机会受限的情况下，通过国际传播实现"延伸交往"与"积极想象"是改善外国民众对华态度、提升对华好感的有效手段。"延伸交往"使他国民众认识到中国民众的友好、包容与善意，可打破内群体与外群体截然对立的认知状态，降低西方政客与右翼媒体对华的蓄意抹黑所带来的国际影响，是国际社会互敬、互信、互谅的重要前提。"积极想象"则使换位思考成为可能，使从未与中国人谋面的海外民众萌生与中国人进行群体间交往的一种心理体验，能够改善他们的对华态度。

第四节 本章小节

后疫情时代，全球合作缺失，极端民族主义和保护主义力量抬头，全球信任赤字凸显，国家间恶性竞争加剧（肖晞、宋国新，2020）。在这样的时代背景下，中国依然坚守人类命运共同体理念，强调在宽广的领域汇聚人类共同价值追求，寻求各国人民对美好生活追求的最大公约数，而非少数国家规定的价值主张（徐坚，2021）。而中国对世界性价值的演绎与再创造却被一些西方国家所误解、忌惮甚或刻意扭曲。

面对这一矛盾的国际政治现实，尽管近年内多个知名民调机构发布的报告均发现美国人对中国态度持续恶化[①]，本章通过针对美国普通民众的媒体与心理学实验证实，美国民众的对华态度与认知并未完全固化，仍然存在被积极"重塑"的可能。本章以社会心理学领域的社会认同理论为立足点，整合四种改善群际关系的具体路径，分别为："构建共享认同""去刻板印象""延伸交往"与"积极想象"，并通过媒体干预实验检验其对外传播效度。结果证实，上述四种方法均能显著提升美国民众的对华好感，从民心、民情的层面改善双边关系。依据本章研究结论，笔者提出三点关于中国国际传播研究与国际传播策略的思考，抛砖引玉，希望以此引发更多后续研究就此展开讨论。

首先，中国国际传播学者可以进一步考察，通过打造一套包容性更强的对外话语体系是否可以有效提升中国国际传播能力，增加中国主流媒体在海外民众心中的公信力和影响力。疫情之下的群际冲突并非仅仅发生在国别之间，在地区、民族甚至行业之间均有所体现。搭建一种共享的、强调合作与互补性的上位认同并不是乌托邦似的空想，而是凝聚全球各国政府与人民力量，避免疫情引发新的社会割裂，最终促使西方民众接受中国作为"面向未来新常态的大国"的心智基础。习近平总书

[①] 例如，2021年3月的盖洛普民调显示"将中国视为最大敌人"的受访者占比较2020年翻了一番，从22%增至45%；2020年10月皮尤研究中心的民调发现，有67%的受访美国人对中国持消极看法，高于2018年的46%；2020年12月，芝加哥全球事务理事会发布的报告则显示，55%的美国人将中国崛起视为对美国至关重要的利益的重大威胁。

记提出的"一带一路"倡议和"构建人类命运共同体"的中国理念无疑是创设共享认同的重要尝试，也为建立更为公平、公正的全球传播新秩序奠定了坚实的基础（史安斌、盛阳，2017）。中国国际传播工作者要充分利用当前的战略机遇，在理念、内容和策略上大胆创新，为进一步改善和提升中国的国际形象、促进多元文明的交流互鉴和不同群体的民心相通做出应有的贡献。在具体的国际传播实践中，特别是要将人类命运共同体理念与所在国国情结合起来，将宏大理念具体化、符号化、人格化、情感化，多寻求"最大文明公约数"，着力引发海外普通民众的情感共鸣。

其次，群际接触影响国际形象认知，民间交流与合作是推动中外关系积极转向和稳定发展的重要途径。因此，发展良好的双边与多边关系，通过多种方式加强中国与外民民众间的群际接触，积极建立桥梁纽带，构筑中外友好关系的社会基础。例如，有学者指出要进一步发挥海外华人华侨群体作为中国最主要的海外形象和舆论代表在海外维护中国利益、传播中国声音、改善中国形象方面的重要作用。对海外华人，应该根据他们的不同特点，扩大与所在国家的文化交流及友好关系。保持海外华人与中华文化的传统联系，发挥永居华侨在传承中华文化方面的稳定性，鼓励旅居华侨（包括留学生群体）在表达中华文化方面的能动性和策略性（郭镇之，2022）。而中国央企在海外的员工，也是与海外民众产生面对面接触与沟通的重要群体。央企员工要能够有机融入和持续扎根当地社会，树立良好的企业形象，不但要成为优质产品和服务的提供者，还要成为合规经营者、环境保护者、社区建设者、文化交流者和公共传播者（胡钰，2022）。此外，未来的研究还可以关注并检验，是否通过媒体和传播展示中外民众交流与友谊，能增强中外人民的接触、信任与理解。虽然新冠疫情所带来的世界性隔离状态已经结束，但国际传播实践仍可以扩展线上跨文化交流创新实践，比如面向海外受众的"云旅游"和展示外国人在华生活工作现状的短视频等。过往研究与本章发现证实，间接与想象的群际接触均能增加群际信任，提升对华好感，进而构建一种与中国和中国人民的"连接感"（connectedness），而这种积极的心理状态有望持续长久存在，为中国在后疫情时代的外交关系、国际参与与全球协作铺垫友善的海外认知基础。

最后，中国外宣部门与相关领域学者可以考察通过强调海外华人华侨对当地社会的贡献与善意，是否可以扭转部分西方民众对华裔群体的负面刻板印象。正如单波（2017）指出，大众媒体报道对本土居民如何看待移民群体和少数族裔具有相当大的影响，对少数族裔的负面报道会导致主流群体不愿支持集体行动。多元文化框架中包含的促进少数族裔的社会文化和社会经济融合的意图，是改善不同种族间关系的重要因素。在全球性突发事件和公共危机中，针对华裔群体的负面刻板印象为"他者归罪"（other-blaming）提供了情感源头与认知捷径，为涉华虚假信息和阴谋论的大肆扩散提供了丰沛土壤，也对事实和科学信息的传播造成了巨大阻碍。尽管负面刻板印象的形成是长期积累的结果，去刻板印象的努力也并非一朝一夕可见成效，但真实客观讲述华裔群体对所在国家的贡献和善意的意义非凡，不仅将显著改善海外华裔群体所处的社会气候，也可以从源头上瓦解西方社会涉华信息"后真相"逻辑的基础，重建健康理性与包容多元的国际舆论场域。

第 五 章

"双面叙事"与"内群体叙述者":媒介公共外交的不同策略

在百年未有之大变局的时代背景之下,国际关系中的冲突以及零和博弈不断增加。对外关系的恶化激发了公众对其他国家的怀疑、对抗和敌意。例如,亚太政策和规划委员会(AAPI Equiby Alliance)的一项调查显示,仅仅在2020年3月的一个月时间里,亚裔美国人在短短一周内被报道了650多起种族主义袭击事件,包括言语恐吓、身体恐吓和直接的暴力行为(NBC News,2020)。在此背景下,公共外交在与外国民众直接沟通、恢复国家间互信互谅、相互依存与协作方面的潜力值得仔细审视。本章主要考察不同的媒介公共外交叙事策略对改善国际态度的潜力,以及感知可信度在公共外交和国际传播过程中的中介作用。

长期以来,中国的软实力构建和公共外交举措被部分西方政府和媒体定义为明显的宣传,因此在说服国际观众,尤其是西方观众方面收效甚微(Bailard,2016;Min and Luqiu,2020;Wasserman and Madrid-Morales,2018)。中国公共外交话语收效欠佳的一个关键原因是,在外国受众心中的公信力不足:由于中国媒体一直以来的"正面报道"的新闻传统,这与作为"第四权"行使"监督"功能的西方式新闻报道方式有所差别,同时由于中西(尤其是中美)地缘政治和意识形态冲突的加剧,中国公共外交话语在美国公众中的可信度一直较低。而低可信度进一步削弱了报道的说服力并助长了不利的态度(Jones et al.,2003)。

本章以叙事策略为切入点,分析公共外交通过采用"两面叙述"和"目标受众内群体成员"作为叙述者来增加内容可信度,从而改善对外态度的效果。本章采用被试间析因设计，该设计将叙述视角（单侧与双侧）与叙述者身份（目标受众的内群体与外群体）交叉。研究结果发现，当美国参与者接触到与中国有关的新闻和内容时：（a）从正面和负面的角度讲述故事；（b）由他们的内部成员提供，他们认为这些信息具有较高的可信度并表现出对中国的显著增加的积极态度。然而，将两种策略结合起来并没有带来叠加效应——中国媒介公共外交对美国公众的影响存在一定程度的"天花板效应"。

发展有效的媒介公共外交策略，激发国际信任和民众间的正向情感，具有重大的微观、中观和宏观层面的现实意义。首先，它有助于保护个人免受仇外心理的民粹主义心态影响，这种心态可能对人们的心理健康和理性构成威胁，有助于培养更加多元和包容的世界观和认知。其次，当下西方多个国家中出现了一些针对中国人和华裔群体的负面情绪和敌对言论。种族主义言论严重威胁到华人群体和中国留学生的人身安全。有说服力的公共外交实践可以作为应对群际关系恶化的"良药"。最后，来自民众的负面情绪将进一步制约中美（及中西）官方对话与合作的可能。因此，不利的舆论将大大限制两国政府调整对外政策的方向和余地。然而，在后疫情时代，重建全球化和世界经济无疑需要相互依存和多边合作，而中美两国在其中发挥着至关重要的作用。

第一节　公共外交的概念与实践

公共外交的概念于 1965 年被首次提出，指的是政府发起的旨在与外国公众直接沟通的努力。公共外交涵盖了超越传统外交的国际关系领域，包括"一国政府在其他国家境内培植舆论；一国利益集团与他国利益集团的互动；有关外交事务及其影响的通讯报道；职业外交官和驻外记者之间的联络与沟通和跨文化沟通的过程"（Cull，2008）。在冷战期间，美国和苏联都利用国际广播来培养外国民众对自己的有利态度以及对对手的负面看法，当时"公共外交"一词主要作为"宣传"（propaganda）的替代性用语发挥作用（Gregory，2008；Gilboa，2000）并适用于国家通过信息和说服运动与外国公众接触以实现其外交政策目标的过程。从公共外交的概念被提出以来，其作为改善国家形象、推动国家议程和增强国际信任的重要手段，一直受到世界各国的认可和重视。

20世纪90年代以来，公共外交在全球范围内得到了长足发展并发生了深刻的变革。随着全球化、相互依存和交集日益加深，个人与他国国家和人民的直接或媒介接触更加频繁，人们对他国的看法、态度和情感，对民众的个人选择（如购买外国产品和旅行）和国家政策具有更大的影响。因此，公共外交越来越受到各国政府的关注，成为国家层面突出的政治传播问题之一（Snow and Taylor, 2009）。公共外交在国际传播议程中也发挥着至关重要的作用，作为促进经济和贸易交流、推广意识形态、建立良好的国家形象和促进国际关系的工具（Gregory, 2008；Li and Feng, 2021）。而且，随着信息通信技术的发展，全球治理的兴起使公共外交的参与者更加多样化，跳脱出单纯的政府层面，包括媒体机构、跨国公司、非政府组织和个人等（Keohane and Nye, 2000）。Gilboa（2000）由此提出了公共外交的"非国家跨国模式"，指的是由各种传播者组成的"公共外交网络"。此外，随着各国国内民主化程度提升带来的国际政治生活的急剧大众化，公共外交的政策工具从单纯的媒体宣传、外交官直接宣传，扩展到了包含文化、教育、体育交流，发展援助和人道主义援助的综合工具体系；而通信交通技术发展带来的跨国流动的频繁，则使大众不仅在舆论上对外交施加影响，而且更加直接地以个体的跨国行为作为一个更加自主的变量介入到外交中来，这一新阶段的公共外交关注的是"与公众的接触而不仅仅是告知"。新公共外交以政府退居幕后、鼓励非政府行为体介入、对内对外界限的模糊和互联网平台的广泛应用等为主要特点（莫盛凯，2013）。

由于普通民众对外交事务的了解并不广泛、深刻，媒体在形成对外态度方面起着至关重要的作用。由此，媒介公共外交被定义为"更有针对性的努力，利用大众传播（包括互联网）来增加一个国家的特定外交政策在该国境外的受众中的支持"（Entman, 2008）。这个过程具体可以分为两个维度：议程构建和框架构建，前者指的是争夺海外媒体的使用权，而后者争夺对事件和问题的主导解释权（Sheafer and Gabay, 2009；Golan, 2013a）。现有研究揭示了传统沟通渠道作为数字时代议程构建工具的重要性,并指出"文化一致性"赋予各国在促进议程和框架方面的优势(如 Albishri et al., 2019；Zhang et al., 2017)。此外,媒介公共外交的工具和平台已经显著扩展,现在包括政府赞助的卫星频道、本土广告、专栏和社交媒体。有研究发现,如果媒介公共外交的目标是建立相互理解和信任,而不是促进对特定国家的无条件支持,那么它更容易取得成功(Entman, 2008),而建立这种环境需要对话和以关系为导向的沟通策略和实践。近年来,随着移动智能终端的成本降低和逐渐普及,加上互联网全球覆盖和不断换代提速,人类生活的方方面面逐渐向虚拟世界转移,也推动了传统公共外交向"数字公共外交"的转型升级,学者将后者定义为"外交部门、民间组织或个人开展的以对象国的公众互联为抓手,以对话、参与和关系建构为目标的对外传播活动"(史安斌、张耀钟,2020)。尽管各国都在努力将公共外交的触角向网络空间延展,但其过程也并非一帆风顺。从总体上看,各国对数字资源和承载力的投资依然有限,数字公共外交的普及和深入受到前沿科技"可供性"的影响,硬件的完备程度和软件的布局建设等都直接影响到了数字公共外交的效果。

公共外交作为国家软实力提升和国家形象建构的重要路径已成为外交实践和理论研究领域普遍达成的共识。基于此,广大发展中国家当然不愿接受这样一个事实:为国际观众制定议程和框架的话语权已被部分西方国家垄断。而中国作为 21 世纪全球政治舞台上的崛起大国,也已将大量资源投入公共外交领域中,并在全球舞台上发声以推进其议程和利益。在相关制度建设上,2004 年外交部设立专职负责公共外交工作的机构,2009 年升格为公共外交办公室,随着人员编制的扩大和公共外交咨询委员会的成立,其工作机制不断完善。在公共外交实践中,中国公共外交项目形式多样,异彩纷呈,既有轰动一时的北京奥运会、上海世博会、广州亚运会和一系列与有关国家互办的文化年、国家年活动,也有细水长流的孔子学院、艺术巡演、国家形象广告等。而聚焦到媒体外交层面,中国也积极建设面向国际观众的英语有线电视 CGTN(China Global Televison Network,中国国际电视台)(Jia and Li, 2020；Wang, 2011)。现有研究主要关注 CGTN 在拉丁美洲和非洲的媒体叙事和传播效果(如

Hernández and Madrid-Morales，2020；Morales，2021）。例如，Umejei（2018）的研究表明，总部设在非洲的中国媒体组织正在推行"正面报道"的编辑政策，希望通过实践推动新闻模式从西方式的"批评式报道"转向。在墨西哥和阿根廷，Morales（2021）进行了一系列焦点小组调查，发现 CGTN 的西班牙语频道由于可用性有限、可信度和信任度低以及缺乏文化接近性而难以吸引观众的注意力。

在理论研究方面，中国有关公共外交的著述也如雨后春笋般涌现，成为国际传播、国际关系和外交学新的学科增长点。国际传播研究者积极参与到公共外交的研究之中，并提出了有针对性的具体举措。例如，莫盛凯（2013）指出，尽管外交部内部机构设置的变化表明对公共外交的理解开始走出单纯对传统"外宣"时代替换的线性思维，中国公共外交实践层面仍然倾向于以大投资、频繁上大项目的粗放扩张方式扩大覆盖面、追求轰动效应。金新、贾梦茜（2021）则认为当前中国公共外交在博弈策略层面，存在"三多三少"的问题，即防御性回应多、主动出击少，官方参与多、社会主体参与少，说服过程中理性因素多、感性因素少。中国的这种"应激式解构"和"修复式建构"中更多地使用理性说服，并且话语往往"刚性有余，柔性不足"，这对普通国际受众而言说服力和感染力不足，甚至会使国际社会强化中国"战狼外交"的印象。这与中国一再强调的和平发展的形象产生冲突，不利于赢得国际公众的信任。史安斌、杨晨曦（2021）指出，在开展国际传播和公共外交活动的过程中，应当加强政府间跨部门的协调与联动，动员来自民间的参与主体，将本国公民日常生活的场景和未来发展的愿景与国际交往和全球事务的需求更为紧密地联系起来。叶皓（2012）提出了更加具体的建议，即中国公共外交的立足点要从"以我为主"转向"以国外受众为主"，话语体系要从"中国官方语言"转向"国外受众语言"，传播方法要从"讲道理"转向"说故事"，主体要从"官办"走向"民办"，内容要从"政经利益"走向"文化交流"，传播模式要从"被动应付"走向"主动设置"。

尽管国内外学者对公共外交的兴趣日益浓厚，但只有一小部分学术研究侧重于媒介公共外交倡议和叙事的接受方，并实证检验了何种类型的话语策略、叙事和信息在获得外国公众和国际社会的好感和支持方面具有更好的说服力（Kohama et al.，2017）。例如，Fullerton 和 Kendrick（2013）发现，美国旅游广告不仅增加了外国人赴美旅游的意向，还增强了国际社会对美国政府及其人民的积极态度。与本章的研究较为相关的一项研究是 Min 和 Luqiu（2020）的在线调查，探讨了中国"新"与"旧"国际宣传形式对美国和韩国公众的说服效果。他们的结果表明，新的国际宣传形式（指新的修辞策略和可视化技术）比旧的宣传形式具有更高的可信度，因此具有更大的说服力。此外，Fang 和 Mutz（2016）测量了中国国际传播的来源效应，发现当一个网络视频被认为是"非中国官网媒体出品"的时候，其在美国观众中的感知可信度显著高于同一视频被认为是"中国官方媒体制作"的感知可信度。

本章通过以中美关系为研究案例，以叙事策略为切入点，并将信息可信度作为沟通过程中的重要元素和中介变量，从接收侧的角度研究媒介公共外交的策略及效果。几十年来，中国的软实力建构和公共外交实践常常被西方政客及媒体打上"宣传"的标签，因此在说服国际受众（尤其是西方受众）方面成效有限（Bailard，2016；Min and Luqiu，2020；Wasserman and Madrid-Morales，2018）。而既有研究指出，中国公共外交话语缺乏说服力的一个关键解释是缺乏可信度。由于中国的"正面报道"的新闻传统——这与作为"第四权"行使"监督"功能的规范新闻报道方法有很大不同——以及中国与西方之间日益加剧的地缘政治和意识形态冲突，中国公共外交话语在西方公众中的可信度一直难以令人满意。考虑到中国公共外交的"信誉赤字"以及随之而来的说服力和好感度的下降（Jones et al.，2003），本章旨在通过强调公信力在说服外国公众和改善国际态度方面的关键作用，制定有效的公共外交策略。在下一节中，我们将从传播、社会心理、商业和市场营销等社会科学领域讨论关于可信度动态、态度改变和媒介公共外交的文献，并提出两种提高内容可信度的可能路径。

第二节 可信度、态度转变与媒介公共外交："双面叙事"与"内群体叙述者"

在公共外交活动中，叙事是开展具体实践的前提，公共外交实践需通过投射叙事才能塑造和完成意义构建。公共外交叙事分为两个层面：一是角色叙事，即一国关于自我身份定位的叙述，旨在帮助本国公众以及国际社会认识和理解自身；二是行为叙事，即一国说明和阐述自身行为合理性的叙述，其中包括为什么制定某项政策、提出某个方案，以及如何执行该政策、实施该方案，旨在说服受众支持其行为。这两个层面的叙事相互联系，共同构成实现一国公共外交目标的基础和关键资源（金新、贾梦茜，2021）。

而在探索有效的公共外交叙事策略时，采取"受众视角"是必不可少的一种认识论层面的转向。公共外交的受众具有高度的特殊性。公共外交的对象是国际受众。首先，国际受众长期以来接受的是西方媒体的舆论宣传，往往具有一套根植在内心的强烈的西方价值观。而这种价值观和中国所倡导的价值观是存在差异的。其次，西方受众普遍对社会主义国家政府以及媒体抱有一定程度的怀疑态度。最后，国际受众基本是成长在不同历史、文化、风俗习惯下的人群，文化上的差异也同样导致对特定领域、特定话题的各种傲慢和偏见。作为公共外交载体的国际传播，则必须认识受众，站在受众容易接受的角度去进行传播。并且，数字时代公共外交的受众具有很强的主动选择性。既有研究指出，受众一般只注意那些与自己的欣赏习惯、观点相符合的或相一致的内容，对不符合的消息则加以回避或拒绝；同时，受众只记住了那些与自己观点、风格、品位相一致的内容（叶皓，2013）。

既有的研究证明，媒介公共外交可以改变国外受众的态度，而信息的可信度被认为是最有可能解释其运作方式的机制。这是因为信息可信度是影响感知信息质量及其影响能力的关键因素（如 Pornpitakpan，2004）。当个人对具有高可信度和强有力论点的信息产生初步的积极想法并了解来源时，他们会产生正面的反应。然而，低可信度的信息来源会促使人们持有不那么积极的态度（Jones et al.，2003）。由此，可信度与信息的整体说服力有关（Wilson and Sherrell，1993）。消息来源可信度在媒介公共外交中的关键作用也得到了认可和检验。正如 Nye 在《软实力：权利从硬实力到软实力》中所写，"政治已经成为竞争可信度的较量"（Nye，2002：106）。可信度声誉被视为争夺软实力和中介公共外交的关键资产。同时，尽管信息可信度可以被理解为接收者做出的判断——也就是说，它存在于受众的头脑中——但这并不意味着信息来源对可信度的感知丧失了控制权。尤其是在当代媒体环境中，用户生成信息的增加引发了可信度担忧，个人总是"调用资源丰富的信息处理手段来得出可信度判断"（Andrew et al.，2018）。可信度的核心维度之一是可信赖性（Hovland et al.，1953），往往被视为消息倾向性的一种表现形式。

双面叙述（two-sided narration），指的是在沟通过程中包含适当的负面信息，而不是一味呈现正面信息。这种策略被证实可以提高信息可信度并可能使受众改变态度（Eisend，2007）。单面信息所暗示的说服意图所产生的负面影响也已被广泛证实。例如，商业网站上出现过于强调产品优势的广告会导致人们对信息的不信任（Metzger et al.，2010）。相反地，双向说服机制可以减轻消极态度，因为同时包含正面和负面信息会导致消费者得出结论，即"广告商在说实话"，这增强了对广告商可信度的认知，进而积极地增加了认同态度。这背后的机制是，当表述者在"自爆其短"时，这与表述者的利益是天然相违背的，那么从旁观者的角度来看，这种行为只能是基于表述者的"品质"，即表述者是"诚实的"（Walster et al.，1966）。由于公共外交被视为国家赞助的以国家品牌为目标的"政治广告"，本章假设双面信息的广告策略可以应用于媒介公共外交话语中，以获得来源可信度并增加说服力。

双面叙述除可以增加信息的可信度外，还可以有效改善群际关系，从而在认知维度上对外群体产生积极的态度。社会比较理论（Festinger，1954）解释了个人如何通过将自己的能力与他人的能力进行比较来评价自己的能力，并通过传播研究检验了这种心理机制。例如，学者指出，负面媒体描绘外群体竞争力较弱可以缓解群体间的紧张关系，这有助于引发外群体同理心并增加对外群体的积极态度（Sirin, Valentino and Villalobos, 2017）。Harwood（2017）提出，当外群体被认为具有威胁性时，他们会成为不利的"他们"而不是个人，这意味着包含负面和威胁较小的外群体的媒体信息会改善群体间关系。同样的，"弱者效应"意味着被定义为软弱、不利的"失败者"的弱者，总是赢得他人的"芳心"，扭转自己的立场，战胜"强者"。弱者效应背后的机制是人们倾向于同情或认同较弱的"他者"。按照这种思路，在不利的情况下，权力较低的群体可能更容易获得支持（Miller and Effron, 2010；Vandello et al., 2011）。因此，本章探索了双向信息的潜力，包括对"他者"的正面和负面描述，以建立更多的相互理解，从而导致超越单向信息所能带来的态度改变。

本章还提出另一种提高信息可信度和积极态度的方法，即让目标受众的内群体叙述者参与到媒介公共外交叙事过程之中，这是因为信息来源在受众做出判断时也发挥着重要作用（Andrew et al., 2018）。根据社会认同理论（Tajfel and Turner, 1986），人们更有可能歧视外群体成员并对他们做出负面评价，这是为了提升内群体的形象。来自社会心理学的实证研究表明，来自群体内成员的信息通常被认为更可信，无论它们是否真实（Greenaway et al., 2015；Mackie et al., 1992；Wojcieszak, 2021）。这可以通过水平理论（Trope and Liberman, 2010）来解释，该理论研究了距离的多个维度及其对个人认知过程的影响。新闻的框架会影响观众根据他们与信息中所描述的人之间的社会"距离"而对媒体信息做出何种反应（Sikorski and Saumer, 2020；Kwon, Chadha and Pellizzaro, 2017），亲近的"距离"会产生并巩固对外部群体的感觉（Matthews and Matlock, 2011）。因此，内群体成员讲述的媒体信息可能会触发信息的可信度，而外群体信息通常会被拒绝，即使外群体发布的信息可能包含强有力的论据，这表明社会身份认同度比可信度更重要。

既有研究利用了群际接触理论，并提出了将"内群体成员"而不是"外群体成员"作为叙述者的积极影响。直接而高质量的群体间友谊可以促进积极的群体间态度（Pettigrew and Tropp, 2006）。然而，考虑到群体之间实际上的接触在很多时候和情况下是不现实的，延伸的群体间接触——通过媒介而实现的群体间接触是主要方法之一——可以有效减弱群体间的偏见和改善关系（Eller et al., 2012）。例如，Pettigrew 等（2007）表明，通过媒介化的群体接触，德国被试者被证实展现出较少的排外情绪和针对穆斯林群体的歧视和偏见。由此，本章假设：在媒介公共外交中，内群体信息叙述者可能比外群体叙述者更有效地增加对外群体的积极态度。

如上所述，信息偏向性和信息来源被认为是受众评价信息可信度的两个重要因素。因此，本章在媒介公共外交中研究片面性（单方面/双面叙述）和信息来源（群体内/群体外作为目标受众的叙述者）如何影响可信度，从而改变公众的态度。为此，我们的假设如下：

H1：在公共外交话语中，双面叙述和内群体作为叙述者比单面叙述和外群体作为叙述者更能产生感知可信度；

H2：在公共外交话语中，双面叙述和内群体作为叙述者比单面叙述和外群体作为叙述者更有说服力来促进对外国的有利态度。

此外，由于叙述的片面性、叙述者身份、可信度和态度是紧密联系在一起的，本章还考察了叙述视角和叙述者身份在增加可信度和有利态度方面的交互作用。笔者想知道内群体叙述者是否会放大双面叙述在媒介公共外交实践中提高可信度和说服力的潜力，以及结合这两种策略是否会带来额外的积极影响。考虑到双面叙述和内群体叙述者在媒介公共外交中提升信息可信度的假设优势、信息可信度与其影响态度的能力之间的密切联系，以及叙述视角与叙述者身份之间的相互作用，本章的假设研究问题如下：

H3：媒体暴露于双面叙述会增强感知可信度，从而导致积极的态度改变；

H4：媒体接触群体内成员讲述的信息会增加感知可信度，导致积极的态度改变；

RQ1：叙述者身份是否调节叙述视角对感知可信度的影响？

RQ2：叙事者身份是否调节叙事视角对态度变化的影响？

第三节 研究过程与结果

一 实验主体

为了探索不同媒介公共外交策略的效果，笔者设计了一个调查实验，并于2022年1月通过亚马逊旗下Amazon Mechanical Turk（MTurk）平台招募参与者（425名美国成年人），并为他们的参与支付了3美元。实验样本中女性占49%，白人占86%。样本的年龄中位数为30岁，受教育程度中位数为四年制大学学位。

二 设计、刺激和程序

本研究采用被试间实验2（叙述视角：单边和双边）×2（叙述者身份：目标受众的内群体和外群体）因子分析。参与者被随机分配到四个关于中国乡村振兴的实验场景中的一个。在每个实验场景中，参与者会看到一段持续5分钟的视频。在观看视频之后，参与者对视频的可信度以及他们对中国和中国人民的态度进行了评分。参与者还提供了他们的人口统计详细信息，包括性别、年龄和最高学历。

在第一种实验场景（片面叙述和外群体叙述）中，视频介绍了中国在追求乡村振兴方面取得的进展。在第二种实验场景（双面叙述和外群体叙述）中，视频展示了中国农村的现状，人们的生活水平得到了深刻的改善，但留守儿童和老人的社会问题却凸显出来。在实验场景1和实验场景2中，解说员和镜头中的人物都是中国人。在第三种实验场景（片面叙述和内群体叙述者）中，主持人是两名白人，有着盎格鲁-撒克逊人的外貌，操着美国口音。视频中他们走遍中国乡村，走访村民，讲述中国乡村振兴扎实推进的故事。在第四种实验场景（双面叙述和内群体叙述者）中，是与第三种实验场景情况相同的主持人走遍中国农村，采访村民，讲述了中国在乡村振兴的进程中的故事，留守儿童和老人的社会问题也得以阐述。为了反映中国的媒介公共外交实践，在视频的右上角添加了"CGTN"的标志。

三 测量（因变量）

感知可信度。本研究采用 Meyer（1988）的测量方法来评估感知可信度，其中提出了五个感知可信度等级：公正、无偏见、完整、准确、可信。因此，参与者被要求以在 1—5 的李克特量表上（1 = 一点也不，5 = 非常）对以下三个陈述进行评分："这个视频是公平和公正的"；"这段视频讲述了整个故事"；"这个视频值得信赖"（M = 3.11，SD = 1.04，Cronbach's α = 0.92）。

态度转变。美国人对中国人的态度是通过询问"一般来说，你对中国人的看法是什么？"来衡量接触刺激前后的态度。参与者被要求提供从 1（非常不喜欢）到 5（非常喜欢）的答案。此前的许多研究和全球调查机构采用了这一测量方法。我们随后计算了态度变化 $\Delta att = att_{post} - att_{pre}$（M = 0.70，SD = 1.24），我们将其用作因变量。

四 操纵检验

为了评估刺激视频被认为是单方面/双方面信息和群体内/群体外的程度，我们进行了单独的操纵检查，要求受访者指出他们观看的视频是否可以被视为单面的或双面信息和"包括/不包括我们的群体内成员"。独立样本 t 检验发现，在双面信息条件下（M = 4.38，SD = 1.01），参与者对视频是否可以被视为双面的感知明显高于单面信息条件下的参与者。双面信息条件（M = 3.15，SD = 1.50）检测到较大的效应量（Cohen's d = 2.03）。类似地，独立样本 t 检验发现，在群体内成员在场条件下（M = 4.54，SD = 1.05），参与者对视频"包含内群体"的感知明显高于内群体缺乏条件下的参与者（M = 2.15，SD = 0.98）。还检测到非常大的效应量。因此，实验操纵是成功的。

五 实验结果

本章通过对协方差进行重复分析以检验主要假设。结果报告了估计的边际均值和标准误差。本章的第一个假设是被试在双面叙述和内群叙述中比在单面叙述和外群叙述中报告更高的可信度。结果显示，叙事视角的暴露（单面/双面叙事）对感知信息可信度的影响显著，$F(1, 423)$ = 11.28，$p < 0.001$，$\eta^2 = 0.03$。这意味着与观看单方面叙述的参与者（M = 2.95，SD = 1.09）相比，接触双面叙述的参与者会对接触到的信息产生更高的可信度（M = 3.28，SD = 0.96）。此外，结果表明，不同的叙述者身份（被试的内群体成员/被试的外群体成员）对感知信息可信度也具有显著影响，$F(1, 423)$ = 10.36，$p < 0.01$，$\eta^2 = 0.02$。与内群体成员（M = 2.95，SD = 1.07）叙述的信息相比，接触内群体叙述的参与者（M = 3.27，SD = 1.00）报告了更高的感知可信度。该结果表明，与单面媒体叙述和外群体作为叙述者相比，双边媒介叙述和群体内叙述者可以显著提高对信息的感知可信度。因此，本章的研究假设 H1 得到支持（如表 5-1 所示）。

表 5-1　　　　　　　　　感知可信度的 ANCOVA 结果

		M	SE	F	p 值	η^2
叙述视角	双面	3.28	0.96	11.28	0.0009	0.03
	单面	2.95	1.09			
叙述者身份	群内	3.27	1.00	10.36	0.0014	0.02
	群外	2.95	1.07			
视角×身份				5.82	0.0163	0.01

本章的研究假设 H2 预测公共外交话语中双面叙述和内群体作为叙述者比单面叙述和外群体作为叙述者会导致更积极的态度改变。结果表明，媒体暴露于不同的叙述视角对态度变化有显著影响，$F(1, 423)$ = 4.88，$p < 0.05$，$\eta^2 = 0.01$。这意味着观看双面叙事的被试者对中国产生的积极情感（M = 0.83，SD = 1.15）高于观看单面叙事的被试者。同样地，叙述者身份对态度改变的影响也是显著的，$F(1, 423)$ = 7.31，$p < 0.01$，$\eta^2 = 0.02$，这意味着被试者在接触内群体叙述的信息时，对外群体（即中国和中国人）产生了更多的积极情感（M = 0.86，SD = 1.14）高于外群体叙述者（M = 0.54，SD = 1.32）。这一结果表明，在媒介公共外交话语中，双面叙事和内群体叙事比单面叙事和外群体叙事更能促进

第五章 "双面叙事"与"内群体叙述者":媒介公共外交的不同策略　101

有利的对外态度。因此，本章的假设 H2 也得到支持（如表 5 – 2 所示）。

表 5 – 2　　　　　　　　　态度变化的 ANCOVA 结果

		M	SE	F	p 值	η^2
叙述视角	双面	0.83	1.15	4.88	0.0277	0.01
	单面	0.57	1.31			
叙述者身份	群内	0.86	1.14	7.31	0.0071	0.02
	群外	0.54	1.32			
视角×身份				2.28	0.1324	0.01

为了回答研究假设 H1、H2，本章还进行了一系列的 ANCOVA 分析。在两个分析中，叙事视角被作为自变量输入，而叙事者身份则被作为中介变量。年龄、性别和教育背景作为模型中的协变量输入，感知可信度和态度变化分别作为因变量。结果表明，叙事视角通过叙事者身份在可信度方面产生了显著的交互作用，$F(1, 418) = 5.66$，$p < 0.05$，$\eta^2 = 0.01$。（如图 5 – 1 所示）参与者对信息的感知可信度在以内部群体成员为双面叙事的情况下最高（M = 3.32，SD = 0.93），而在以外部群体为单面叙事的情况下最低（M = 2.67，SD = 1.07）。

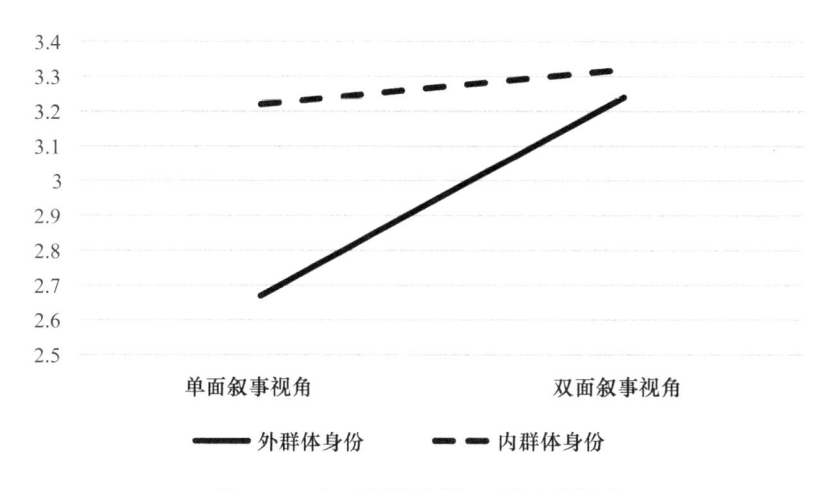

图 5 – 1　交互作用对感知可信度的影响

同样的，结果显示出显著的交互作用，F（1, 418）= 5.19，p < 0.05，η^2 = 0.01（如图 5 - 2 所示）。具体而言，与外群体的单面叙事（M = 0.28, SD = 1.39）相比，外群体的双面叙事（M = 0.81, SD = 1.18）的参与者报告显示出显著的更积极的态度变化。对观看内群体叙事信息的被试，观看双面叙事的被试者（M = 0.86, SD = 1.12）和观看单面叙事的被试者（M = 0.86, SD = 1.17）的态度变化相似。

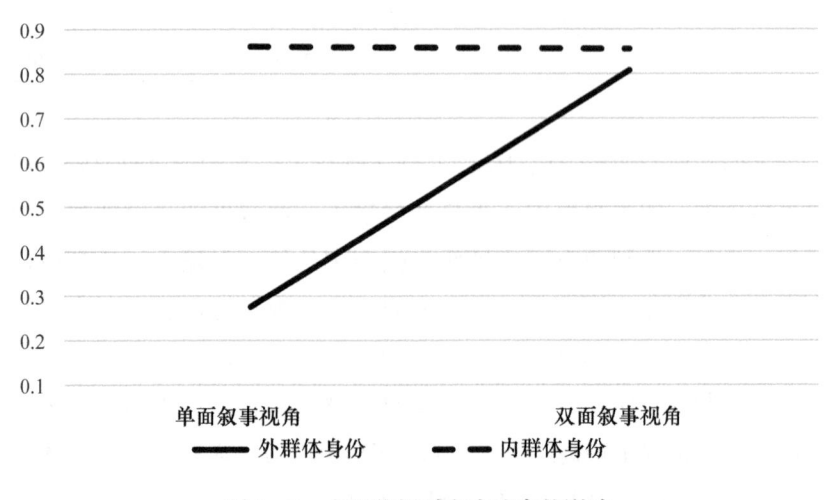

图 5 - 2 交互作用对态度改变的影响

本章还试图检验感知可信度是否在叙述视角/身份与态度改变之间起中介作用。研究假设 H3、H4 预测了感知可信度在叙事视角和叙事者身份对态度改变的影响中起中介作用。为了检验假设，笔者估计了结构方程模型。在模型估计中，不同叙述视角的暴露和叙述者身份分别作为自变量并进行虚拟编码，感知可信度作为中介变量，人口统计学信息作为控制变量。对外群体的态度变化作为因变量输入。结果显示，整体模型显著，F（6, 418）= 73.6，p < 0.001，R^2 = 0.514。然后，通过 1000 个样本的自举法检查直接、间接和总效应的显著性，以获得标准误差和置信区间。结果表明，感知的可信度在不同叙述视角暴露之间起着显著的中介作用（直接效应 = - 0.03，引导程序生成的 SE = 0.06 和 CI：[-0.20, 0.13]，显著性水平为 0.01；间接效应 = 0.25，引导程序生成的 SE =

0.06 和 CI：[0.11，0.40]，显著性水平为 0.01；总效应 = 0.224，引导程序生成的 SE = 0.08 和 CI：[0.02，0.43]，显著性水平为 0.01）和态度变化。它还表明，感知的可信度显著调节了暴露于不同叙述身份之间的关系（直接效应 = 0.05，引导程序生成的 SE = 0.06 和 CI：[-0.09，0.20]，显著性水平为 0.01；间接效应 = 0.27，引导程序生成的 SE = 0.05 和 CI：[0.13，0.43]，显著性水平为 0.01；总效应 = 0.32，引导生成的SE = 0.08 和 CI：[0.13，0.53]，显著性水平为 0.01）和态度变化（如图 5-3 所示），** p<0.01，*** p<0.001）。研究结果表明，叙事视角和叙事者身份对态度变化的总体影响显著，且受信息可信度的中介作用。因此，与观看单面的媒体内容相比，观看双面叙述增强了参与者的感知可信度，从而导致对外群体的态度更加积极。此外，群体内讲述的信息增加了人们的可信度，从而有助于积极的态度改变。因此，本章的研究假设 H3、H4 也得到支持。

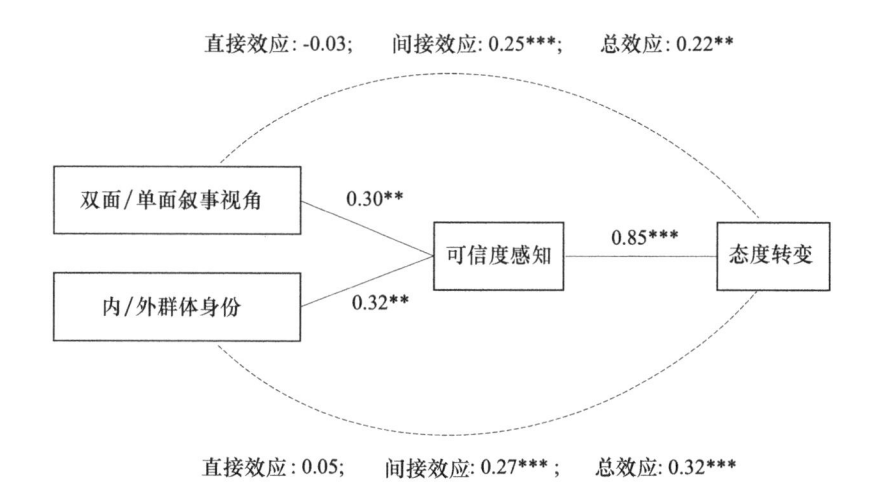

图 5-3 叙事视角/身份对态度转变的间接影响

说明：** p<0.01，*** p<0.001。

第四节 媒介公共外交的新策略：负面话语的正向影响与群际包容性

为了引起目标外国公众的注意并说服和改善国际态度，公共外交的实践者需要在提供准确和可信信息方面享有盛誉。然而，由于中国的新闻报道传统和西方有所差别以及东西地缘及意识形态冲突加剧，中国公共外交话语的可信度和说服力长期以来不能令人满意（Creemers，2015）。正如 Gass 和 Seiter（2008）所说，可信度取决于信息接收者的感知，那些寻求通过公共外交来提升信誉和好感的组织及个体必须采取以受众为中心的方法。本章专注于媒介公共外交的接受方，以实证考察了采用双面叙事和将内群体成员作为叙述者两种策略在实现公共外交改善对外态度目标方面的有效性，并证实了这种有效性是通过增加消息来源的感知可信度来实现的。

本章的研究结果与之前研究的假设相呼应，即双面信息和内群体叙述者可以有效提高消息来源的可信度，将应用范围从营销研究或群际传播扩展到媒介公共外交。结果还证明，接触可信的媒介公共外交内容具有改变观点和改善态度的力量。正如精化可能性模型（ELM，Petty and Cacioppo，1986）所预测的那样，人们更容易被强有力的论据说服，而不是被弱论证说服。论证质量直接影响人们对一系列社会问题的态度。"可信度"是高质量论点的深刻特征，当此类内容被视为"可信"时，人们更愿意考虑论点和信息。可靠的信息也更有可能促进"缓慢的"和"系统的思考"。作为一种需要付出较大认知努力的思维方式，系统性加工被描述为"一种综合的、分析导向的取向方式，其中知觉者访问所有信息输入，以获取它们对其判断任务的相关性和重要性"（Chaiken et al.，1989：212）。相比之下，启发式加工被描述为"一种更有限的加工模式，需要比系统性加工更少的认知努力和容量"。信息可信度、双面叙述和"内部群体作为叙述者"的话语可能更具吸引力，具有更大的影响力，从而促使个人更系统地消化和理解媒介公共外交传递出的内容，进而更愿意改变他们的态度。除从增加来源可信度增强媒介公共外交影响力的角度考察群体内叙述者和双面叙述的有效性外,通过借鉴社会心理学中关于"弱者效应"和"延伸群际接触"的两种理论,本章还从群际关系的角度为研究结果提供了解释,有助于说明两种策略对积极的态度改变有所贡献的缘由。

一 媒介公共外交中"负面话语"的正面影响

虽然"弱者效应"从个体间接触的微观角度说明了人类的认知过程,但它可以应用于更广泛的社会政治领域。同情弱势群体和偏爱弱势群体的个人动机会影响对外群体的认知,并且在理解群体间关系和国际关系方面具有深刻的解释和预测能力。在处于冲突或竞争性的群体间,接触使用弱者叙事描绘对手的媒体话语可能会减少威胁感和"竞争受害心理"。具体来说,对本章实验中的美国参与者来说,报道中国乡村振兴的媒体内容有可能降低"修昔底德陷阱"的影响,即强调中国的崛起将挑战美国的霸权地位,从而缓解伴随超级大国而来的群体焦虑。

通过减少群体间威胁感,可以减少对外群体成员的负面看法,并可能实现外群体共情。外群体共情(或民族文化移情)是指来自一个社会群体的个人开始理解来自潜在威胁或竞争群体的成员的观点。由于共情很可能是内群成员发现威胁并做出反应的一种方式,外群体共情是不容易实现的(Cikara et al., 2011)。然而,跨越群体边界的共情一旦达成,被证实是可以有效帮助减少群体冲突和暴力,从而改善群体间的关系。考虑到群体同理心的优点,心理学家探索了它何时可能发生,并发现感知到的群体间竞争与群体共情呈负相关(Sirin et al., 2017)。在这种情况下,描述中国农村社会问题的弱者话语给人一种中美实力不匹配的印象,这降低了竞争压力,并可能促进群体间的共情。同样地,刻板印象的相关研究表明,在美国,亚洲人通常被视为"冷酷而能干",并与"嫉妒的刻板印象"联系在一起(Fiske, 2018)。当提供的媒体内容描述中国的发展困难时,会降低他们作为外群体所受到的能力评估,减轻嫉妒的刻板印象,并通过传达团结感和在经历的斗争中的相似之处以及"我们都有难处"的感觉,促进群体共情。因此,包含"竞争对手"的正面和负面叙述的双面信息可能会触发观众的共情,并减少威胁感,这增加了所描绘信息的可信度。

具体到中国公共外交实践中，有学者指出，要善于在叙事中"自我批评"。如果国际传播给西方受众的感觉只是唱赞歌，再好的制作质量，都会打折扣甚至起到适得其反的作用。在国际传播领域，我们应该充分认识到适度的自我批评和亮出问题，恰恰有利于我们的声音被接受。重要的不是问题本身，而是在亮出不足之后，用较大的篇幅和话语来反映我们解决问题的决心、方法和进程。所有的事件都有两面性。当出现一个媒体事件时，不是要刻意去隐瞒它，而是可以采取截取和放大我们所需的内容的方式来进行，重点讲述我们如何解决它（叶皓，2012）。这一点，正是西方媒体习惯采用和接受的方法。

二 媒介公共外交的包容性和延伸的群体间接触

第二个相关理论可以帮助解释关于内部群体作为叙述者有效性的实验结果，即延伸的群体接触理论。为了促进群体和平及相互理解，群体接触理论提出积极、直接的群体接触可能是减少偏见和群体冲突的核心所在（Allport，1954）。关于身份的研究表明，当信息来自内部群体而不是外部群体时，信息被认为更可信，因为个体可能认为由内部群体叙述的信息更接近自己的态度。例如，Greenaway 等（2015）进行了实验，并建议当他们的交谈对象是内部群体成员时，沟通被认为更为有效。考虑到群体之间的实际接触不像媒介群体接触那样实用和方便，因此采用媒介群体接触来增加信息的可信度并减弱群体刻板印象。

Joyce 和 Harwood（2014）指出，观众通过替代中介的群际接触产生积极态度，例如，观看描述群体间接触的视频。在我们的实验中，观察被感知的内群体成员在中国旅行，与中国人交朋友，并表达他们对中国人的兴趣、信任和同情是替代中介的群际接触。通过接触这些媒体信息，本章的美国参与者实现了积极地扩展群体接触体验，并与中国外群体成员建立了联系感。此外，直接接触可能会引起人们对互动的焦虑（Stephan and Stephan，2000），但在我们的研究中，成为跨群体关系的观察者是一种相对无威胁的体验。一个群体成员可以与他们的内部群体分享与外群体的友谊的经验。因此，笔者建议，延伸群体接触将被认为是目标受众的内部群体成员作为叙述者纳入媒介公共外交实践中的机制可能促进积极自愿接触和发现外群体文化。这将有助于更有效地实现公共外交目标。

最后，交互效应的结果表明，虽然双面叙事和内群体叙述者两种策略证明了它们能够提高可信度和培养有利的对外态度，但将这两种方法结合起来并没有产生额外的效果。由于频频遇冷的双边关系，中国公共外交话语对美国人的影响存在"天花板效应"。正如皮尤研究中心的报告（2022）所示，82%的美国人对中国持负面看法，该数值较 2021 年上涨 6 个百分点，达到历史新高。这种消极情绪预计不会在短期内或仅通过一次实验而发生重大变化，这为公共外交干预留下了有限的空间。

第五节　本章小节

当代世界的整个价值规范在很大程度上是欧美主导价值观念的体现，这就在深层次上限制了其他国家成长的方式。这种价值规范层面的"软霸权"，使任何政治上非多党竞争式票决民主、经济上非彻底自由市场主义、文化上非个人权利本位的国家，无论如何都处在一种相对被动的地位。中国作为一个正在崛起的、东方的、发展中的社会主义大国，实际上面临规范与利益的双重困境。而公共外交作为一条通过改善国家形象的"柔性手段"而实现国家利益的路径，使政府和学界对其抱以极大的期望。尽管在新冠疫情暴发之前，中美关系已经很紧张，但这场疫情极大地加剧了两国之间的对抗关系，对公共卫生、社会福利和地缘战略稳定造成了持久的损害（Min, 2021）。美国充斥着极端和分裂的叙述，采取强硬的姿态和政策对抗中国。而正如 Kahl 和 Berengaut（2020）所论述的那样，随着新冠病情消退，它留下的地缘政治伤害可能是深远的。因此，需要开发有效的公共外交路径来修复在宏观和微观层面上的疏离，以促进两国关系的改善。通过关注公共外交话语的接收侧（海外受众），本章的研究证实了可以通过有效的媒介公共外交叙事策略来实现信任、理解和积极的态度。虽然本章仅以中国和美国作为研究案例，但本章的发现对官方和民间层面更广泛的国际交流具有重要意义。

第六章

网络视听的国际传播效果评估研究

近年来，以网络短视频和网络直播为代表的网络视听媒体的快速发展引发了国际传播的"网络视听转向"，成为数字媒体时代中国国际传播的重要表达方式之一。当前国际传播呈现出深度平台化的特征与趋势，日渐超越了大众传媒时代国际传播过程中"国族中心主义"的框架与高度依赖机构化的"旗舰媒体"的实践路径，在全球数字媒体平台主导传播秩序的变革中，逐步形成了复调传播矩阵和智能传播网络。

中国很早就关注到了网络视听平台与内容在国际传播中的作用及意义。以网络短视频为例，用户对视频内容的偏好使利用短视频平台进行国际传播成为国际传播的一个重要立足点，而中国短视频平台的国际化市场拓展则为进一步基于短视频进行国际传播和国家品牌形象塑造提供了可能（王沛楠，2018）。2021年以来，以短视频、网络游戏、网络文学、电子商务"四小花旦"为代表的"数字华流"正以"多元化、年轻化、小型化"的崭新风貌聚合传播力，提升影响力（史安斌、朱泓宇，2023）。其中发展最为迅速的就是抖音海外版，2017年抖音上线海外版，先后在日本、泰国、马来西亚等国家和地区应用排行榜位居榜首，成为当地最受欢迎的App之一。截至2023年7月，抖音海外版在全球拥有超11亿活跃用户，打破了欧美对国际话语权力的平台垄断，为中华文化国际传播提供了机遇。而且，网络视听平台国际传播的一个重要的受众群体是海外"Z世代"。与他们的父辈相比，海外年青一代在看待与理解中国的现状与发展时，较少地带有"价值观滤镜"，因而成为中国国际传播增效赋能的突破所在（史安斌、朱泓宇，2023）。

鉴于网络视听国际传播的蓬勃前景，聚焦于网络视听国际传播的学术研究也方兴未艾，具体聚焦于四个面向：一是纵览国际网络视听发展的主要特点、挑战和治理思路，为中国网络视听国际传播的健康发展提供参考与借鉴（如姜飞，2021；张苗苗、赵京文，2021）；二是考察中国外宣部门和主流媒体的网络视听叙事策略创新，探索官方话语借用网络直播和短视频等新兴形式的"造船出海"，减少国际传播中的"文化折扣"的策略与路径（龙小农、阎庆宜，2021；杨广青，2021；杨颖，2017）；三是分析网络视听平台上的中国形象与中国话题，探讨网络视听平台与网络视听内容的国际传播潜力、优势和阻碍（廖秉宜、张晓姚，2023；栾轶玫，2017；王沛楠，2019）；四是聚焦于诸如李子柒、郑州歌舞剧院创作的《唐宫夜宴》等成功的网络视听和短视频国际传播个案，分析其传播技巧、理念与定位并考察其对中华文化国际传播的启示（何天平、蒋贤成，2023；任孟山、李呈野，2020；辛静、叶倩倩，2020）。

上述研究的共识是，网络视听平台与内容作为当前国际传播领域的"蓝海"，将成为中国重构国际传播舆论场和塑造有别于西方叙事的，具有事实公信力、道义感召力和国际影响力的国际传播新话语的重要抓手。在此基础上，笔者认为要想考察网络视听国际传播的效能，首先需要建构系统性的网络视听国际传播效果评估指标，因而提出衡量网络视听节目内容国际传播效果的四重指标，即兴趣度、信度、认可度与亲善度。四重指标紧密关联，层层递进，由"知悉"到"认同"，由"理性"到"感性"，建立网络视听国际传播效果评估的"坐标系"。

第一节 国际传播效果评估研究

在传播研究和媒介研究的演进中，国际传播效果研究既接续大众传播时代效果研究的传统，又启迪着当今媒介环境巨变下对传播效率、传播能力和传播影响力的全新追求。因此，关于中国国际传播的效果评估也日益得到学者的关注，学者或分析海外媒体及中国媒体海外平台播放和评论的数据，或通过对在华留学生开展调研，或聚焦海外传播个案分析，为评估中国国际传播的实际收效提供了实证支撑。例如，当代中国与世界研究院开展了三项调查（于运全、朱文博，2022），分别为"中国政治话语海外媒体传播情况调查"（围绕全球20个国家和地区近300家英文报刊和网站的新闻报道，分析2020年中国政治话语词汇在海外媒体中的传播情况）、"中国政治话语受众认知情况调查"（邀约来自亚洲、非洲、欧洲和中美洲等33个国家和地区的630名来华留学生，通过线上问卷调查的方式，调查中国政治话语在海外留学生群体中的认知情况）、"中国政治话语海外传播路径个案分析"（以"全过程人民民主"这一创新话语为案例，深入研究中国政治话语在国际舆论场中实现共情、共通、共享的传播路径与叙事方式）。陈功（2021）从叙事传输、移情、认知获取难易、认知视角理解、跨文化体验五个维度出发，调查《华盛顿邮报》和《中国日报》关于"户口"的报道在英语国家受众中的接受效果。苏林森（2017）调查了美国受众对中国英语媒体的使用情况和传播效果；张梓轩和许晖珺（2016）则搜集了国际主流视频播出网站上使用英语的用户对中外合作纪录片的评论，分析了国际受众对中国纪录片的解码情况。郭镇之等（2016）对英国广播公司播出的三部中国主题纪录片的传播效果进行了两次小型的国际受众调查，调查对象是英国、马来西亚两所大学的在校生。刘滢、吴潇（2019）对"歪果仁研究协会"这一视频账号的86条视频的传播效果（粉丝量、播放量、点赞量、转发量等）进行了实证研究。汤景泰等（2020）采取社会网络分析与文本挖掘方法，对2018年、2019年两届中国国际进口博览会在Twitter平台的传播数据进行了分析。他们的研究以传播子群为单位，分析了不同主题和主体的传播效果，考察了子群成员的语言多样性、内容主题多样性与跨圈层传播力之间的关系，为建立多元化、立体化的国际传播体系提供了操作依据。

然而，也有学者指出，当前国际传播效果研究也存在一定的认知和方法误区，比如，单纯以"覆盖"代替"效果"（传播内容覆盖目标国家和地区，但不一定传播到目标受众）；以"触达"代替"效果"（国际传播内容即便有效触达受众，也不一定能产生效果，即对内容的认可程度无法得知）；将"规模"等同于"效果"（传播的规模和质量不一定成正比）；将"互动"等同于"效果"（各类社交媒体上的互动数据只是客观数字，从中并不能分析出态度）（如李宇，2022；侯迎忠、玉昌林，

2023）。

为避免陷入上述的误区，中国研究者从指标指数建构的层面，积极完善国际传播效果的评价方式（丁和根，2010；吴玉兰、罗予翎，2015）。例如，柯惠新等（2009）从文本和受众两个维度，构建了文本信息指标与受众反馈指标相结合、多层次多角度的对外传播效果评估体系。刘滢（2018）将"国际微传播影响力"定义为：专业媒体机构通过基于社会化媒体的"微传播"活动对国际市场的覆盖和渗透情况，对国际受众产生影响和引导作用的能力，以及国际受众认知、态度和行为的变化程度。而后，刘滢建构了多维度的中国媒体国际微传播影响力的评估指标，具体包括：传播力（包含传播时机、传播力度、传播实效）、引导力（包含观点感召力、议题设置力、舆情疏导力）、影响力（包含吸引力、凝聚力和说服力）、公信力（包含公众态度评价值、公众态度稳定值、公众态度变化值）。而王锡苓、谢诗琦（2020）的研究虽然也从这"四力"（传播力、引导力、影响力和公信力）出发，但在每个一级指标下建立更具针对性的二级效果评价指标，建构"人类命运共同体"理念的国际传播效果评价体系，并借鉴运筹学理论的层次权重分析策略。而刘燕南、刘双（2018）则以"能力—效力"框架为主，基于传播者与受众、传播能力建设与传播效力的内在联系进行评估，建构了一个由基础建设、内容产制、传播影响和市场经营四项一级指标组成的综合性国际传播效果评估指标体系。此外，在评估CGTN融媒体国际传播效果时，何国平、伍思懿（2019）将用户客观化互动接受行为归入"二次传播""跨平台互动""新媒体手段运用"和"融媒体运维"四个维度予以考察。与学界研究相呼应的是，传媒业界工作者长期位于国际传播第一线，他们依托实践探索也积累了宝贵的国际传播效果评估经验，比如，各大主流媒体均设置了内设部门或委托专业机构对海外受众展开受众调查（侯迎忠、玉昌林，2023）。

第二节 建构网络视听国际传播效果评估指标

在充分结合与采纳既有对国际传播效果评估方式的基础上，本章旨在建构系统性的网络视听国际传播效果评估指标。笔者提出衡量网络视听节目内容国际传播效果的四重指标，即兴趣度、信度、认可度与亲善度。第一是兴趣度，即中国网络视听节目是否引发海外受众对中国的关注与兴趣，使其愿意了解中国。第二是信度，即中国网络视听内容作为信息来源的可靠与权威程度。信度的层面，本章采纳张薇（2023）关于对外传播话语国际公信力的研究，将信度具象成为四重子维度来衡量（及时透明性、准确客观性、权威可信性和可读易懂性）。具体来说，及时透明性是指新闻报道应满足国际公众的知情权。对外媒体发布的信息及时完整、无滞后，以减少谣言和虚假信息的传播，避免国际公众产生误解。准确客观性，即新闻报道所呈现的信息是精准并客观的。需要多信源采集信息，多方式处理信息，多视角传递信息，无不实和歧义信息。权威可信性，即信息能够被多方印证，使受众产生信任感。媒体内容应体现话语渠道的多元化、话语主体的协同化和话语模态的丰富化，呈现不同媒体多风格的话语，参考民间社交媒体中的反馈。可读易懂性，即媒体的对外话语能够融通中外，被不同文化背景、交流模式和叙事习惯的国际受众理解接受。第三是认可度，即海外民众对中国共产党治国理政、中国人民奋斗圆梦、中国坚持和平共赢的发展历程的总体认可指数，重点考察海外受众对中国网络视听平台与节目内容所讲述的"中国故事"的理性认知程度（具体衡量题项为：你如何看待中国的政治稳定性，你是否认为中国是一个繁荣的经济体，你是否认为中国百姓的生活水平在稳步提升，你是否认为中国是一个创新型国家，等等）。第四是亲善度，即海外民众在何种程度对华持有情感性认同或深层共情，聚焦网络视听国际传播的内容"由脑入心"后，外国受众对华认知的情感转向。这一维度采纳国际通用民意测量方式"对华好感度指数表"来衡量（即询问被试者在多大程度上对中国和中国人怀有好感）。

此后，本章通过大规模跨国别问卷调研的方式对中国网络视听国际传播的效度进行检验。2023年6月，笔者通过国际知名数据调研公司凯度集团招募海外十国（包括美国、德国、俄罗斯、西班牙、日本、韩国、印度、印度尼西亚、墨西哥、巴西）民众填写调研问卷（样本总量为5000人），以实证检验所构建的网络视听国际传播效果评估指标的信度与效度。根据调研结果，本章提炼中国网络视听平台与节目内容国际传播的新理念与新技巧，确立和发展让更多外国受众易于理解和乐于接受的内容定位与叙事策略。

第三节 研究过程与结果

数据回收后，为检验海外民众对中国网络视听平台与内容的接受程度及不同维度之间的差异，首先，笔者分别计算了各个国家样本不同维度数据的均值。其次，笔者采纳相关性分析来考察各个子维度之间的相关关系。整体而言，海外民众对中国网络视听内容的兴趣度和信度、对中国政治经济社会发展的认可度以及对华亲善度都呈现出中立偏正面。尤其需要指出的是，中国国际传播在海外民众心中的收效受国际关系影响较大。在四个具体维度上，与西方民众相比，发展中国家的民众对中国网络视听平台与内容的接受度都明显较高。通过对调研结果进行数据分析，主要有以下发现。

一 描述性分析

首先，所有参与调研的十个国家的海外受众对中国网络视听平台上的内容均呈现出较高的兴趣度。这说明即使国际冲突局势加剧、部分海外受众对中国怀有意识形态偏见，但"中国""中国社会""中华文化"以及"中国人"对海外民众仍有较强的吸引力，吸引着他们进一步主动通过媒体内容了解中国。其中，基于地缘政治、双边关系和文化接近性的原因，来自美国、俄罗斯和日本的民众对华兴趣度最高。

其次，海外民众对中国网络视听内容的信度评估上，数值呈现出正负参半（西方国家的民众倾向于对中国媒体内容持较为怀疑的态度，而发展中国家的民众则对中国国际传播内容比较信任，认为中国网络视听平台上的内容是客观的、可信的和权威的）。此维度的调研结果反映出中国国际传播实践仍然面临"传开人不信"的挑战，国际传播的公信力不足，原因主要有三：第一，某些西方政客与媒体多年来抹黑中国新闻行业，加之中西方新闻准则与价值取向有所区别，致使部分海外民众对中国新闻媒体怀有偏见,而对中国传统媒体的不信任与偏见被进一步延伸到网络视听内容中;第二,善于宏大叙事的"中国故事"难以激发西方民众的认知和情感共鸣,国际传播过程中"文化折扣"较为明显,国际传播难以对海外受众产生"由脑入心"的影响;第三,后疫情时代国际合作缺失,全球信任赤字凸显。在这一形势下,中国过往国际传播中"对冲式"的话语往往引发西方国家激烈的舆论反弹,国际传播未能起到缓和中西方意识形态对立的作用。

再次,在认可度的层面,可以看出,海外普通民众对中国共产党和政府治国理政的能力以及取得的成就,包括中国人民生活水平的显著改善等事实,都存在着理性的认可。这说明中国多年的对外传播实践,以多种叙事方式传达中国故事与中国改革开放四十余年壮阔成就有机结合,得到了海外民众的普遍认可。然而,认可度下辖的几个具体问题的测量结果反映出,中国在经济、文化、社会、国际化等维度的表现虽然取得了一定的认知转变,政治维度的认知樊篱却始终没有得到有效拆解。对中国制度、中国道路、中国选择的政治阐释,是中国国际传播亟须突破的深层次传播瓶颈。

最后,在亲善度层面,海外民众对中国和中国人的好感度呈现出中立偏正面。这说明海外民众的对华认知和情感倾向并没有近两三年内多个立足西方国家的民调数据(如皮尤调研中心的民意调研)呈现得那么消极。海外民众对中国的态度展现出温暖的情感取向,证实了后疫情时代的国际合作仍然存在良性的全球民意基础。

表6-1　海外多国民众对中国网络视听平台内容接受度的具体衡量指标

	美国	德国	俄罗斯	西班牙	日本	韩国	印度	印度尼西亚	墨西哥	巴西
兴趣度	4.09	3.18	4.13	3.35	4.03	3.77	3.34	3.77	3.94	3.58
信度	2.44	2.58	3.91	2.61	1.93	1.74	2.77	3.68	3.75	3.91
认可度	3.24	3.55	4.25	3.66	3.35	3.38	3.84	3.86	4.03	3.98
亲善度	2.52	3.03	3.97	3.32	2.42	2.37	2.63	3.54	4.01	3.76

二 指标各自变量间相关性分析

笔者进而考察这四重维度之间的相关关系，计算了网络视听平台中海外民众对中国国际传播内容的信度、兴趣度、认可度和亲善度四个变量之间皮尔逊相关性系数（Pearson Correlation Coefficients），并通过检验 P 值对其进行显著性分析。同时，我们还考虑了年龄、性别、受教育程度等人口学变量与对华认知之间的相关性。从表 6-2 可以看出，对中国网络视听平台媒体内容的信度与对华兴趣度、对华认可度与对华亲善度高度相关，他们的 P 值均小于 0.001；对华兴趣度与对华认可度、对华认可度与对华亲善度、对华亲善度与对华兴趣也呈现出高度相关，他们的 P 值也均小于 0.001。除此之外，年龄与对华兴趣度、认可度、亲善度呈现出负相关的关系。这说明，海外年轻群体对中国网络视听平台上的内容与信息接受度更高。

表 6-2　网络视听国际传播效果评估指标的四重维度之间的相关性分析

	（1）兴趣度	（2）信度	（3）认可度	（4）亲善度	（5）年龄	（6）性别	（7）受教育程度
（1）兴趣度		0.59***	0.64***	0.65***	-0.08	0.01	0.01
（2）信度			0.58***	0.67***	-0.12**	-0.19***	-0.07
（3）认可度				0.67***	-0.20***	-0.05	0.00
（4）亲善度					-0.10*	-0.08*	0.01
（5）年龄						-0.01	0.15***
（6）性别							0.16***
（7）受教育程度							
M	3.72	2.93	3.71	3.16	5.62	1.50	1.81
SD	0.96	0.97	0.63	0.76	2.41	0.50	1.24

注：N=500，* $p<0.05$，** $p<0.01$，*** $p<0.001$。

根据相关性分析的结果，我们可以看到，网络视听国际传播效果评估指标具有"多维性"，即海外民众对中国对外传播内容的信度、对中国和中国人民的兴趣度、对中国共产党和政府带领人民所取得成就的认可度和对华感情亲善度四个子维度之间存在显著的相互影响与相互作用的关系，四者密切关联，层层递进。该发现说明，切实改善现有国际传播体系建设中的"薄弱环节"（主要是中国对外传播内容在海外民众心中的信度不良的情况）是全面提升中国对外传播能力的重中之重。这是因为，海外民众对中国外宣媒体所传播内容的不信任将直接影响他/她对中国国家和人民其他层面的感知和情感取向，降低其对中国进一步了解的兴趣、对中国共产党领导国家取得成就的理性认可，以及冷却其对中国人民的共情、信任等情感温度。

第四节 网络视听的国际传播效能提升的具体思路

正如林升栋（2023）所论述的，互联网打破了传统的物理边界，以网络视听为代表的新型国际传播构成了一个"泛众参与"的数字舆论场，国际传播主体呈现出差异性多元、全民性多元和个性化多元的特征，一个人人可以参与的"全民外交"时代到来。面对潜力巨大的网络视听市场，中国的各类网络视听平台正借助这一战略机遇期开启了新一轮国际化进程。本章通过大规模跨国别问卷调研，建构并证实了网络视听国际传播效果评估体系的四重维度以及维度之间的内在联系，即在海外民众接触中国国际传播内容时，展现出兴趣度、信度、认可度和好感度四重维度紧密相连，层层递进。本章的发现证明，海外民众在接触与衡量中国国际传播内容时，不是单一向度的吸收或拒绝的过程，而是经过"我对媒体内容里展现的中国有（无）兴趣"——"我相信（不相信）媒体内容里描述的中国、中国社会与中国人"——"我认可（不认可）中国社会的发展与中国人的品质与性格"——"我喜欢（不喜欢）中国、中国文化和中国人"的多维认知与情感轨迹。根据本章数据结果，笔者提出增强国际传播效能的具体思路。

一 巧用传统文化与微观叙事激发海外民众对华兴趣

兴趣度是提升中国网络视听国际传播效能的前提条件，只有海外民众对中国、中国人、中国社会和中华文化产生兴趣，中国的国际传播实践才能发挥作用。既往研究发现，单一讲述中国取得的成就的宏大叙事往往难以激发海外民众进一步了解中国的兴趣。从具体传播内容来看，中华优秀传统文化可以成为提升海外民众对中国国际传播内容兴趣度的关键抓手。史安斌、朱泓宇（2023）指出，中华文化源远流长、博大精深，是中华文明的智慧结晶，既是国际传播工作中的"讲故事""传声音""树形象"的不竭源泉，也构成了知华、友华、爱华的"全球朋友圈"认识与感知中华文化的基本框架。从叙事理念上，为进一步调动海外民众对中国国际传播内容的兴趣，获取更好的传播效果，应推进叙事理念的转型，选择微观化和个体化的视角重塑宏大叙事。李子柒在海外网络平台的成功传播就证实了数字化平台、现代视听语言与中国传统文化符号的有机结合，以及从宏大叙事到诗意栖居的自然转变对国际传播的借鉴意义（任孟山、李呈野，2020）。此外，网络视听平台上信息来源多样、内容丰富，展现了中国各行各业、不同地区民众的面貌与生活。这种源于民众的另类叙事与国家形象宣传片所代表的国家叙事遥相呼应，将共同构成更为完整而多元的中国形象。叙事理念的转型还可以体现在作品的体量上。在国际传播中，达到更好效果的往往是篇幅较小、体量较轻的短视频作品，其更高的信息密度、更快的传播节奏，契合了用户在单位时间内获取更高信息密度内容的诉求，成为网络视听时代媒体创新报道的重要手段（吴炜华、黄珩，2022）。

在利用中华传统文化和微观叙事提升传播内容吸引力的过程中，以平台化和人工智能为代表的新技术"赋意"国际传播日益得到学者的关注。正如李鲤（2021）所言，通过智能机器（物）不断与用户（人）进行故事意义的交互，来自不同文化基模的主体共同参与叙事，中国故事表现出开放式、集成化的叙事特征。首先，平台数据驱动多元化和智能化的故事内容创作，其次，这些故事又以算法推荐、评论点赞等数据流的形式在平台节点之间流转，不断产生的数据流为新的故事创作提供了可供循环利用的资源。每一个关系节点都在与更大的媒介环境、文化语境和社会情境进行交流，故事被视为一种没有边界和终点的意义流动。走向全球的中国故事有待于在与全球媒介平台、各国政府组织、跨国公司行为体以及更为广泛的平台用户、算法、机器交互集成的过程中，共同生产出一个不断生成的、关于全球—中国的连贯性叙事。中国故事释放的议题与文本也应越发表现为一种与全球文化、社会以及政治经济关系之间的呼应关系。这一"人""物"不断互动、协调和观照的过程，进一步提升了中华文化和中国故事对海外受众的吸引力。

二 拓宽传播主体提升国际传播内容信度

国际传播内容的信度问题一直困扰着中国国际传播实践者。某些西方政客与媒体多年来抹黑中国新闻行业，加之中西方新闻准则与价值取向有所区别，致使部分海外民众对中国新闻媒体怀有偏见，损害了外宣媒体所传播的内容在海外受众心中的可信度。利用网络视听平台重建国际传播内容的可信度是中国亟待解决的问题。从传播主体来看，依靠网络视听与数字媒体平台中的"民间力量"，形成传播矩阵与合力，不依仗传统媒体中的"新闻战"与"舆论战"等手段，能有效提升国际传播的信度，也有利于融通中外、友好对话、和谐共进的传播关系构建。在社交平台快速普及和发展的背景下，越来越多的自媒体开始参与国际传播，国际传播主体因此呈现出泛化态势，他们各自在不同程度上为国际传播效果的提升注入了内容生产的原动力。如视频博主郭杰瑞（Gerry Kowal）以及带领创作团队推出"歪果仁研究协会"栏目的以色列人高佑思（Raz Galor）等，凭借社交媒体平台在跨文化传播中的独特叙事优势，开辟了一个新的观察和呈现中国的视角，对促进海外用户跨越偏见，认识真实、立体、全面的中国发挥了积极作用。

中国式现代化的实现过程，其实一直伴随世界对后发现代化的中国的认知过程。由"外"（他者视角）而"外"（国际传播）的叙事，应当成为中国式现代化国际传播的重要考量。由外国人士体验、讲述、传播中国式现代化，近年来受到中国主流媒体的重视。曾获第二十八届中国新闻奖国际传播奖的纪录片《中国面临的挑战》，邀请了著名的中国问题专家罗伯特·库恩作为串讲人，一改单一的成就性的传统外宣模式，节目聚焦中国经济、民生、政治和价值观等社会问题，话题触及教育、养老、买房、城管、农民工、留守儿童、农村土地流转等中国普通老百姓的故事。这样的叙事选择,使该片在美国 200 余家电视机构播放,并获得了第三十九届美国"泰利奖"。此外,需要尤其重视重大突发事件中中国国际传播的信度问题。重大突发事件具有突发性强、超出预期或认知、大众关注度高、国际影响力大等特征,往往给媒体及公信力建构带来严峻挑战。而在信度的四个子维度之中,"可读易懂性"又是国际传播中亟须重视的一个环节。国际受众不同的价值观、文化习惯、信息接受方式,均会影响其对媒体话语的理解和接受程度。因此,对国际受众文化差异的考量是否充分,会直接影响媒体话语的可读易懂性。

三 差异性多元叙事建构海外民众对中国的认可

在叙事逻辑上,建构差异性多元叙事是提升网络视听国际传播内容的认可度的有效路径。正如周庆安、刘勇亮(2023)指出,国际传播跨越的不仅是知识鸿沟,还有观念差异。观念体系首先体现为社会层面的价值观,其次体现为国家层面的意识形态,再次体现为个体层面的态度理念。在价值观层面,不同的文化圈层、宗教文明,孕育出不同的社会所共享的价值观念。在资本主义和社会主义的角力之下,国家层面的意识形态摩擦也给国际传播的推动频频带来挑战;从个体层面来看,在不同文化背景、意识形态环境下成长的个体对不同主体、不同议题的态度、理念也会有所不同。由于这些观念和认知层面的差异,尽管改革开放以来,中国经济社会发展是有目共睹的,至少在经验层面,中国的现代化成绩在国际上是不存在太多接受困难的,其挑战在于如何理解成绩背后的机制和动能(姬德强,2023)。换言之,如何将海外民众对中国取得的成就从"接受/同意"到"认可",是中国国际传播的重要目标。

西方社会的主流认知更愿意将现代中国纳入其现代性框架,并从自身的现代性危机与矛盾经验中解读中国问题,因此,中国式现代化的知识和话语生产必须正视这一认知闭环。中国以往国际传播实践中存在过于强调"正面叙事"的导向,即着重讲述成就而回避问题。显而易见,任何国家、社会和民族在发展的过程中,都不可能一蹴而就。经济的发展和社会的进步不会是单一维度和线性的。"只讲成功"的单向度叙事对国际受众而言,可信度和亲切感不足,因而难以引发其对中华人民共和国成立以来（尤其是改革开放以后）党和国家领导人民艰苦创业所取得的成就而产生认同感。此外，这种叙事方式往往将最容易产生认知和情感共鸣的个人故事掩盖了，进一步加剧了外国受众对一个大一统或集权国家的刻板偏见。要扭转这一问题，中国式现代化国际传播须主动出击，利用网络视听平台多元主体的特征建构差异性多元叙事，真实讲述拥有14多亿人口、面临多重挑战的复杂中国：既要自信地展示现代化的中国成就，也要自信地探讨现代化进程中的中国问题；既要讲述现代化成就带来的中国变化，又要讲述中国式现代化提供给他国的机遇与红利；既要显示中国问题的本土成因，又要展示这一问题的国际共性，尤其要立体展示这一问题得以解决的中国方案、中国行动、中国成效。在中国式现代化的"我者"叙事上，努力地实现中国问题与全球议题的统一（陈守湖，2023）。在具体叙事侧重的选取上，陈功（2021）提出，对一些负面新闻，新闻报道可以夹叙夹议。"叙"的部分突出"弊"，正视现实；"议"的部分则重点介绍国情和国策，敢于改革，而不用担心读者对"弊"的过度解读。

此外，在国际传播中，无论是单一地讲述中国的成就，还是单一地传递中国文化与价值观念，均无法获得世界性认同。习近平总书记提出全球文明倡议，倡导尊重世界文明多样性，坚持文明平等、互鉴、对话、包容，以共同利益观、可持续发展观、全球治理观为根据，呼吁各国在追求本国利益时兼顾他国合理关切，共建人类命运共同体。在全球化势不可当的今天，各国人民，对美好事物的追求是相通的，面临的诸如生态环境危机、经济贫富差距、政治冲突加剧等发展过程中的难题也是共通的（张明新、何沁芸，2023）。因而，建设持久和平、普遍安全、共同繁荣、开放包容、清洁美丽的社会也是全世界民众的共同愿望和目标。因此，通过国际传播提升海外民众对华认可度还可以聚焦于中国对全球"规范性"事务的参与和构建。近年来，以中国为代表的发展中国家，已经提出了一系列围绕当前全球发展需求的新规范和倡议。如习近平总书记提出的全球发展倡议、全球安全倡议、全球文明倡议，旨在回应传统西方叙事带来的规范与现实脱离，新的全球事务解决方案开始成为化解地区问题乃至全球问题的新的规范和借鉴（周庆安、刘勇亮，2023）。这些彰显"中国智慧"与"中国方案"的倡议和举措,将中国的成就和担当融入世界发展过程之中,回应了海外民众对自身发展的共同关切,有助于提升海外民众对中国的认可度。

四 情感传播激发群际情感共振

在提升亲善度的层面上,情感传播的适当运用可以塑造并表达关系与共通性,强调情感共振形成价值认同与共鸣。人类的情感本身就是一种可传播、可解读、可共享、具有感染性的信息,且较之理性信息符号,作为价值观的载体传播更为生动而多元。因而,情感因素在传播内容中的介入,将有助于跨文化、跨族群的群体之间提升彼此的好感。而作为新兴技术样式代表的短视频具有着嵌入情感因素的天然条件,在情感机制与算法机制的双向构造中迅速推进跨国虚拟共同体的搭建与整合。具体而言,何天平、蒋贤成(2023)提出了以"共情"为线索,提升短视频国际传播的情感化策略,例如,依据受众情感心理制定选题的把关标准,展现海外民众对中国发展的认知与期望,构建海内外民众在情感心理上的趋近性;加强媒体与用户的平等角色与互动关系,并以此构建用户与媒体双向选择的共情纽带;通过视听符号的综合使用与叙事逻辑、代表性意符的精心设计,促成用户建立多通道、多层次的共情体验。中国网络视听平台在开展国际传播时,应该尤其注意尊重异质文化的"他者",并坚持从"他者"出发,构建自我与"他者"之间平等交流的桥梁,促进双方之间的互惠性理解,以文化间性理念引领共情传播,还应选取能更好地激发共情的传播内容,提升跨文化传播的共情效果。

同时,也有学者指出,在平台化与后真相的语境下,也需要警惕国际传播过程中情感应用与实践中可能产生的问题和负面效应。数字平台的数据化渗透逐渐消除了传统大众舆论环境中的主流化效应,在智能算法与个性化推荐机制的助推下形成无数"情感回声室"与"信息茧房",受众高度同质化的情感互动不断巩固群体内的相似价值观,容易以情感极化、情绪爆发与冲突等形式参与到新闻的情感互动中,破坏公共讨论的结构性与秩序感。网络视听国际传播过程中的情感因素不但可能会产生背离生产初衷的情感效应,更可能在不同"回声室"中产生截然不同的情感阐释（姬德强、李喆，2023）。针对这一问题，对多样化推荐系统的开发和设计被很多研究者视为"破茧"的主要方法。例如，基于综合用户画像的多样化标签推荐方法，就能实现依据更为多元和去中心化的标签体系对信息进行自动化分发，在满足精确率的前提下，尽可能实现信息套餐的多样化（常江、罗雅琴，2023）。

第五节　本章小节

近年来，中国网络视听行业积极开拓国际市场，主要的短视频平台（如抖音海外版 TikTok 和快手海外版 Kwai）、网络直播平台（如 Bigo Live）、网络音频平台（如喜马拉雅海外版 Himalaya）以及智能终端厂商（如华为视频）纷纷实现了整体平台出海，依靠其多元主体与多元内容参与到国际传播之中。较之传统媒体，网络视听平台作为一个低门槛平台，符合 UGC（User Generated Content，用户生成内容）对信息生产的要求，充分激发普通网民参与的热情，推动国际传播走向真正意义上的"全民化"生产，也提升了中国在全球社交媒体上的可见度。网络视听平台还可以"轻装上阵"，以商业化和娱乐化的手段淡化中国外宣媒介"机构出海"的意识形态印记和价值观冲突。从个体角度讲述多样中国故事，提升海外民众对华的兴趣度、信度、认可度和好感度，进而加速跨文化群体之间的相互理解和融合，网络视听对提升中国国际传播效能的潜力不容小觑。

网络视听媒体与节目作为当今国际传播的重要表达方式，无论是技术创新还是内容升级，其重要取向和落脚点应该是受众的接受认可。正如李宇（2022）所言，"国际传播效果研究对国际传播发展具有重要价值，是国际传播顶层设计和宏观规划的基础，也是具体业务成效的直接参考"（p.38）。通过建构综合和系统的量表，提升国际传播效果评估的精准性、评估维度的平衡性、增强评估指标的融合性和加强评估方式的针对性已经成为国际传播学者的普遍共识。本章提出衡量网络视听节目内容国际传播效果的四重指标，即兴趣度、信度、认可度和亲善度。四重指标紧密关联，层层递进，由"知悉"到"认同"，由"理性"到

"感性",目的在于建立网络视听国际传播效果评估的"坐标系"。

基于大规模跨国调研结果,本章提出全面提升网络视听国际传播效果四重指标的具体路径,即,巧用传统文化与微观叙事激发海外民众对华兴趣;拓宽传播主体以矫正国际民众对华传播内容的认知偏见,提升国际传播内容信度;通过差异性多元叙事建构国际对中国的认可,以"全面中国"与"全球中国"叙事跨越中外理念鸿沟;利用网络视听平台便于内嵌情感的天然优势,以情感传播激发跨文化群际情感共振。此外,正如陆绍阳、何雪聪(2023)认为,以短视频为代表的网络视听新形式要充分注重"因地制宜""因时制宜"和"因势制宜"相结合,不断激发国际传播新活力。

本章旨在建构多维度的网络视听国际传播评估指标,并通过跨国别的问卷调研验证其效度。需要指出的是,随着动态用户生成内容在社交媒体平台的涌现,基于计算机介导的研究方法(比如 LDA 聚类分析和社会网络分析)也为考察中国国际传播效果提供了基于更大规模样本和数据的探索的便利条件。正如汤景泰等(2022)指出,网络结构的研究视角对在社交媒体平台下的国际传播效果的评估具有现实意义。随着社交媒体平台应用的普及化,围绕相应主题形成的传播群体也可以获得精准识别与分析,而用户语言能够一定程度上识别用户所生活的地域与文化圈层,对评估是否实现跨语言、跨文化圈层的传播具有重要的参考价值。因此,未来研究可以从更多方法视角入手,为网络视听国际传播效果研究提供实证补充。

第 七 章

新的国家形象量表：基于国家、双边关系和情感的因素

2021年5月31日，习近平总书记在主持中共中央政治局第三十次集体学习时强调，讲好中国故事，传播好中国声音，展示真实、立体、全面的中国，是加强中国国际传播能力建设的重要任务。在党的二十大报告中，习近平总书记对"增强中华文明传播力影响力"作出进一步部署，要求"加强国际传播能力建设，全面提升国际传播效能，形成同我国综合国力和国际地位相匹配的国际话语权"（习近平，2022）。广大媒体工作者要深刻认识新形势下加强和改进国际传播工作的重要性和必要性，下大气力加强国际传播能力建设，形成同中国综合国力和国际地位相匹配的国际话语权，为中国改革发展稳定营造有利的外部舆论环境，为推动构建人类命运共同体做出积极贡献。

提升中国国际传播能力要以准确、清晰了解世界对中国的态度与情感取向为重要前提，一个如实、全面反映中国在海外民众心中的国家形象的量表亟待建立。需要指出的是，在全球化与数字化程度不断加深的今天，国际关系与国际形势越发错综复杂，大多数国家的民众并不会如同身处战争或冷战时代一般，对别国怀有一种"非黑即白""非此即彼""非友即敌"的绝对价值判断，而是被多重信息、多重体验、多重立场共同影响。例如，一个生活在美国得克萨斯州某小镇的共和党人会阅读政治立场偏保守的媒体福克斯（FOX）上有关中美贸易冲突的新闻，但他也可能在YouTube上订阅李子柒的频道，同时他还可能拥有一个来自中国的邻居，使用着小米手机，并且与家人订了一份中餐外卖。而民调机

构通常以"你（在多大程度上）对中国抱有好感"这一单一题项来衡量民众对中国的印象与态度，由此得出的结论虽能描绘出被访者对中国的整体印象与立场，但较为笼统模糊，既不能反映出被访者对中国态度的内在多维差异，也无法为中国国际传播策略优化提供具体指向。由此，笔者认为，"中国国家形象"应该被扩展成一套多维度、系统性、可量化的综合量表，该量表既应包含海外民众对中国较为宏观的国家发展、国际参与、文化景观等层面的看法，也应包含其对中国和自身所在国家双边关系与实力的评估，以及其对中国和中国人持有的情感性认同，比如兴趣、信任与共情。只有将中国国家形象与海外民众对华态度细化成多层次、多角度的综合量表，中国外宣部门才能找准其国际传播中的"良好基础区"与"薄弱区"，并据此制定有的放矢的国际传播策略。

　　本章综合国际关系学、传播学、政治心理学和商学四大社会学科相关理论，采纳当代中国与世界研究院、皮尤研究中心、世界价值观调查等十余个国际国内知名民调报告，构建"全球对华认知与情感指数"量表，并通过实证检验其效度。具体而言，该量表由两重维度组成，其中第一个维度（分别为"国家维度"与"结构性双边关系维度"）考察海外民众对华的理性感知，第二个维度（"情感维度"）则侧重了解其对中国和中国人的情感性认同。2021年6月，笔者通过国际知名数据调研公司凯度集团招募海外十余个国家民众填写的调研问卷（被访国家包含：美国、日本、德国、法国、俄罗斯、日本、韩国、印度、印度尼西亚、墨西哥和巴西，样本总量为5500人），以实证检验所构建的全球对华认知指数的信度与效度，并搭建分析模型，计算各个子维度对海外民众对华整体态度的影响是否显著，提取对改善对华态度的最重要因子并根据其制定精准传播方略，为中国国际传播策略的制定提供信息支撑。

第一节　国家形象研究及其跨学科特性

　　"国家形象"一词最早可以追溯到沃尔特·李普曼（Walter Lippmann）在《舆论》中提出的"形象感知"概念，认为人们倾向于通过大脑去感知他们无法触及的世界上绝大多数人与国家，然后形成一个可靠的外部世界形象。最早对国家形象理论进行系统研究的是博尔丁（Boulding，1956），他认为形象一般是对行为体的认知、情感和评价，这里的行为体则指国家，而国家形象是指人们对另一特定国家的认知、情感和评价。斯科特（Scott，1956）随后深化了这个概念，提出国家形象是指人们在思考一个国家时所具有的认知、情感和行为三种属性，其中认知是最基本的属性，情感则是对一个国家的喜欢与否，行为是在认知和情感综合之下做出的回应。后来，有学者进一步将国家形象视为一种刻板印象，认为人们对一个国家的形象一旦形成，就很难改变（Holsti，1962）；也有学者把国家形象看作一种认知图式，认为其可以帮助人们简化对世界的理解（Herrmann，1997）。由此，虽然目前还缺乏一个明确的定义，但研究国家形象的学者往往一致认为，国家形象是人们长期形成的对另一个国家的稳定的、系统的印象。

国家形象理论源于冷战期间，最初由国际关系研究者主导，后来逐渐成为一个跨学科的概念。随后，来自政治心理学、商学、传播学等多个社会科学领域的学者也参与讨论，研究人们如何看待另一个国家以及这种看法如何影响外交政策和个人选择。具体来说，国际关系学视角倾向于强调国家权力在国家形象形成过程中的关键作用，而将人的心理过程视为次要因素。社会心理学和政治心理学的研究则为这种宏观角度提供了重要的微观补充，其指出，除一个国家的军事、政治、经济等客观实力以及国家目标和国家利益外，个体层面的认知和情感因素在国际合作和竞争中也发挥着重要作用。后来，随着经济全球化的不断加速，国家形象研究开始进入商学领域。斯库勒（Schooler，1965）等学者发现发达国家的产品比发展中国家的产品更受欢迎，他们同时考察了国家形象和民族品牌对国际贸易和营销的影响。此外，由于普通民众通常对国际与外交事务缺乏直观感受与经验，他们对他国国家形象的感知往往是通过媒体曝光和信息传播来实现的。从这个角度看，国家形象的研究也离不开传播学，特别是传播效果研究。国家形象概念的跨学科特征导致了不同研究对其概念的多种定义及其维度的不同划分。通过对上述相关领域文献的梳理，本章旨在将国家形象的概念系统化，分析、归纳现有国家形象研究的主要观点。

一　国际关系学视角下的国家形象

国际关系学是研究国家形象的最主要学科领域。以国际关系视角展开的研究主要聚焦于国家形象建构的影响因素以及国家形象与政府外交决策之间的关系。

国家形象理论先驱肯尼思·博尔丁（Kenneth Boulding）认为，考察一个国家的形象有三个重要维度，包括领土的排他性、国家之间的双边关系和国家的实力。具体来说，领土的排他性维度是一个国家的地理形象，是国家形象中最显著的组成部分；国家之间的双边关系维度表明一国对目标国家的友好或敌意程度；国家的实力维度则是指一个国家相较于目标国家所具有的优势或劣势（Boulding，1959）。赫尔曼（Herrmann，1995）进一步扩展了国家形象的影响因素，认为区分国家形象的核心标准有三个：一是目标国家被视为"威胁"还是"互惠互利"；二是国家的相对实力；三是国家的文化优势。根据这三个维度，一国的国家形象可以分为"敌人形象""衰落形象""殖民地形象""帝国主义形象"和"盟友形象"等五类。

实证研究显示，国家形象对政府的外交决策过程具有重大影响。人们在处理有关"外群体"的信息时，会使用既定的形象认知对这些信息进行过滤。对政治精英阶层而言，这些认知可以影响他们在处理国际事务时对信息的选取，从而影响其所在国的外交决策（Herymann et al.，1985）。约瑟夫·耐（Nye，1990）在讨论软实力时，曾以唐纳德·拉姆斯菲尔德为例，表明一个国家的声誉会直接影响其他国家的外交政策。对同一个国家在不同时期所拥有的不同形象认知，也会导致他国对其采取不同的外交政策。例如，建构主义国际关系理论家温特（Wendt，1999）认为，第二次世界大战中德国进攻丹麦的行为与两国当时的友好关系看似不相容的结果是由于国家形象认知变化带来的，这是"由涉及自我和他者的思想决定的"。此外，虽然普通民众对一国的形象认知不能直接影响外交决策，但是民众对他国国家形象的感知会引发舆论，而舆论也将直接或间接地影响政治精英的决策，因为民众的支持是政治精英执政合法权的一个重要因素（Telhami，1993）。

当下，公共外交成为国际关系视角下国家形象研究的重要领域。公共外交概念最早由埃德蒙·葛里昂（Edmund，1965）提出，约瑟夫·耐提出的"软实力"的概念则进一步发展了其理论框架。公共外交指一国政府通过其政治与社会制度、宏观政策、文化与传统、价值观念等吸引他国公众和组织，在与他国交往中促进本国的形象塑造与声望提升（Nye，1990）。早期的公共外交研究倾向于认为只有政府才是公共外交实践的开展者，而今，非政府组织、跨国企业与普通民众等也成为公共外交的重要主体。公共外交不再仅是一种政府间的政治性互动，也是一种旨在提高国家行为体在外国受众中声誉的战略性传播（Schatz and Levine，2010）。一个正向的国家形象和良好的国际声誉有助于一国在国际体系中建立良性"共识"（Wang，2006），也可以提高一个国家的政治行动能力（Vickers，2004）。

二 政治心理学视角下的国家形象

政治心理学通过研究人类在政治活动中的认知、情感和行为，为国家形象研究提供了从个体出发、基于微观视角的理论根基。在这一领域，国家形象研究通常与国际信任和社会认同等因素密切相关。

"信任"的概念是指"期望会得到满足的一种信念"。除人际接触间的信任以外，研究者也考察了不同群体及不同国家之间的信任建构。实证结果表明，信任是影响国家形象的重要因素。例如，通过分析中国学生对中国与目标国家的建立友谊的看法，戴维斯等（Davies et al.，2001）发现对他国的信任程度超过了所有其他影响因素，即建立良好的信任有助于构建一个积极的国家形象。此外，个人对他国的信任不仅包括对他国政府的信任，还包括对他国人民的信任，并且人们对他国政府和人民的信任程度并不总是一致的，因此有研究指出应将这二者进行区分，而不是作为一个整体来看待（Mogensen，2015）。

政治心理学的视角还揭示了社会认同（social identity）和国家形象之间的动态关系。社会认同理论是一种社会心理学理论，常用于解释群体间的态度和行为。简言之，社会认同指的是"个体从他感知到的自身所属团体那里得来的自我形象，以及作为团体成员所拥有的情感和价值体验"（Tajfel and Turner, 1979）。根据社会认同理论，人们依据群体归属感，将他人归类于内群体成员或外群体成员，并倾向于对内群体作出积极正面的评价，对内群体成员更加友好（内群体偏爱），而对外群体的评价往往消极负面，也对外群体成员有所偏见和怀疑（外群体贬损）。因此，个人为了获得积极的社会认可，会强化群体内的声誉和形象。

"国家认同"作为一种特殊的社会认同（David and Bar-Tal, 2009），也可以被理解为是人们对自己国家的形象感知，即"国家自我形象"（Ellemers, 1993; Rusciano, 2003）。国家认同往往是人们在理解复杂多变的国际事务时所采纳的根深蒂固而影响深刻的"认知捷径"。尤其对长期处于博弈与竞争关系的大国（如中美、美俄），这种认同尤其泾渭分明，是民众理解"自我"与"他者"的重要依据。此外研究还发现，一个人越认同一个国家，他/她就越倾向于塑造和接受该国家的正面形象（Alexander et al., 2005）。

三　传播学视角下的国家形象

国家形象的感知与构建离不开媒体的参与和信息的传播。从传播学的角度来看，尽管个人和组织也可以是国际传播的主体，但国家形象主要被理解成一个国家在别国的大众媒体中的形象。由此，研究者多使用国际新闻结构理论和框架理论，检验大众传媒所呈现的国家形象。

新闻的选择和呈现方式会显著地影响人们的态度和行为。尤其在对外关系和国际事务领域，民众通常缺乏直观的经验和全面的知识，因此媒体报道中的国际新闻在塑造国家形象的过程中发挥着重要作用。一系列的研究已经证实了新闻媒体所塑造的国家形象会影响外国民众对该国的感知、态度与行为（如 Wanta, Golan and Lee, 2004），并且新闻媒体中的编辑与记者在此过程中充当"把关人"的角色（Marten, 1989）。加尔通和鲁格（Galtung and Ruge, 1965）提出了"国际新闻结构理论"（international news structural theory），指出一个国家的政治、经济、社会和地缘政治特征等决定他国媒体机构对其进行报道的"规模"和"性质"。此后，国际新闻流的不平衡性成为学者的研究重点。国际新闻报道受地理和文化邻近性、人口规模、国家地位、双边贸易关系等因素的影响，媒体报道在"可见性"和"有效性"两个方面影响着国家形象的构建。

国际新闻结构理论探讨了影响一个国家是否呈现并如何呈现于他国媒体的因素，而框架理论则解释了媒体是如何具体参与到国家形象建构过程中的。具体来说，记者和编辑在报道新闻时赋予其意义，根据既定的惯例、政治立场、经济利益和意识形态，通过新闻内容有选择性地解释、呈现、强调和排斥来构建国家形象。例如，有学者在比较报道叙利亚难民危机的 7 个英语新闻来源和 10 个阿拉伯语新闻来源时发现，英语新闻比阿拉伯语新闻更多地使用受害者框架，而较少使用战争框架。媒体通过受害者框架，突出了叙利亚国家的"难民形象"以及西方国家的"救世主形象"（Ramasubramanian and Miles，2018）。因此，新闻报道中不同框架的使用会向受众呈现不同的国家形象感知。

四　商学研究视角下的国家形象

在经济全球化时代，民族品牌、产品营销和民族形象密不可分。从商业研究的角度来看，一个国家可以被视为一个品牌，因此国家形象类似于公司或产品的广告形象（Ham，2001）。一个积极的国家形象的品牌效应可以发展旅游业、增加国家贸易、促进就业市场以及改善政治关系（Anholt，2008）。在此基础上，有学者提出了"国家品牌"（national branding）的概念，认为国家品牌是一种独特元素的多维混合，该概念突出的是国家文化的差异性以及目标受众的相关性（Dinnie，2008）。

原产国效应（country-of-origin）理论是商学研究中与国家形象最密切相关的理论，它表明消费者对一个国家产品的信念和评价主要基于对一个国家的整体认知。学者长岛（Nagashima，1970）从国家特征、政治和经济背景、历史和传统等方面讨论了原产国形象的概念。此后，原产国效应问题在不同国家背景下得到验证。大多数研究试图系统地勾勒和量化原产国的形象，并提出了各种不同的测量方法。一种常见的方法是从宏观和微观角度将原产国形象分为国家整体形象和产品整体形象，而一旦人们对某一产品的整体形象评级高，那么也会相应地增强对该产品所在国的国家形象认知（Gotsi，Lopez and Andriopoulos，2011）。此外，研究还发现一国的政治经济以及社会发展水平（如工业化程度、政治制度稳定性、创新能力及自然文化资源等）也会对原产国的形象产生重要影响。

五 中国学者对国家形象的思考

基于国家形象被认为是"国家发展的新动力"，是一种生产力，"对内体现为凝聚力与奋进力，对外体现为吸引力与辐射力"（刘继南、周积华、段鹏等，2002），国家形象也已经成为中国国际传播学者关注的一个显性议题。中国学者关于国家形象研究的主要路径可大致分为史论研究、投射形象研究和感知形象研究。

从史论研究的角度来看，学者们回望历史，梳理了中国国家形象建构的发展历程。例如，史安斌、张耀钟（2019）从国家形象再建构的角度将中华人民共和国成立以来分为"红色中国"（1949—1978年）、"开放中国"（1978—2008年）和"全球中国"（2009年及以后）三个阶段，并认为在"一带一路"倡议引领的新全球化的时代背景下，一个勇于担当、奋发有为的"全球中国"形象将会得到更多有识之士的接纳和信赖，中国国际传播事业将在"世界百年未有之大变局"的因缘际会中获得新的发展动力。

投射形象包含自塑形象，如一个国家的政府、媒体与民间等主体对本国政治、经济、社会、文化、科技、教育、生态等故事的讲述。在自塑层面，有研究指出，中国国家形象建构和国际传播实践中存在"多展现成就而规避问题"的"自我中心主义"倾向，即呈现近乎完美的国家媒介镜像。对一些负面议题，则有意规避或边缘化。但马克思主义基本常识告诉我们，任何国家、群体、组织等都不可能只有成绩与精华，而没有缺点与问题。国际传播需要直面现实。这不但涉及"诚信"与"真实"等传播伦理，更是关乎传播效果（白贵、邱敬存，2022）。在自塑研究中，他国的国家形象实践（如美国、俄罗斯、日本等）也为中国国家形象建构提供了重要参照和素材（徐佳，2021；吴飞、刘晶，2014）。投射形象也包含他塑形象，主要是他国重要媒体对本国的呈现，两者最终主要体现在他国媒介呈现上并通过影响他国公众的认知而起作用。在他塑层面，中国学者广泛考察海外媒体（尤其是西方主流媒体）对中国重要政治事件或议题的报道维度与话语。例如，史安斌、王沛楠（2019）

侧重于媒体框架，较为系统地考察了《纽约时报》2013—2018 年涉华报道中在"扶贫"与"人权"两个议题上所呈现出的偏见性认知。

感知形象研究则主要是从社会心理学出发，关注一个国家在人们头脑中的图像，这一路径主要通过问卷调查、深度访谈、内容分析和民族志等开展受众分析。越来越多的研究者注意到感知形象的复杂性——认知是有差异乃至偏见的，群体间的偏见源于内在人性，无法避免（张毓强，2020a；刘继南、周积华、段鹏等，2002）。认知视角的国家形象研究注重分析影响公众认知的因素，主要包括前述外媒报道的呈现，对军事、经济、社会情绪等一些特定问题的担忧，以及更为本质的社会体制、种族文化、宗教信仰、政治价值观等的差异（吴飞、刘晶，2014）。例如，刘小燕等（2022）的研究发现，无论是境外公众、媒体还是学界研究，其对中国共产党形象的认知、认同与真实的中共形象有所偏差，这种认知偏差既与正面的中国共产党形象研究在当前国际学界中关注度、影响力有限有关，也受中西方意识形态、价值取向、体制差异、国家利益等根本原因影响，同时，还与中国共产党对其国际形象的模糊界定、有待提升的国际传播能力与技巧有关。研究者在呈现国家形象的主观性的同时，认为由主观性造成的认知偏差尽管必然存在但并非不可协调，比如有研究提出，在客观国家与主观国家（国家形象）之间，除媒体之外，还应建立由桥梁——人群、组织机构等——构成的中间渠道（张昆、王创业，2017）。

第二节　研究过程与结果

一　量表建构

综上，国内外的国家形象研究正处于理论和实证研究的丰富时期，但仍存在可以进一步完善与补充的空间。虽然国家形象这一概念吸引了来自不同社会科学领域的学者对其展开讨论，但有关国家形象具体衡量方法与维度建构仍常困于学科界限。例如，在既有量表中，民众对他国的"国家"层面的认知没有与民众对双边关系的认知整合起来，情感维度也极少被纳入具体的量化分析框架中。因此，笔者建议有必要构建一个更全面和系统的国家形象指数。虽然国家形象帮助民众"简化"对外部世界的认知,使人们持有一个较为稳定和一贯的国际态度,但国家形象的形成本身绝不是一个简单的过程。在人们的心目中,一个目标国家国家形象的形成往往受到多重复杂因素的影响,如国家的政治制度、经济和公共文化以及双边关系等。此外,人们对他国所持有的情感温度(如信任或不信任、同情或冷漠等)也会影响其对他国整体的形象感知。

本章综合国际关系学、传播学、政治心理学和商学等社会科学相关理论,采纳当代中国与世界研究院、皮尤研究中心、世界价值观调查等十余项国际国内知名民调报告,构建全新的"全球对华认知与情感指数"量图。具体子维度如图7-1所示。

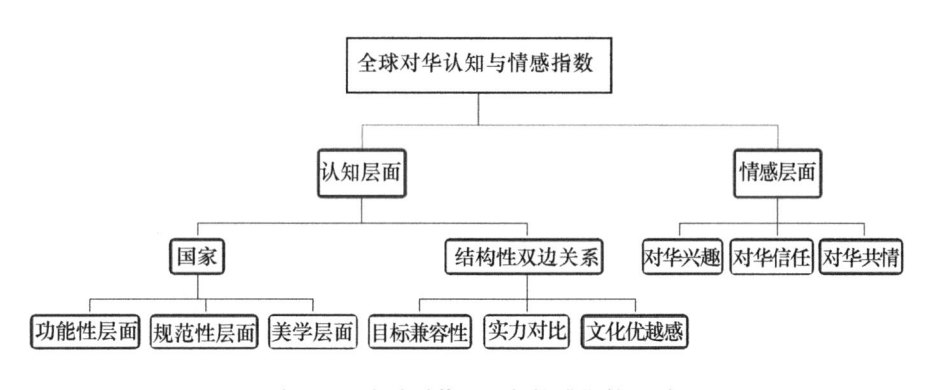

图7-1 全球对华认知与情感指数量图

根据量表,对华感知的第一重维度是认知维度。认知维度包括国家维度和结构性双边关系维度。第一是国家维度,即海外受众对中国较为宏观的国家发展、政府执政、国际参与、文化景观等层面的看法,包含"功能性层面""规范性层面"和"美学层面"。功能性层面关注其对中国共产党治国理政能力的认可度(发展经济、稳定政治、科技创新、疫情防控等);规范性层面聚焦于其对中国国际参与的认可度(履行国际责任、遵守国际秩序等);美学层面考察其对中国传统文化和自然景观的认可程度。

第二是结构性双边关系维度,即海外受众对中国及其自身所在国家双边关系与实力的评估。笔者认为,影响海外民众对华态度的不仅仅是中国自身的国家形象（单向），还应包含其所在国家与中国的关系和实力对比（双向）。由此，本章引入国际关系研究中的国际形象理论，将此维度细化为三个衡量角度，具体包含"目标兼容性""实力对比"和"文化优越感"。具体来说，目标兼容性是指人们是否认为中国的贸易开放、国际参与等行为对中国及受众所在国是互利与双赢的。在这一层面上，姜飞、姬德强（2019）指出，中国坚持和平发展合作共赢的故事事关新时代中国的国际秩序观。发展而不称霸，合作而不独享是中国给世界的庄严承诺。针对中国外向型发展的内部驱动力和外部想象力之间存在巨大的认知错位，中国国际传播需要认真反思这一错位发生的历史和现实根源，生动多彩、理性平和地讲好合作共赢的发展故事。实力对比维度具体是指人们是否认为与其所在国家相比，中国在经济上更为强大；文化优越感维度是指人们是否认为与其所在国相比，中国在文化上更具吸引力。

量表的第二重维度是情感维度，即海外民众对中国和中国人持有的情感性认同。与过往问卷以"你在多大程度上对中国抱有好感"的单一题项相比，本章引入社会心理学与国际关系研究的相关概念，将对华情感层面的衡量细化为三个子维度的"对华兴趣""对华信任"和"对华共情"，细致分析海外民众对中国的情感温度。"兴趣"衡量海外民众是否愿意进一步了解中国以及与中国人交朋友，这是对华情感认同的先决条件。"信任"衡量海外民众是否认为其所在国家可以信任中国，这里必须指出，在百年未有之大变局和大国博弈造成的零和思维支配了部分国家的外交政策选择的时代背景之下，信任已成为国际社会的稀缺资源。最后，"共情"层面则评估被访者对中国人遭受疫情以及中国人在海外由于种族和国籍遭受不平等对待，是否同情。

上述两个维度虽然由各自相应的指标问题进行测量，但紧密关联，相互影响，囊括了海外受众对中国的理性认知与情感转向。2021年6月，笔者通过国际知名数据调研公司凯度集团招募海外11国（美国、德国、法国、俄罗斯、西班牙、日本、韩国、印度、印度尼西亚、墨西哥、巴西）民众填写调研问卷（样本总量为5500人），以实证检验所构建的全球对华认知指数的信度与效度，搭建分析模型，计算各个子维度对海外民众对华整体态度影响的显著性，提取对改善对华态度的最重要因子并根据其制定精准传播方略，以期为中国国际传播实践与公共外交政策提供信息支撑和实证检验。

二 主要发现

为检验海外民众对华整体态度及不同维度之间的差异，笔者先分别计算了各个国家样本不同维度数据的均值，并进一步进行了多元线性回归分析（Multivariate Regression Analysis）以考察不同维度因素影响整体对华态度的显著性。整体而言，受新冠疫情和地缘政治冲突加剧的影响，海外民众对华态度正负参半（如表7-1所示，分值由1—5分布，分值越高则代表评价越积极，后表同），调研的11个国家中有5个国家对中国评价偏向正面，而对华好感度最低的国家为韩国、日本和美国。但可以发现，海外民众的对华认知和情感倾向并没有近一年内多个立足西方国家的民调数据呈现得那么消极。并且，海外民众在涉华的多个子维度上呈现出理性、积极的态度和温暖的情感取向，证实了后疫情时代的国际合作仍然存在良性的民意基础。通过对调研结果进行数据分析，有以下主要发现。

表7-1　　　　　　海外多国民众对华整体态度　　　　　　（分）

	美国	德国	法国	俄罗斯	西班牙	日本	韩国	印度	印度尼西亚	墨西哥	巴西
对华态度得分	2.52	2.95	2.91	3.91	3.19	2.41	2.15	2.53	3.40	3.82	3.37

1. 描述性分析

第一，从国家维度包含的"功能性层面""规范性层面"和"美学层面"来看，海外被访者在"功能性层面"和"美学层面"对中国整体评价较高，而在"规范性层面"，部分西方国家对中国评价趋向负面。这一结果反映出，海外普通民众对中国共产党和政府治国理政的能力以及取得的成就存在理性的认可，并且中国的自然景观和传统文化仍然对外国人民具有较强的吸引力。正如张毓强等（2023）学者所论述的，尽管国际受众对华的接受度和接受心理尚未形成质变,不过在一定程度上也发生了量变,如对中国经济、社会治理成就的深度认可和对中国品牌的好感度增加等。但是,受国际关系复杂化和意识形态对立的影响,部分海外民众对中国的国际参与(履行国际责任、遵守国际秩序等)存在较大的偏见(如认为中国不够尊重其他国家)。在当前社交媒体主导的国际舆论场上争吵谩骂不休、负面情绪蔓延的背景下,防止"中国故事"演变为"中国争论",甚至于"中国争吵",注重"规范性"层面的形象建构与叙事是重中之重,即要在提升话语的道义感召力上下功夫(史安斌、童桐,2020)。

表7-2　　　海外多国民众对华"国家"层面的具体态度　　　　(分)

	美国	日本	韩国	印度	印度尼西亚	法国	德国	俄罗斯	西班牙	墨西哥	巴西
功能性层面	2.77	2.56	2.47	3.34	3.79	3.27	3.15	4.11	3.45	3.84	3.53
规范性层面	2.44	1.95	1.74	2.47	3.28	2.39	2.48	3.41	2.61	3.25	2.91
美学层面	2.94	3.35	3.18	3.54	3.86	3.79	3.56	4.25	3.64	3.86	3.74

第二,结构性双边关系维度下辖的"目标兼容性"的调研结果比较中立(目标兼容性这一题项分值为1—4分,2.5分为中立),半数以上被调研国家的民众认为中国与他/她所在的国家在诸多国际事务上的目标是可以达成一致的,即中国在国际事务中所发挥的作用同时有益于中国与其所在的国家。而在"实力对比"与"文化优越感"两个层面,西方民众倾向于认为自己的国家明显优于中国。

表7-3　　　海外多国民众对华"结构性双边关系"层面的具体态度　　　　(分)

	美国	日本	韩国	印度	印度尼西亚	法国	德国	俄罗斯	西班牙	墨西哥	巴西
目标兼容性	2.24	2.35	2.48	2.18	3.06	2.23	2.51	3.14	2.61	3.08	2.83
实力对比	2.15	3.38	3.13	3.38	3.7	3.26	2.77	3.44	3.45	3.83	4.01
文化优越感	2.24	2.71	2.21	1.95	2.21	2.74	2.86	2.99	2.75	2.76	3.02

第三，从情感维度下辖的"对华兴趣""对华信任"和"对华共情"三个指标来看，海外民众对中国的信任指数正负参半（西方国家的民众倾向于对华持较为怀疑的态度，而发展中国家的民众则对华比较信任），但其他两点都偏向于正面，即大多数海外民众愿意进一步了解中国，并且对中国人民在新冠疫情中的遭遇以及中国人在境外受到的不公平对待表现出较高程度的同情。在"对华共情"这一层面上，有研究指出，在国际互助抗疫中，一种特别的互动景观——跨文化共情传播取得了良好效果，主要表现为传播活动中的信息内容获得来自不同文化背景受众的同向解读与情感共鸣。跨文化共情传播在推动国家之间的交流合作、增进民间友谊、促进民心相通等方面具有独特价值，其动力源于人类的情感本能、理性引导与社交需求。在人类已成为命运共同体的当今世界，中国可从理念更新、内容取舍、媒介选择和互惠行动等方面将跨文化共情传播付诸实践，力求"他者"的共情回应与行动反馈，从而共同推动人类社会的向善发展（李成家、彭祝斌，2021）。

表7-4　　　海外多国民众对华"情感"层面的具体态度　　　（分）

	美国	日本	韩国	印度	印度尼西亚	法国	德国	俄罗斯	西班牙	墨西哥	巴西
兴趣	2.24	2.69	2.69	3.28	3.75	3.16	2.98	3.75	3.21	3.87	3.18
信任	2.67	2.12	2.15	2.31	3.26	2.62	2.69	3.17	2.84	3.56	2.72
共情	2.14	3.03	2.31	3.16	3.77	3.39	3.38	4.03	3.71	3.88	3.57

三　各维度对对华整体态度影响的显著性分析

笔者进一步考察问卷中不同维度对海外受众对华态度影响的显著性，对影响对华认知的多重维度因素进行了多元线性回归分析（Multivariate Regression Analysis），并对各维度影响因素进行了显著性分析。我们考虑的变量既包括功能性维度、规范性维度和美学维度等国家形象层面的因素，也包括目标兼容性、实力对比、文化优越感等结构关系层面的因素，并考虑了情感层面的对华兴趣、对华信任和对华共情指数等变量。同时，我们还将年龄、工作状况和教育背景等人口学变量考虑其中。

普通最小二乘结果显示，美国［F（12487）＝142，p‑value＜0.001］、日本［F（12487）＝75.4，p‑value＜0.001］、韩国［F（12487）＝83.9，p‑value＜0.001］、印度［F（12487）＝90.5，p‑value＜0.001］、印度尼西亚［F（12487）＝54.4，p‑value＜0.001］、法国［F（12487）＝54.5，p‑value＜0.001］、德国［F（12487）＝48，p‑value＜0.001］、俄罗斯［F（12487）＝40.9，p‑value＜0.001］、西班牙［F（12487）＝36.1，p‑value＜0.001］、墨西哥［F（12487）＝40.1，p‑value＜0.001］和巴西［F（12487）＝45.5，p‑value＜0.001］的回归模型整体都具有显著性。这说明本研究所采用的多维度变量对海外民众的对华认知有显著的解释作用。

从表7‑5中的回归分析结果可以得出，尽管存在一些国别差异，但总体来说，量表中国家层面的"规范性"维度，情感层面的"对华信任"和"对华共情"维度对海外民众对华认知呈现出不同程度的显著影响。这说明，海外民众对中国国家"规范性"层面的感知与认可，以及其对中国的信任和共情，有利于其对华积极态度的形成。

具体而言，美国对华认知受到规范性维度（＝0.326，t‑stas＝7.678，p‑value＜0.001）、共情因素（＝0.918，t‑stas＝21.095，p‑value＜0.001）和对华信任（＝0.150，t‑stas＝2.538，p‑value＝0.011）的正相关影响最为显著。美国对华认知的影响因素还呈现出与其他国家不同的一点是，美国对华的态度与其美学维度（＝−0.107，t‑stas＝−2.692，p‑value＝0.007）和实力对比维度（＝−0.052，t‑stas＝−1.975，p‑value＝0.049）呈现负相关的关系。

日本对华认知受到规范性维度（＝0.249，t‑stas＝4.482，p‑value＜0.001）、文化优越感（＝0.094，t‑stas＝2.817，p‑value＝0.005）、对华兴趣（＝0.080，t‑stas＝2.237，p‑value＝0.026）、对华信任（＝0.395，t‑stas＝8.745，p‑value＜0.001）和对华共情（＝0.153，t‑stas＝4.445，p‑value＜0.001）五个因素的影响。印度的回归分析结果与日本较为相似，其对华认知也是受到上述五个因素的显著影响。

第七章　新的国家形象量表:基于国家、双边关系和情感的因素　139

表7-5　对华认知与各维度影响因素的多元回归分析

相关性参数（Coefficients）及显著性（P-value）

	美国	日本	韩国	印度	印度尼西亚	法国	德国	俄罗斯	西班牙	墨西哥	巴西
截距项	-0.282*	-0.406*	-0.177	-1.146***	0.016	-0.225	-0.205	-0.106	-0.224	-0.715*	-0.671*
功能性维度	-0.063	0.043	0.118	0.061	-0.029	0.122*	-0.011	0.034	0.150*	0.145*	0.064
规范性维度	0.326***	0.249***	0.131**	0.341***	0.297***	0.105*	0.249***	0.227***	0.226***	0.209***	0.179***
美学维度	-0.107**	0.071	0.029	-0.019	0.100	0.048	0.084	0.199***	0.044	0.122	0.174**
目标兼容性	0.079	0.033	0.000	0.043	0.093*	0.054	0.074	0.043	0.004	0.040	0.140**
实力对比	-0.052*	0.045	-0.030	0.029	-0.003	0.018	0.033	0.036	0.046	0.027	0.032
文化优越感	0.004	0.094**	0.041	0.066*	-0.024	0.058	0.063	0.011	0.048	0.046	0.005
对华兴趣	-0.021	0.080*	0.172***	0.136***	0.188***	0.213***	0.129***	0.162***	0.195***	0.193***	0.113*
对华信任	0.150*	0.395***	0.213***	0.290***	0.171**	0.356***	0.261***	0.107**	0.248***	0.194***	0.241***
对华共情	0.918***	0.153***	0.361***	0.246***	0.207***	0.070	0.175***	0.242***	0.132***	0.228***	0.306***
年龄	-0.002	-0.000	-0.002	0.023	-0.004	0.015	0.016	0.020	0.010	0.043***	-0.001
工作状况	0.025	0.003	-0.020	0.038	0.001	0.021	0.019	-0.003	-0.024	-0.058*	-0.001
教育背景	0.004	-0.005	0.003	0.054	-0.011	-0.000	0.005	0.002	-0.003	0.005	0.000

注：* $p<0.05$，** $p<0.01$，*** $p<0.001$。

根据估计结果，影响韩国和德国样本对华认知的因素也基本一致。与其他国家一样，两国的规范性维度、对华兴趣、对华信任和对华共情都与其对华认知呈显著正相关关系。韩国对华认知受情感层面的因素影响最大，信任、兴趣和共情三个因素的 p 值均小于 0.001，其受规范性维度（=0.131，t-stas=2.756，p-value=0.006）的影响其次。德国对华认知受规范性维度、对华信任和对华共情的影响最大，其 p 值均小于 0.001，对华兴趣对德国对中国的认知影响也较大（=0.129，t-stas=3.218，p-value=0.0014）。

印度尼西亚、俄罗斯、西班牙的回归分析结果显示，其对华认知均与五个不同维度的因素呈显著正相关。这些国家对中国的态度与感知都受到规范性维度和情感层面的兴趣、信任、共情指数的影响。除此之外，印度尼西亚对华认知还受到目标兼容性的影响（=0.093，t-stas=2.254，p-value=0.025），美学维度对俄罗斯对华感知影响显著（=0.199，t-stas=4.315，p-value<0.001），功能性维度对西班牙对华感知影响较为显著（=0.150，t-stas=2.423，p-value=0.016）。

墨西哥对华感知与功能性维度也呈显著正相关（=0.145，t-stas=2.538，p-value=0.011）。另外，影响墨西哥对华认知的因素也是 11 个国家中最多的。除与其他国家相似，受到规范性维度和情感层面因素的显著影响，该国样本的对华认知还受到年龄（=0.043，t-stas=3.449，p-value<0.001）的正显著影响和工作状况（=-0.058，t-stas=-2.175，p-value=0.030）的负显著影响。这说明该国年龄越大的人对华感知指数越高，而工作状况较好的人对中国的感知较差。

影响巴西对华认知的因素有六个。除受到规范性维度和情感层面三个因素的影响显著外，巴西对华认知还受到美学维度（=0.174，t-stas=2.706，p-value=0.007）和目标兼容性（=0.140，t-stas=3.136，p-value=0.0018）两个因素的影响，这分别与俄罗斯、印度尼西亚类似。

估计结果显示，法国与其他国家略有不同。其对华认知受到对华共情指数的影响并不显著，但其受到国家层面的功能性维度（=0.122，t-stas=2.373，p-value=0.0180）、规范性维度（=0.105，t-stas=2.144，p-value=0.033）和情感层面的对华兴趣（=0.213，t-stas=

4.886, p-value < 0.001)、对华信任 (=0.356, t-stas =8.450, p-value < 0.001) 等因素的影响显著。

第三节 打造"规范性大国"形象、注重 "以情动人"与差异化传播

通过理论整合与实证检验,本章旨在建构多维度、系统性、可量化的"全球对华认知与情感指数"量表,并收集11国的调研数据。以海外受众对华感知的一手数据为切入点,为新形势下中国国际传播策略优化与效能提升提供一种基于"受众视角"的新思考。

首先,尽管存在国别差异,总体而言,国家维度中的"规范性层面"对海外民众对华态度的影响最为显著,而"功能性层面"的影响较小。这一发现部分解释了中国以往对外传播实践中强调国家成就的宏大叙事收效不佳的缘由。尽管中国外宣部门成功向世界传达了持续推进政治体制改革、经济高速发展、社会持续稳定以及人民奋斗圆梦等事实,但外国受众(尤其是大部分西方国家的受众)即便承认这些"功能性层面"的成就,也并不会因此而显著提升对华好感,就是因为"功能性层面"的对华认知在整个对华态度的认知体系中占比不大。而影响最为显著的"规范性层面"(即中国履行国际责任、遵守国际秩序等)却往往成为部分西方政客和媒体一再抹黑中国的地方,不断固化海外民众的对华认知偏见。

针对这一发现,本章建议中国国际传播叙事要以全球背景和国际社会为主要面向。想要与国际社会进行对话、达成有效传播,需要围绕全球问题、时代焦虑和社会共同矛盾进行回应。通过找寻全人类的共有问题来进行叙事,就成为获取国际关注的有效方式。从全球问题来看,当前世界各国都面临共同的挑战和难题,包括健康议题、气候议题、环境问题等。中国外宣部门在国际传播中着重强调中国对全球环境、健康、贫困等共同关切问题所做出的努力与贡献,阐述中国对提供世界"共同善"层面的扎实投入,提升对外话语的道义感召力。例如,在具体对策上,环境议题是一个阐述中国作为"规范性大国"的较好切入点。

当今环境和生态问题已经上升成为全人类共同关切的议题。国家作为行为主体去承担和践行环境治理与生态保护，尤其是开展跨国家、跨地区及全球层面的环境和生态保护，是国家作为一种"规范性力量"的具体体现。国际社会对政治和经济大国存在需要它承担与国力相匹配的"规范性"层面的国际责任的一种共识和期待，并且这种共识和期待是国际社会和外国民众用以评判一个国家的国际形象的核心标准之一。由此，通过国际传播向国际社会和海外民众有理有据地阐释习近平生态文明思想以及中国政府在生态保护建设中的扎实投入，是打造中国作为"规范性大国"形象的有效路径，也是展示中国遵守并推动"人地和谐"这一国际共识的重要手段。此外，荆江、冯小桐（2023）指出，在规范性层面国际传播可重点强调中国式现代化叙事中的"公平"这一重要维度。公平是中国式现代化发展的规则。公平是中国在实现现代化过程中与国际合作伙伴互利共赢的基本规则。中国在与国际社会共同追求现代化的过程中不仅不搞厚此薄彼的双重标准，而且充分尊重各个国家或参与主体的平等发展机遇。

其次，几乎全部11个调研国的数据都证实，情感维度下辖的三个层面（对华兴趣、对华信任与对华共情）均对海外受众对华态度具有显著影响。国之交在于民相亲，增加世界人民对华的情感认同，推动中国对外传播话语在海外受众的"由脑入心"应成为中国对外传播的重中之重。在对华兴趣和对华共情两个层面，中国已经拥有较好的海外民意民情基础，海外民众普遍对中国展现出愿意进一步了解的兴趣，对中国人民在新冠疫情中的遭遇以及中国人在海外受到的不公平对待均表现出较高程度的同情。中国外宣部门应充分利用这些既有优势，找准进一步强化、提升上述情感取向的传播策略和技巧。正如于运全、朱文博（2022）指出，中国对外话语体系的建构要加强"共通"与"共情"之间的紧密联系，国际传播需要实现的是对人类基本情感的准确感知和传达，做到"你同情我、我同情你"，而后在情感谅解的基础上，尝试在思想理念、理论逻辑、政治话语等理论层面上建构"共通的意义空间"，做到"你理解我、我理解你"；最后实现"共享"，即在价值观上实现道义认同和精神支持，达到"你中有我、我中有你"的最高境界。

从情感上的"共情",到道理上的"共通"再到价值上的"共享",构成了感性认识到理性认识,直至形成正确判断与相互认同的具体过程。

具体对策上,外宣媒体可以通过展示中外民众交流与友谊,增强中外人民的接触、信任与理解。中国国际传播实践可以扩展各种线下和线上跨文化交流创新实践,比如,面向海外受众的"云旅游"和展示外国人在华生活工作现状的短视频等。社会心理学领域的一些研究发现证实,"间接"与"想象"的群际接触均能增加群际信任,提升外国民众的对华好感,构建一种与中国和中国人民的"连接感"。并且,这种积极的心理状态有望持续长久存在,为中国在后疫情时代的外交关系、国际参与与全球协作铺垫友善的海外认知基础。

再次,调研结果证实,虽然影响海外民众对"中国国家形象"感知的因素存在明显的共性(规范性、对华共情、信任等),但在此问题上的国别差异不容忽视。比如,对美国民众而言,中美间实力对比与对华态度呈负相关。对处于激烈竞争关系的大国,对方综合国力的提升可能会给本国民众带来某种自己处于"威胁"或"失败"中的负面情绪,进而降低对对方国家的好感。在印度尼西亚和巴西,有良好认知基础并且对对华感知影响较大的子维度是"目标兼容性",即中国与被试者所在国在全球抗疫、国际反恐、减贫、应对气候变化等方面的目标与利益上具有较高一致性,这说明这两国的民众认可中国在国际事务中所承担的责任和发挥的作用将同时有益于中国与其所在国。对上述两国而言,中国国际传播实践可着重向其打造中国与他国的"目标兼容性",为后疫情时代广泛的国际合作铺垫理性包容的舆论环境。而在俄罗斯和巴西,"美学维度"显著影响了其民众的对华感知,即中国的自然景观和传统文化对其人民的吸引力被积极转化成对华好感。基于这一发现,针对这两国开展更多的双边文化交流(如"中俄/中巴文化年")将有望在当地产生积极反响。本章实证发现的国际受众对华的"差异性"认知再次说明了,当前国际传播要摆脱传播理念不清、受众意识不强、贴近性和针对性不足的"泛对外传播",要认真研究每个国家的特点,针对不同国家和人群,采取"一国一策"或"一国多策"传播。

第四节　本章小节

建构系统性、可量化的全球对华认知与情感指数，描绘清晰准确的海外民众对华认知与情感图谱是后疫情时代提升中国国际传播能力的重要先决条件。只有找准海外民众对中国态度的"误解区""薄弱区"和"良好基础区"，才能有的放矢地生产媒体内容，精准制定对外传播策略。而且，国家形象是一个动态而非固化的概念，中国在世界人民心中的形象也随着国际局势、本国政治经济安全状况甚至民众个体的生活处境，在不断被调整与重塑。由此，及时掌握海外民众对中国的理性及感性认知走向，对中国公共外交和文化宣传部门相关政策的制定尤为重要。

本章通过构建全球对华认知与情感指数量表，明晰多重因素在影响对华认知与感情形成过程中的显著性。首先，海外调研结果显示，"规范性"是影响海外民众对华认知的最重要因素，同时也是中国国际传播中的薄弱环节。针对这一发现，笔者建议，中国外宣部门在国际传播中应增加对中国"规范性大国"的宣传与报道，强调中国对全球环境、非传统安全、健康、贫困等共同关切问题所做出的努力与贡献，阐述中国对提供世界"共同善"层面的扎实投入。其次，在对海外民众对华态度影响较为显著且有良好基础的"对华兴趣"和"对华共情"维度上，中国也应加强其在国际传播中的内容比重（例如展示中外民众交流与友谊，以媒体和传播增强中外人民的接触、信任与理解），构建一种外国与中国和中国人民的"连接感"，为中国在后疫情时代的外交关系、国际参与和全球协作铺垫友善的海外认知基础。最后，对华形象感知上的国别差异需要引起我们的重视。国际传播与全球舆论治理应以充分认识不同国家政治经济状况、历史文化背景和对华政策的差异性为先决条件，不能"全球一盘棋"，应以"区别化宣传"和"定制化沟通"为要义。正如唐润华、刘昌华（2021）所论述的，国际传播的差异化策略实质上是以效果为导向的精准传播，其核心是通过对各种传播资源和手段的精心选择来实现对不同传播对象的传播效果最大化。实行差异化策略需要两个基本前提：一是有比较系统和成熟的整体性战略，国际传播的总体目标和细分目标、各类传播主体的职责和功能等都非常明确，便于实现目标—主体—资源之间的灵活调度和精准匹配；二是对各类传播对象有深入准确的了解，可以为确定针对不同对象的精准化传播提供坚实可靠的依据。本章提出并经由大规模跨国数据建构的国家形象量表有望为中国实现差异化和精准化的传播提供重要参考和依据。笔者建议，在实证的基础上建立多国海外民众的认知模型与数据库，根据特定国别与群体的数据特点进行数据新闻对外传播对策的检验、调试与"入库"，以提升后疫情时代国际传播策略的精准性与预见性。

第八章

技术赋能下国际传播的守正与创新

从融媒体到5G移动通信网络的全面覆盖，再到平台化和现今备受关注的新型人工智能聊天机器人程序ChatGPT，学者们始终关注技术变革为国际传播带来的深刻影响。一个被广泛接受的共识是，新媒介技术正在全面重构国际传播的信息格局。大众传媒时代的国际传播以民族国家的竞争框架为基石，其新闻实践服务于地缘政治利益；而在社交媒体时代，国际传播转向基于虚拟空间的跨国家、跨文化和跨族群传播，看似自由平等，但其无序性与自发性使其忽视了全球风险社会蕴含危机的普遍性。在这一时代特征与技术背景下，无论是中国文化的国际传播、中国国家形象的塑造、中国故事的讲述还是中国文化软实力的提升，都已不可避免地嵌入新的技术手段，并将基于对技术内在逻辑的准确理解形成新的发展思路。与此同时，万变不离其宗，在国际传播的进程中，"以人为本"的理念仍然是指导具体实践的核心要义。无论信息通过哪种新型媒体或平台传递，人类的思维方式、情感体验和政治社会文化背景仍然是影响传播效果的决定性因素。真正能够消除偏见、建立信任、打动人心与引发共鸣的仍然是那些能够贴近人性、理解受众情感和文化差异的内容。本章聚焦于以深度平台化、元宇宙、人工智能与数据新闻为代表的媒介技术演进过程中中国国际传播策略和实践的守正与创新。

第一节 平台化与国际传播中的多元主体

随着传播技术的迭代和媒介环境的变化，平台化已成为媒体发展的新特点，由跨国平台主导形成的"平台生态系统"（platform ecosystem）成为人们日常生活与社会实践的支配性力量，推动网络社会向平台社会（platform society）发展，使全球治理呈现出平台化的新趋势，也为全球传播体系变革提供了全新的想象空间（戴元初、刘一川，2022）。平台不仅正在成为新的国际传播阵地，并且超越传统国界疆域，通过"为你推荐"等基于智能算法的信息流界面塑造用户的信息议程，催生出叠加在原有国族身份认同之上的虚拟身份认同，拉动全球用户针对特定国际事件的"泛传播"（常江、杨惠涵，2022）。依托全球媒介平台提供的连接可供性，世界范围内建立起无穷的个体间的数字连接，既显著提升了气候、环境、性别、种族、人权等全球普遍性问题的能见度，也将地方性的事件和社会运动上升到国际关注的层面。正如"黑人的命也是命"（Black Lives Matter）这样原本发生在单一国家的地方性社会运动，由于跨境数字平台和信息的大规模自动化传播而发展为全球性的媒介事件，其话语势能超越国界、文化和地域，成为国际传播实践中一种自发的、难以预测和控制的结构要素。可以说，正是跨国数字平台的存在，改变了人们对"本地""远方"和"世界"的空间感知（常江、罗雅琴，2023）。

全球社会平台化的进程加速使数字平台已成为互联网时代的新型信息基础设施，传播资源由以往的传统媒体拓展到多平台、多主体，而国际传播也正式进入平台化传播的新阶段（廖秉宜、李姝虹，2023）。依靠来自中国政府的"互联网＋"的政策支持、广阔的本土市场、中华文化认同的向心力和庞大的用户基数等优势力量，中国数字平台产业已经形成与硅谷巨头并驾齐驱的全球数字经济"双引擎"，打破了美式"媒介帝国主义"对国际传播的垄断地位。以字节跳动旗下的短视频平台 TikTok 为例，截至 2023 年 7 月，TikTok 已经拥有超过 11 亿的全球月活跃用户，成为 Facebook、YouTube、WhatsApp 和 Instagram 之后的第五家月活超过 10 亿用户的全球数字媒体平台，也成为全球最受欢迎的十大网站与平台中唯一来自美国以外的应用，从而打破了硅谷巨头对社交媒体平台的垄断。TikTok 激活了短视频产品形态的内生潜力，依靠流媒体和社交媒体平台的"算法推荐、迷因效应、网红经济、带货直播和虚拟货币"等多种"短视频＋"衍生业务，实现了对硅谷巨头的"弯道超车"（史安斌、朱泓宇，2022）。

如何进一步建设和利用全球数字平台成为提升中国国际传播效能的重要课题。中国迫切需要从国际传播的平台理念、平台内容、平台技术、平台渠道、平台规制以及平台人才等方面发力，打造自主可控的新型数字平台，通过创新国际传播平台战略，向世界展示真实、立体、全面的中国形象。李鲤（2021）从"平台赋权个体""平台赋能数据"和"平台赋意话语"三重维度，考察平台化为中国国际传播主体特征、价值空间和叙事方式带来的整体性变革。史安斌、童桐（2021）由此提出"平台世界主义"的概念，强调从平台的媒介逻辑出发，考察国际传播和跨文化传播向"转文化传播"升维并影响全球政治经济结构的可能性。

深度平台化不仅为国际信息传播提供了更多元化和个性化的渠道，个体可以更直接地参与国际对话，还加强了跨越文化交流和理解的可能性，有利于建立跨国界的共鸣。与此同时，"多元传播主体"有时也带来"多种噪音"，根植于一些西方民众心中的意识形态对立与偏见，也将借由平台化扩大与弥散。如何坚守国际传播中的人本理念，将全球社交平台中"多元参与"与"多样意见"为我所用，在信息生成与传递过程中弘扬文明互鉴、塑造包容性与世界性的认同取向，并及时有效地探测与澄清涉华虚假信息与歧视话语，是中国深度拓展平台化国际传播实践过程中的重中之重。

第二节　元宇宙、虚拟场域与国际传播

元宇宙作为近年来学界与业界持续探索与建设的新方向，也为国际传播的发展带来新理念与新效能。2021年10月28日，Facebook宣布改名为Meta（元宇宙）。Meta首席执行官马克·扎克伯格（Mark Zuckerberg）说道："我认为元宇宙是互联网的下一个章节，这对于我们公司而言同样如此。"扎克伯格将Meta定位为连接人的公司，旨在将人置于技术的中心，加强技术之间的互用性（interoperability），给人一种在场的体验。同年11月，微软在Ignite 2021技术大会上将元宇宙定义为，"它是一个持久的数字世界，与现实世界的人、地点和事物等方方面面相连

接",并发布了两项计划,宣布向元宇宙领域进军。

从概念上来看,喻国明、耿晓梦(2022)从媒介与现实世界的角度出发,将元宇宙定义为"集成与融合现在与未来全部数字技术于一体的终极数字媒介,它将实现现实世界和虚拟世界连接革命,进而成为超越现实世界的、更高维度的新型世界"。其中区块链技术、交互技术、电子游戏技术、人工智能技术、智能网络技术和物联网技术是元宇宙技术架构的核心。张洪忠(2022)等人则聚焦于虚拟世界,从具身传播角度出发,将元宇宙描绘为"用户以数字人形态进入虚拟空间活动的一种场景"。

元宇宙与国际传播的关系呈现出一种全新的互动模式,为人们在数字环境中建立更加深刻的跨国联系提供了机遇。作为人与物共生的平台,元宇宙指向了国际传播中多主体平等化参与的特征,元宇宙本身所带来的具身化、虚拟化和多感官的技术想象为国际传播带来更多的可能性,其开放性特征与人类命运共同体理念也高度契合(李彪、曹时雨,2022)。张龙、曹晔阳(2022)则指出,国际传播将升维为由人与物的多元行动者共同参与的元宇宙国际传播,其大致包含三条发展路径:第一,以共建的理念为基础,去中心化的共享机制和共治机制能够在极大程度上消解数字地缘政治的影响,实现多主体、平等化的元宇宙国际传播;第二,以具身传播技术为基础,人的身体能够在元宇宙平台中引入更加多维的数据流,有助于实现精准化的元宇宙国际传播;第三,以开放的可编程性为基础,元宇宙能够加强技术之间的互用性,进一步整合平台的各个层级,从而推动实现社会化的国际传播。

元宇宙对中国国际传播效能提升的意义在于,首先,它提供了更加沉浸式的交流方式,使用户可以在全球范围内与不同国家和文化背景的人实时互动,海外民众也因此可以更直观地体验中国的文化和观念,这无疑对消解西方主流媒体的涉华偏见性报道具有重要作用;其次,元宇宙还促进了全球范围内的数字协作与创新。通过虚拟空间,人们可以跨越地理距离,共同参与各种项目和活动,促成中外普通民众之间全球性的合作和创意交流。正如本书第四章论述的,长期以来,群际接触(intergroup contact)被认为是促进群际关系的金牌法则。群际接触假说认为,群体偏见是由于某一群体对另一群体缺乏充足信息或存在错误信息而产生的，群际接触则为获得新信息和澄清错误信息提供了机会。自群际接触假说提出以来，群际接触可以改善对外群体的态度这一结论已经被普遍证明，多项研究发现，越多接触目标群体，越可能显著地提高对该群体的喜爱程度。元宇宙为中外民众之间直接的群际接触与协作提供了绝佳的场域，对强化"世界性认同"和塑造"世界性公民"的作用不容小觑。另外，元宇宙伴生而来的隐私与安全性的问题也引起了多个领域的学者和政策专家的关注。在元宇宙时代，如何平衡开放性和安全性，确保交流的"真实性"，是国际传播需要思考的关键议题。

第三节　人工智能技术引领下的国际传播新趋势

随着人工智能技术的发展与应用，社交机器人、算法推荐、深度伪造等技术逐渐成为国际传播的重要手段，从传播主体、渠道、内容、环境等方面重构着当今的国际传播格局。如果说平台化对国际传播带来的首要变革是造成了传播权力的让渡，此前由机构媒体掌控的内容生产与发布的专擅性、垄断性地位被打破，普通互联网用户也成为国际传播中的重要主体；那么人工智能的发展进一步将国际传播权力让渡给了"非人"的参与者。

其中最具有代表性的社交机器人 ChatGPT（Chat Generative Pre-trained Transformer）的横空出世引发了中国国际传播学者对其重塑跨国传播交往模式的思考以及可能带来的多层次的风险隐忧。例如，王维、张锦涛（2023）从传播主体、传播内容、传播受众和传播话语等四个维度来分析，认为新一代人工智能演进下的国际传播发生了信息失范乱象加剧、形式内容更加丰富、受众定位逐步精准和传播体系技术占比持续上升的范式转变。何天平、蒋贤成（2023）认为，一方面，ChatGPT 具有较强的跨语际适用性。ChatGPT 已支持数十种语言的交互和多语种文本互译，这减少了不同国家公民跨越语言、文化樊篱获取资讯的障碍。对以 ChatGPT 为代表的新一代人工智能技术而言，基于神经网络算法和大规模数据样本开展机器学习的翻译软件（如德国的 DeepL 和 Meta 开发的 S2UT）

赋予了翻译较强的精度，强化了非英语国家居民参与全球社交平台的信心，赋予了全球南方国家在话语场域发声的能力。语言障碍的消弭还增添了个体了解他国和世界的动力，推动了逆全球化浪潮中不同国家的重新连接。另一方面，ChatGPT 表现出"无所不知"的超级百科全书特征。相对而言，更低的检索难度、更高的检索质量一定程度上有利于用户摆脱信息爆炸时代带来的认知过载，重启个体探索其他国家、文明的热情与活力，通过营造全球共通的关切点、好奇心、求知欲，促进不同国家之间的精神交往。

然而，我们需要充分意识到人工智能虽然是国际传播实践的创新引擎，但并不是"灵丹妙药"。例如，周亭、蒲成（2023）从风险治理的角度，认为 ChatGPT 基于无所不能的智能生产能力，有可能使用户养成不假思索的使用习惯，产生不由自主的态度认可，最终形成不容置疑的认知依赖。其已超越单一的渠道和平台角色，成为国际传播生态中的独立传播者，存在成为极端言论新管道、危害网络与数据安全、加剧全球数字不平等、削弱人类文化多样性的潜在风险。将人工智能应用于国际传播实践中，对长期处于意识形态对立的国家的民众而言，还有可能强化用户既有的信息和立场偏见，甚至沦为舆论认知战工具和延宕国际冲突。此外，尽管各种 AI 软件在语言翻译方面已经取得了长足进展，但仍存在文化差异所导致的误解，有些语境和文化特有的含义较难被准确传达，从而影响国际传播的有效性。确保人工智能在赋能普通民众和便利国际交往的同时，规避其负面效应的可能性，值得中国国际传播学者和信息技术领域的专家持续深耕。

第四节　让"数据"说话：数据新闻提升国际传播信度

与平台化、元宇宙和人工智能更多地便利普通民众的信息接触与跨境传播不同，传统的新闻生产领域也在数字时代迎来了深刻的变革。以数据新闻为代表的新型新闻叙事模式为提升中国主流媒体与新闻业的国际传播效能提供了有力的工具。

数据新闻是指基于数据的抓取、挖掘、分析和可视化呈现的新型新闻报道方式（Coddington, 2015）。在以算法驱动的平台媒体模式对传统媒体造成巨大冲击的背景下，数据新闻展现出强劲的生命力。由于生产过程中的科学化与客观性，数据新闻在传播力与劝服性方面具有传统新闻报道形式难以比拟的"天然信度优势"。这是由于受众倾向于对数据新闻提供的基于数字、科学和量化的报道给予更多的信任，认为其是"中立客观"且"去意识形态偏见"的（Appelgren et al., 2019；Knight, 2015；Zamith, 2019）。此外，数据新闻作品常常具有趣味性、交互性，即通过报道内嵌的设计充分与受众互动，更好地与受众形成意识链接。由此，数据新闻在矫正虚假信息和实施劝服等方面的传播效果已得到中外学者的广泛论证（Parasie and Dagiral, 2013；Tandoc and Oh, 2017）。鉴于外国受众常常认为中国官方媒体及其采纳的传统新闻叙事形式带有政治宣传目的和意识形态色彩，以数据新闻的形式将中国的内政外交等事务进行对外传播能够有效提升中国对外传播主体的公信力，促进外国受众视中国新闻媒体为权威和可靠信源。

近年来，中国数据新闻业发展迅速，但其运作专业化程度和产品质量距西方发达国家尚有差距。数据新闻在西方素有传统，最早可以追溯到 20 世纪 50 年代。2000 年，随着数据和数据技术的兴起，数据新闻在西方进一步普及。以英国《卫报》、美国《纽约时报》为代表的西方媒体开始开设"数据新闻"专栏，并产出大量优秀作品。中国的第一个"数据新闻"专栏成立于 2011 年，为搜狐的"数字之道"。此后，从互联网新媒体起步，数据新闻开始日渐在传统媒体普及。目前在中国，不仅国家级媒体纷纷引进数据新闻人才，设立数据新闻团队，不少省级地方媒体也开始开设数据内容专栏。在对内传播层面上，从新闻价值的选择到伦理道德的权衡，数据新闻的公共服务导向已经成为共识。但站在国际传播的角度，国内数据新闻团队的成果输出与一些西方媒体还存在差距。中国数据新闻团队的国际传播潜力和效能仍未得到充分认识与发挥。国家相关媒体及文化部门应加大对数据新闻的投入，扶持数据新闻机构持续产出高质量、多语种、以国际传播为导向的对外数据新闻作品，并鼓励其参与国际数据新闻奖项的角逐，扩大国际影响力。

在国际传播实践中，数据新闻从业者应明晰海外受众对华认知的痛点与盲区，着力打造中国"规范性大国"的国际形象。近年来，数据新闻已逐渐应用于中国对外传播实践中。比如，中国外宣媒体 CGTN 专门设立数据新闻板块，产出了一些高质量的数据新闻作品。然而，国家相关部门在此方面投入仍然不足，并且未能找准海外民众对华认知偏差产生的根本性因素。当前用于对外传播的数据新闻作品多聚焦于中国在中国共产党和政府的带领下所取得的"功能性"层面的成就（如政治稳定、经济发展、科技创新、人民生活水平提高等），较为忽视对中国在对外事务和国际社会参与中"规范性"层面的报道与宣传（如中国参与海外维和行动、新冠疫情期间向第三世界国家提供疫苗援助、切实保护环境并控制碳排放等）。中国外宣媒体和对外传播主体应拓宽传播内容，充分利用数据新闻自带"中立性""科学性"与"客观性"等特点，以更多数据导向的作品，着力打造中国作为"规范性大国"的形象，驳斥西方右翼政客与媒体对华的歪曲，矫正外部认知与中国现实之间的认知错位，提升中国国际传播能力，赢得海外民众对中国的信任与好感。

此外，应根据国情差异，制定"精准化"与"定制化"的数据新闻投放。应充分借用数据新闻的信度优势，着力传播中国在承担国际责任方面的贡献，需要强调的是，由于国情差异的原因，不同国家和地区的民众最为关心的全球性威胁和他们更期待中国承担的国际责任的侧重点有所不同。比如，欧美国家民众或许较为关心环境问题，而非洲国家民众可能更关注粮食安全，中东地区的民众较为担心恐怖主义袭击，等等。建议中国公共外交和宣传部门采纳比较的视角，对不同国家与社会的差异复杂性充分解析，设计精微得当的数据新闻投放对策。具体来说，运用一系列指标（地缘政治与对华关系、经济发展水平、文化接近性等）将全球主要国家进行分类。在此基础上，针对不同类别的国家打造有针对性的数据新闻主题和可视化及互动方式，实现数据新闻对外传播的"在地化"与"精细化"建构，最大程度上提升国际传播效果。本章还建议在实证的基础上建立多国海外民众的认知模型与数据库，根据特定国别与群体的数据特点进行数据新闻对外传播对策的检验、调试与"入库"，以提升后疫情时代国际传播策略的精准性与预见性。

第五节 "数字隐忧":技术变革下国际传播的潜在问题与挑战

一 "技术政治"与大国博弈

任何技术都会带来新的问题、挑战和不平衡,中国学者也意识到需要避免陷入"技术决定论"(technology determinism)的误区。包括平台化、元宇宙、人工智能和数据新闻在内的数字技术并不天然地具有公平、公正和全球普惠的特征,而是成为"技术政治时代"中新的权力争夺对象。全球性媒体平台在构建全球治理新秩序的过程中蕴藏着巨大潜力,也因其集中在少数西方资本和巨头手中而不可避免地存在系统风险。围绕信息技术和平台系统的"数字地缘政治"(digital geopolitics)也正在成为影响国际政治格局的新变量,有关全球数字政策的大国博弈乃至"信息战"也将加剧。根据《财富》世界500强(Fortune Global 500)发布的统计数据,2022年上榜的互联网服务公司共6家,中美各占三席,平分秋色;分别为美国的亚马逊、谷歌的母公司Alphabet、Facebook的母公司Meta Platforms及中国的京东、阿里巴巴和腾讯。这标志着中美两国"共治"网络空间的物质基础和基本格局业已稳固(史安斌、朱泓宇,2022)。基于中美之间在数字地缘政治场域的分庭抗礼,从特朗普到拜登,美国近年来在"技术多边主义"框架下布局构建技术联盟,对中国科技发展和应用进行舆论攻击。面对美国主导的全球技术政治新格局,有学者指出,"我国需要从被动反应者转变为主动参与者,一是持续打造具有全球竞争力和全球公共服务性的数字平台,分区域、分主体支持平台企业通过市场化机制出海,对抗数据霸权;二是伸张基于全球互联互通的网络正义观,协同国家政府、国际组织、平台企业以及个人行动者,把握'共享发展'的主线,坚持以多利益攸关方为基础的数字技术治理,推动全球平台传播规范的对接和跨境数据流动规制的建立"(李鲤,2021:62)。

正如姬德强(2021)所论述的,数字技术因其商业基因和资本驱动而充满市场偏见,并受到"数字地缘政治"的限制而呈现出世界版图的撕裂。这一数字断裂也给源自中国的商业平台和另类平台的成长发展与全球扩张预留了空间,"尽管平台资本主义逻辑具有全球一致性,但平台所扎根的社会文化环境具有连续性和差异性",而"相对独立的中国平台……在呈现出商业上的规模效应之后,能否激活数字文化的国际传播力,既取决于中国语境下传播社会的生命力,又取决于主动自觉地追求中国语境与世界发展和人类未来命运的整体性视野"(张毓强、庞敏,2020)。中国国际传播既要搭建平台、赋能数据,又要规制平台、善用数据,在迈向全球数字治理的整体语境中,形构政府和民间多元行动者共建"网络空间命运共同体"的能力。

二 "情感绑架"与"信息污染"

此外,面对数字媒体生态的"情感架构",笔者认为国际传播必须建构适当的边界,避免平台经济的情感"绑架"。在算法的"培育""刺激"乃至"引导"之下,情感的生成有时并不基于对他者遭遇的理解和对差异文化的兴趣,而更多是对既有价值和立场的选择性增强;当人们接触到算法推荐的信息时,会快速地触发熟悉的认知图式并唤醒既有情感,因而同化的情感总是不断被生产出来。因此,对国际传播来说,既要看到情感要素在数字平台时代的有效性,主动把握情感化内容生产传播的规律,鼓励能够激发国际受众共情体验和正向反馈的实践模式;也要认识到算法不断制造情感同质化和极化结构的倾向,防止过度情绪化对多元理性内容的遮蔽(常江、杨惠涵,2022)。

除被情感绑架以外,数字化国际传播的另一个风险是由于社会中固有的结构性偏见、歧视、暴力等因素导致人的判断的缺位而融入数据之中,造成难以察觉的信息污染。机器人内容生产也加剧了虚假信息的传播。当前国际传播场域内充斥着大量 AI 生成的内容,在 5G 技术的支持下,图像化和视频化的信息变得易于在范围内传播。这对国际传播内容的识别和判定工作来说愈加复杂,基于虚假信息的载体已经从假文字过渡到了假照片和假视频,加剧了国际传播内容不可控性的复杂程度。更为重要的是,现有研究已经表明,即使人们知晓内容可以被深度伪造,并且能够意识到自己刚刚接触到了伪造的内容,但哪怕只是短暂的接触也会产生强大的心理效应，从而促使其改变自己的（隐性）态度和意图。因此，深度合成技术造成的负面影响不仅在于让信息变得真假难辨，更加速了国际受众的认知错乱和理性崩溃。当个人的信息识别能力无法分辨深度合成内容的真假，这最终有可能导致其区分真实与虚假的初始动力的丧失，造成"对真实的漠然"（常江、罗雅琴，2023）。这一被技术强化的"后真相"的时代特征点尤其为中国国际传播能力和国家形象建构带来挑战——海外民众对华负面感知和情绪一旦形成，短期内难以矫正。本书在第二、第三章，从社会心理学的视角探讨了驳斥涉华虚假信息与极端种族言论的路径，在此，笔者呼吁信息技术领域的专家学者从技术和算法的路径研发行之有效的软件包和工具，用以快速准确地识别国际舆论场域和社交媒体上的涉华不实言论并予以反制，避免其大规模扩散后面临的澄清困境。

三 技术变革与数据安全

中国学者和政策领域的专家还需要警惕技术变革背景下可能带来的数据安全和数据主权的问题。数据主权（data sovereignty）是指在大数据、云计算背景下，对本国的数据、数据基础设施及本国国民的跨境数据拥有所有权、控制权、管辖权和使用权，是国家数据主权和个人数据权利的总和，体现为对内的最高数据管控权和对外的数据处理权（Hummel et al.，2021）。数据主权是国家在平台化时代极为重要的权力，它以国土疆界为基础，却又超越国土疆界，以互联网企业和大数据机构为对象进行监管，而非对他国军事力量进行防御。国际上对信息、数据等资源的竞争越发激烈，数据主权的提出实际上是信息弱国对信息强国垄断数据资源的一种对策，也是对美国主导的世界平台体系的一种抵抗。它一方面有助于唤醒各国及其公民保护好自己的数据，以此抵抗新自由主义意识形态下西方资本力量的剥削，避免公民成为数字商品或数字劳工；另一方面也有助于推动各国积极参与数据主权的争夺和合作，在世界范围内对数据资源进行战略布局（张龙、曹晔阳，2022）。

技术的演进催生和激化了国家之间的信息冲突的可能性，国民对国家地缘安全的愿景也由传统的对军事力量的期待转为对线上技术主权的憧憬。相较于实际的军事冲突，公众更加担心可能爆发的"数字冷战"，技术安全感被提升到一个新高度，技术所携带的政治因素越来越高，技术博弈升级为和平年代的国际竞争（王维、张锦涛，2023）。

在技术主权和技术安全层面，一些国家已经通过制定法律或规则来维护数据主权，以及限制本国数据向境外流动。如美国在2018年通过《澄清域外合法使用数据法案》（Clarifying Lawful Overseas Use of Data Act），将美国互联网企业铸造成自身在"网络空间的国土"，借助美企的互联网行业市场份额扩展国家数据主权。同年，欧盟也颁布了《通用数据保护条例》（General Data Protection Regulation），其中就规定要保护欧盟成员国公民的个人数据和隐私，限制个人数据在欧盟管辖范围外出口。该条例不仅适用于在欧盟内成立的企业和机构，也适用于向欧盟内的主体提供商品和服务或者对欧盟内主体行为进行监控的欧盟外的企业和机构。中国则于2021年11月1日起施行《中华人民共和国个人信息保护法》，在公共安全和数据跨境方面做出具体规定，包括对其他国家和地区的歧视性禁止、限制措施采取相应手段的制度。

上述隐忧证实了技术变革背景下，互联网全球治理和国际传播秩序重建的迫切性。然而，现存的互联网治理体系在国际传播场域遭遇系列危机：2003年、2006年，国际电信联盟（International Telecommunication Union，ITU）分别在日内瓦与突尼斯市举行第一、第二阶段的信息社会世界峰会（World Summit on the Information Society，WSIS），两个阶段会议和筹备委员会会议向各国政府、工业界和民间等开放，共同参加国际传播政策的多元讨论。2016年，美国将互联网名称与数字地址分配机构（The Internet Corporation for Assigned Names and Numbers，ICANN）移交给全球互联网利益攸关社群，并推行自上而下网络空间治理的多利益攸关方模式，倡导公平和自由。然而，以算法黑箱为技术支撑、资本和市场为运行机制、地缘政治为背景的国际传播新样态，使在现有互联网资源格局下，全球多数国家和多数人口根本无力行使这一公平和自由，数字时代的国际传播场域呈现出更深重的不公平。

第六节　本章小节

　　2023年11月，习近平总书记向2023年世界互联网大会乌镇峰会开幕式发表视频致辞，指出，"互联网日益成为推动发展的新动能、维护安全的新疆域、文明互鉴的新平台，构建网络空间命运共同体既是回答时代课题的必然选择，也是国际社会的共同呼声。我们要深化交流、务实合作，共同推动构建网络空间命运共同体迈向新阶段"（人民日报，2023）。面对数字化带来的技术赋能，各国本应携手一道构建网络空间命运共同体，以数字合作推动全球发展、促进人类福祉。然而，现实情况是，掌握数据收集、算法推荐、智能分发等核心技术的跨国媒体平台成为国际传播的新阵地。在这一背景下，技术能力的强弱成为除话语体系外衡量国际传播能力的一项新标准。在技术变革带来的国际传播新趋势中，既渗透了技术逻辑的理性与效能，也容纳了市场逻辑逐利的天性，更内嵌了权力逻辑的博弈与控制。针对数字技术带来的风险与隐忧，学者、政策与法律专家目前的办法主要是将对伦理问题和社会危害的考量纳入大型语言模型的测量和评估框架。"用技术对抗技术"仍是较为务实的思路。立法方面的持续跟进也有效保障了数字技术的良性发展。例如，中国2021年出台《中华人民共和国个人信息保护法》和2022年6月对《中华人民共和国反垄断法》的修改，都是在"国家在场"的前提下，有效抑制平台垄断局面，控制资本无序增殖，引导平台健康发展，保障海内外基层用户的权益，确保人工智能、算法推荐、区块链等前沿技术的"人文关怀"导向，积极参与全球互联网空间的协同治理，强化以中国为代表的全球南方国家在全球互联网和数字空间治理中的重要性和话语权。

　　中国数字媒体平台与互联网企业把握时代之势，完成了从"借船出海"到"造船出海"的重要转变。需要铭记的是，中国媒体平台走出去，不是要抛弃自身植根的文化传统，盲目地进行多种文化的叠加与混杂；而是需要在保留、发扬中华优秀传统文化的基础上，找到自身文化与其他文化的接近性与切入点，以"融合共生"的文化互构理念生产和推送内容产品，进而打破既往国际传播中根深蒂固的"全球/本土""传统/现代""东方/西方"等二元对立的类别区隔和认知定式（史安斌、朱泓宇，2022）。

正如控制论创始人维纳（Wiener，1960）所说的："我们必须坚持发挥自己的想象力，以充分检视那些新的应用模式会将我们引向何方。"技术赋能下国际传播的守正与创新、效率与公平、机遇与挑战都获得了学者和政策专家前所未有的关注。以深度平台化、元宇宙、人工智能和数据新闻为代表的技术革新于国际传播而言，究竟是"灵丹妙药"还是"洪水猛兽"，最终取决于人对技术的驾驭和对价值的坚守。因此，国际传播的实践者要充分认识到技术的局限性，做好信息把关和社会瞭望的职责，以价值理性引导工具理性，以主流价值观驾驭算法技术，更好地向世界展现真实、立体、全面的中国。

第九章

结　论

　　国际传播作为一种民族国家间的信息流动、意义生产和价值交往现象，受惠于从烽火到轮船到电报再到卫星和互联网的技术革新，随着现代资本主义全球化进程而逐步拓展，在两次世界大战及冷战以来的国家间信息传播中迎来发展高峰。20 世纪国际传播在新型社会科学领域发展成为一门独立的学科以来，国际传播始终带有反映同时代的政治—经济权力归属的问题意识，人们论争：在对彼此竞争的各国实力进行经济、军事和政治目标宣传中，国际传播发挥了何种作用？但同一时期，不同于"政治—经济权力结构"的另一种关于国际传播的研究范式——文化研究路径则更多地聚焦于国际传播在创造、沟通和维护共同价值观、身份和意义中的作用。

　　中国作为世界上最大的发展中国家，基于自身的社会主义建设实践，逐步发展出构建和谐世界和人类命运共同体的包容性话语体系。中国的国际交往活动也推动着国际传播的多边化进程，在助力全球南方国家崛起的同时，以有别于西方的中国式现代化重构着自第二次世界大战结束以来统治着国际传播话语秩序的"资本主义元叙事"，为国际传播的理论创新提供了一面"结合了东亚礼乐秩序和社会主义现代性的学术棱镜"（姬德强，2022）。

　　2009 年以来，在十多年系统性的国际传播能力建设努力后，中国的大外宣格局初步构建。但随着世界进入"百年未有之大变局"与全球传播加速进入平台化时代，中国国际传播环境正面临前所未有的机遇和一系列潜在的挑战。中国综合国力的不断增强，中国前所未有地走近世舞台中央，与网络平台化的兴起共同助力于打破以全球信息失衡流动为特征的既有国际信息传播格局，为中国塑造有别于西方叙事的、具有事实公信力、道义感召力和国际舆论影响力的全球话语场域提供了结构保障、技术支撑与民意基础。与此同时，世界格局变迁进程加速，"东升西降"形势凸显，加剧了西方世界对中国崛起的集体焦虑。基于意识形态的对立性及其思维深处里认定的其政治制度"优于中国制度"的傲慢，各类涉华虚假信息、阴谋论与极端种族主义话语将许多西方民众固定在被"立场过滤"后的"信息茧房"之中。意识形态偏见和价值观鸿沟在当前保护主义和对立隔绝情绪弥漫的国际环境中，更被别有用心的西方政客和媒体大肆渲染，部分西方国家对中国的污名化现象层出不穷。在此背景下，中国国际传播实践中未完全实现有效沟通，中国价值传播长期处于一种失语的状态。

在机遇与挑战并存的大变局时代，中国国际传播的推进基点在变化，思维逻辑与实践路径也在不断革新。党的二十大报告指出中国式现代化，国际传播需要现代化，重中之重就是国际传播效能的提升。在传播研究和媒介研究的演进中，国际传播效能的提出接续大众传播时代效果研究的传统，又启迪着当今媒介环境巨变下对传播效率、传播能力的全新追求（吴炜华、黄珩，2022）。国际传播效能的提升关乎中国国家形象的树立与传播，也关系到在多变的全球地缘政治生态中对国际舆论的引导与影响。唯有切实提高国际传播影响力、中华优秀传统文化感召力、中国形象亲和力、中国话语说服力和国际舆论引导力，方能在复杂的国际背景下，向世界展现真实、立体、全面的中国形象，形成同中国综合国力和国际地位相匹配的国际话语权。

国际传播效果研究对推动国际合作、促进文明互鉴同样具有积极作用。国际传播的核心在于增进不同文化间的理解，消除信息隔阂，从而搭建起更为开放包容的国际传播平台。习近平主席提出的全球文明倡议是中国引领全球治理体系改革建设的重要方案。习近平主席指出，要以文明交流超越文明隔阂，以文明互鉴超越文明冲突，以文明共存超越文明优越，作为国际传播的根本逻辑。文明互鉴，是不同民族在文化交往中，主动和内在地跨越文明的边界，吸收其他文明的成果并运用到实践中，使之成为自身价值体系或社会活动的一部分。文明互鉴是建立在中华优秀传统文化开放包容的特性之上，致力于构建平等对话交流的国际传播体系。在当今全球文化交往中，文明互鉴传播理念的主要内涵，体现为文明之间的平等与尊重、开放与包容、对话与沟通、创新与发展（张明新、何沁蕊，2023）。通过深入研究国际传播效果，能够更好地把握文化差异，推动各国人民交流合作，助力构建一个相互尊重、共同发展的国际社会。

在全球化的时代，国际传播效果研究不仅是新闻传播学科的一项重要议题，也是关系国家软实力、国际形象与国际话语权的重要前提。通过深度研究和精准分析，能够更好地把握国际舆论走向，更灵活地应对国际挑战，为中国的和平发展赢得更多的国际支持，找出凝聚国际共识的"最大公约数"，画就中国海外朋友圈的"最大同心圆"。

国际传播效能的提升则离不开基于科学实证范式、聚焦于微观个体效果的研究。秉持"微观接收研究"需获得与"宏大叙事建构"的同等重视的研究理念，本书在充分吸取现有聚焦于国家传播战略的顶层蓝图设计的研究的启发之下，以海外受众个体为切入点，进行信息接收层面的微观剖析。通过深入挖掘国际传播的机制和规律，理解海外受众的心理版图与情感路径，本书的研究发现期望能够为更有针对性地应对国际上涉华负面信息的传播，提升海外民众对中国的认知和好感度，从而更好地维护国家形象和加强国际话语权，提供实证支撑与政策参考。作为本书的结论章，本章将整合本书的实证发现，描摹出中国国际传播话语体系建构和国际传播实践的重构图景，以期在风险与机遇并存的大变局时代，为提升中国的国际传播效能和话语软实力提供参考。

第一节　本书主要研究发现

本书聚焦于大变局时代背景下中国国际传播能力的现代化建设中的三个具体方面：一是对涉华负面信息的驳斥能力；二是国际对华感知的改善能力；三是传播效能的评估能力。在百年未有之大变局的时代背景下，本书提出国际话语权确立与国家形象建构过程中"破"（澄清与驳斥涉华负面信息）、"立"（提升对华好感度）并举的"双轨驱动"机制；并采取实证主义的研究范式，以大规模跨国别的媒体实验与问卷调查为研究方法，对既有研究者提出的宏观战略与具体路径进行一次系统的、聚焦于微观个体（海外民众）的实证补充，以丰富中国国际传播效果研究。本书的主要发现总结如下。

第一，就反制能力提升而言，本书提出后疫情时代涉华虚假信息、极端情绪与仇恨言论的具体驳斥与反制策略。当前各类涉华虚假信息在以美国为首的某些西方国家大行其道，随之而来的针对华裔群体的极端情绪与仇恨言论也大肆泛滥，去伪存真、正本清源是国际舆情治理的当务之急，更是避免信息与社会安全上升为政治安全的当今之务。在本书中，笔者提出四种澄清涉华虚假信息与阴谋论的办法，分别为"预先接种法""科学信息矫正法""虚假信息祛魅法"与"群际关系重塑法"；在规制针对中国人与海外华人华侨群体的极端情绪与仇恨言论方面，笔者提出"提升群体间共情"与"构建共享认同"两种具体路径。由此，本书系统性地梳理与检验涉华不实与负面信息的媒介驳斥路径，拓展国际舆情治理的新思路，构建健康、理性与安全的国际传播环境。

第二，就认知改善而言，本书挖掘与整合增强国际传播与公共外交效能、改善海外民众对华态度的现实路径。国之交在于民相亲，国际传播的主要归依是海外民众，目的是提升海外民众对中国国际传播内容的信度，增进其对华了解与信任，提升其对华好感。在大国博弈的背景下，随着多边合作的减少以及大国关系的"脱钩"现象加剧，公共外交与国际传播实践在重建全球信任与促进国际合作方面的潜力备受关注。在国际传播中"立"的维度上，本书提出两种提高公共外交传播信度与效能的叙事策略，分别为"双面叙事"和"内群体叙事"；拓展四重改善中外群际关系的具体路径为"构建共享认同""去刻板印象""延伸交往"与"积极想象"，为提升中国国家形象建设及国际传播的公信力和说服力提供行动指南。

第三，就评估能力而言，提升中国国际传播能力要以准确、清晰评估国际传播效果和了解世界对中国的态度与情感取向为重要前提。在参考既有研究的基础上，本书建构系统性的"网络视听国际传播效果评估指标"和"中国国家形象量表"。具体来说，衡量中国媒体内容与网络视听国际传播效果的四重指标为"兴趣度""信度""认可度"与"亲善度"。四重指标紧密相连、层层递进，共同为提升中国网络视听平台与内容的国际传播效能提供具体衡量指针。而"中国国家形象"在本书中也被扩展成一套多维度、系统性、可量化的综合量表，该量表既包含海外民众对中国较为宏观的国家发展、国际参与、文化景观等层面的看法，也包含其对中国和自身所在国家双边关系与实力的评估，以及海外民众对中国和中国人持有的情感性认同，比如兴趣、信任与共情。

第二节　国际传播效果研究的未来方向

在国际传播研究领域，中国学者通过不懈努力和深入研究，已经构建起一个丰富多彩、不断向多学科多角度纵深发展的庞大学术体系，为政策领域的专家、国际传播从业者和普通大众认识世界、理解文化交流、规划信息传播实践活动贡献了深厚的智力支持和学术保障。本书以大规模跨国别的量化实验和问卷调研结果为基础，为国际传播效果研究提供实证补充。同时笔者认为，国际传播效果研究仍有诸多令人期待的方向值得进一步讨论。在本书的结论章，笔者提出以下几个引人深思的方向和议题，期望为后续的学术探索提供借鉴，分别为：采取中长期导向的效果研究新范式；采纳代际视角，聚焦面向全球"Z世代"的国际传播；从方法论层面，加强国际传播研究创新。

一　采取中长期导向的效果研究新范式

本书采取实证主义范式，综合运用控制实验和问卷调研等研究方法考察海外受众对中国国际传播内容的接受效果。控制实验作为新闻传播领域中应用最广泛的研究方法之一，在做关于"媒介内容接触"和"个体态度变化"的因果推断时，有其他方法难以匹敌的信度优势。与此同时，本书通过控制实验以及大多数国际传播研究通过针对社交媒体平台上国际传播个案下用户评论的内容分析，试图构建的是一个个关于国际传播现状的"快照"（snapshot）。基于当下以社交媒体为主要平台国际传播中的定制化、碎片化和即时性等特征,考察一个个具体传播内容的短期效果,虽然可以对受众心理的接收机制提供科学化的因果结论,但难以为中国国际传播战略提供宏观指南。此外,统计学上呈现的态度的"即时"与"显著"的改变(不论是降低对华的仇恨情绪还是提升对中国与中国人的好感),也需要经由更为中长期的国际传播实践与跨国交往来反复验证。

改革开放以来,中国在全球贸易体系中占据着越来越重要的位置。从 20 世纪的"世界工厂"到数字经济时代的"全球创新灯塔",中国对世界经济增长的年平均贡献率超过 30%,在世界经济复苏乏力的背景下,成为拉动世界经济的重要引擎。在政治领域,中国作为世界上最大,也是发展最快的发展中国家,积极参与国际组织和多边合作,提出了包括"一带一路""人类命运共同体""全球发展倡议""全球安全倡议""全球文明倡议"等一系列体现中国全球治理观的倡议、愿景与方略,有力引领世界历史发展大势。与中国不断增强的政治经济影响力伴随而来的,是某些西方政客对中国高速发展引发其地位衰落的普遍担忧,以及部分西方民众优越感难以为继所导致的集体沮丧。当前,世界百年未有之大变局加速演进,国际力量对比深刻调整,中国面临新的战略发展机遇,国际传播也承担着助力百年变局下的中国新作为、新发展与新贡献的重要使命。在这一时代背景下,国际传播是一项长期性、系统性和战略性的工程,绝非一朝一夕之功。因而,无论是国际舆论的探测与引导,还是国家形象的建构与国际传播效果的提升,都需要跳脱出单纯的"截面"(cross-sectional)分析,以中长期导向的实证调研结果对短期和即时效果做出补充。

中长期导向的效果研究有利于国际传播从业者与研究者"知己知彼"。"知己"是指通过历时性的实证研究,明晰中国国际传播内容和对外话语体系的道义感召力与文化吸引力的所在,在"注意力经济""标题党"盛行与信息过载的新媒体背景下了解哪些国际传播内容随着时间流逝却能真正实现"入脑入心",跨越文化的樊篱唤醒海外受众的共情,形成立足全人类的、历久弥坚的凝聚力与认同感。"知彼"则指的是通过纵贯性的受众调研,把握海外民众本身的政治理念、社会归属、情感取向、文化偏好等随本国及国际局势、技术发展和代际更迭而伴生的沿袭与变化，这都将显著影响其对华态度与对涉华内容的接受情况。例如，在右翼民粹与单边主义在欧美各种卷土重来的背景之下，西方部分国家民调显示出的对华好感度下降其实是其普遍排外情绪的一种体现。而全球"Z世代"因其鲜明的代际特征，诸如民族优越感降低、对多元文化和社会变革持有较为开放的态度，为中国培养海外年青一代的良性对华认同铺就了认知基础。

中国国际传播学者也已经意识到建立中长期和宏观效果导向的效果研究的必要性。正如张毓强、潘璟玲（2022）所论述的，在当今全球交往的大背景下，国际传播实践与国家形象建构都是复杂、多变而动态的，我们需要以审慎的态度对待短期的民调结果与"碎片化"的信息或研究发现。李宇（2022）则认为，国际传播研究要强化长期导向，在短期效果研究分析的基础上，建立长期导向的效果研究方法体系和效果评估模型，以强化对效果数据的历时性对比分析和发展趋势研究。侯迎忠、玉昌林（2023）指出，智能时代的国际传播效果评估的范围应向微观、中观、宏观三个维度全面拓展。在微观层面，则可针对具体参照价值的某一话题、某一目标受众，进行典型个案的专门性效果评估，从中挖掘出可供借鉴的国际传播实践进路。在中观层面，应着重关注某一时间范围、某一空间范围、某一用户群体的传播效果评估，探索国际传播实践针对特定目标对象的精准化传播实效。而在宏观层面，应以全局思维进行整体的国际传播效果评估，将直接效果和间接效果纳入考察范围。

尽管中长期和宏观效果导向的国际传播效果研究已经被提上日程，但如何具体开展历时性的分析仍然是困扰国际传播研究者的一个难题。虽然有一些应用于传播学的历时性分析的方法可供参考，比如"纵贯实验"（longitudinal experiment），即增加一次或几次针对被试者的延后测量，用以观察媒介效果随着时间推移而逐渐"衰退"或"递减"（decay）的趋势。但在纵贯实验的设计中，究竟应该时隔多久结论才足够有说服力（如几周、几个月还是几年），目前学界并没有定论（Lecheler and De Vreese, 2016）。一项近期针对虚假信息干预策略的元分析（meta-analysis）发现，通常来讲，媒介干预的效果会在实验结束后的4—6周开始衰减（Ivanov et al., 2018）。此外，传播学效果研究中的"负面偏见"（negativity bias）概念指出，负面/批评的媒体内容比正面/赞扬的媒体内容更能对受众产生影响（包括长期影响）。而国际传播中由于大国博弈和中西意识形态对立的现状，海外受众（尤其是西方国家的民众）在接触正面涉华信息时所产生的态度改变和好感提升可能随着时间流逝而褪去，但所接触的负面的涉华信息则会与他们脑海中的意识形态偏见和所在国媒体的对华歪曲报道形成联结，影响力不断增强。

另外，面板调查（panel survey）也是可以用于考察国际舆论变迁的重要方法。面板调查指的是在一段时间内反复观察同一组个体的数据，这对追踪舆论演变、分析观点变化以及理解海外民众态度的动态变化提供了强有力的工具。具体到国际传播效果研究中，面板数据的应用可以揭示跨国信息传播效果的动态变化，帮助理解国际传播活动在中长期内的发展轨迹；通过连续观察个体或群体的反馈，研究者能够更准确地评估信息传播活动在中长期内对公众认知、文化态度以及国际形象的积累效应；面板数据还有助于揭示信息传播效果的异质性。通过对不同子群体的观察，可以分析不同人群在中长期内对信息传播的吸收和反应差异，这为定制化的国际传播策略制定提供了有力支持。但针对外国受众的面板数据的收集方法是困扰中国国际传播研究者的重要障碍。目前各国既有的大规模面板调查基本上是基于本国政治经济议题的民意测量（如瑞典的 LORE 民调，Andersen et al., 2023），较少有涉华内容。国外众包平台（如亚马逊 MTurk、Quatrics 等）虽然可以在全球范围内招募被试者，但参与者的持续参与比例通常难以保证。而借助民调机构开展跨国面板调查虽然可以较好地保证参与者的延续参与率，但往往花费较高。

除纵贯实验和面板调查以外，国内外智库、研究机构和民调公司（如皮尤研究中心、凯度市场调研公司、益索普 Ipsos 等）和科研机构定期发布的调查报告（如皮尤研究中心发布的 Global Attitudes and Trends，中国外文出版发行事业局发布的中国国家形象全球调查报告等），也为我们分析海外民众对华的态度变化趋势提供了基于年度（或每 5 年/10 年）的中长期的数据支撑。这些定期发布的海外民众对华态度的调研报告可以与其他国家层面的指标、数据和报告（如人类发展指数、中国对外投资报告、中国国际移民报告等）相结合，考察影响国际受众对华态度和情感的宏观层面的因素。

综上所述，中长期导向的效果研究有助于更好地理解信息在国际传播过程中的演变过程，更准确地描绘国际传播实践对国家形象、文化认同和国际关系的潜在影响，以及更好地揭示国际传播策略的长远收益。但由于数据获取困难等原因，中国现有国际传播研究领域开展中长期效果研究的尝试少之又少。由此，开发可操作性强、科学规范的中长期效果研究方法，并根据研究结果制定宏观的国际传播战略是未来国际传播研究者亟须重点耕耘的领域。与此同时，本书呼吁国际传播效果研究中的中长期导向与方法论创新，绝不意味着对即时效果的考察或对既有基于内容分析、案例分析为主的研究方法的否定。相反，中长期效果研究和短期效果分析以及案例研究所揭示的传播规律都是理解国际传播复杂性的重要维度，应该互相补充，以形成一个更为全面的理解框架。

二 面向的"Z世代"的国际传播

对中长期导向的效果研究的一个重要响应，就是采纳代际的视角，深入研究面向全球年轻一代群体，即"Z世代"的国际传播新策略。Z世代正在成为影响这个世界的重要力量。根据联合国的人口调查统计，Z世代人口在2019年占据全球总人口的32%，已成为人口最多的一代人。在欧美主要西方国家，这一趋势尤为明显。不仅如此，Z世代还成为积极参与政治进而影响国内决策与国际关系的一股新兴力量。例如，在2020年美国总统大选中，Z世代投票率超53%，成为有史以来美国政治参与活跃度最高的年轻人群体，该群体将成为影响美国未来政治走向和中美关系的主要群体。因而，可以不夸张地说，Z世代决定着中国国际传播长期的成败。全球Z世代对国际传播内容的偏好，以及他们对中国和中国人的认知、态度与情感取向都是中国国际传播实践与研究领域需要重点关注的。

伴随互联网和社交媒体成长起来的Z世代有其显著的代际特征。大国竞合的时代背景与数字技术对日常生活的渗透，影响的不仅仅是Z世代的媒体使用习惯与信息获取方式，也塑造着他们对"全球"和"本土"

的认知，对差异与冲突的包容，以及对"自我"与"他者"的理解。在许多西方国家，Z世代的一个重要的人口学特征是族裔的多元化。例如，根据美国国家统计局数据，少数族裔（包含亚裔、拉美裔、非裔和穆斯林群体等）占到了全美Z世代群体的48%（Fry and Parker, 2018）。多元化的人口构成带来了差异文化的交融。此外，全球化和区域一体化的飞速发展使跨国家、跨文化和跨族群的直接交往成为Z世代日常生活的一部分。这使与他们的父辈相比，海外年青一代在看待与理解中国的现状与发展时，较少地带有"价值观滤镜"，使之成为中国国际传播增效赋能的突破所在（史安斌、朱泓宇，2023）。与此同时，Z世代成长于主流西方国家资本主义体系面临崩溃的"后民主"和全球政治不确定性大大加剧的背景之下，政治、经济、文化、国际关系和意识形态层面的多重危机成为"新常态"（Andersen et al., 2021）。这一"危机时代"进一步形塑了青年群体的世界观与自我认同。右翼民粹主义与极端排外情绪盛行、逆全球化与逆一体化的浪潮席卷欧美诸国。

数字技术为中国提升面向全球Z世代群体的国际传播策略带来了机遇与挑战。一方面，多元主体正积极参与到国际传播之中，为不同文明之间互鉴与交流提供了可能，有益于年轻人建构包容性而非排他性群体认同。Z世代是在全球化进程不断深化的背景下成长起来的一代人，跨国求学与旅游的普及使跨国家、跨文化和跨族群的直接交往成为Z世代日常生活的一部分。数字化带来的信息流通的无界性使各种文化在他们的生活中相互交融，经由媒介的跨群交往（mediated intergroup contact）使年轻一代可以轻松地通过网络结识外国朋友，获取各种文化信息和思想，更加开放和自由地接受新的事物。要充分利用海外青年群体的这一有利因素，通过多种方式加强中国与全球Z世代间的群际接触，积极建立桥梁纽带，构筑中外友好关系的社会基础。例如，可以进一步发挥海外华人华侨群体作为中国最主要的海外形象和舆论代表在海外维护中国利益、传播中国声音、改善中国形象方面的重要作用，鼓励留学生群体在表达中华文化方面的能动性和策略性（郭镇之，2022）。此外，得益于移动互联网和数码设备的普及，Z世代从出生就享受数字红利，更擅长全方位、多角度的信息收集，因此具有通过多重事实核查工具将接触到的涉华信息进行去伪存真、明辨是非的能力。

另一方面，基于算法的信息推送逻辑固化了Z世代群体的价值观、立场和情感取向，将人们置于既有态度和自我认同的"过滤气泡"之中，这意味着青年群体对华负面感知和情绪一旦形成，短期内难以矫正。在涉华虚假信息与阴谋论弥漫国际传播空间的大背景下，对青年群体而言，正值他们世界观、价值观与群体认同形成之时，频繁或密集接触此类不实信息易导致对华偏见逐渐固化。如何有效拓宽"信息光谱"，增加观点和立场的多样性，是全球Z世代群体亟待解决的共同难题。另外，由于互联网和社交媒体无处不在的对日常生活的渗透，网络空间中的仇华、排华言论将不可避免地进入Z世代的信息供给链之中。而种族主义话语和仇恨言论基于其强烈的"情绪唤起"特质和耸人听闻及博人眼球的叙事方式，对受众产生"天然"的蛊惑力。如何通过构建年青一代乐于接受的国际传播话语体系，提升针对全球Z世代的"知华、友华、爱华"认同感，培养海外年轻群体对涉华种族主义话语和仇恨言论的"抵抗力"是中国国际传播实践未来的重点目标。

三 加强国际传播研究创新

关于国际传播效果研究的方法论创新也是值得探索的新方向。本书通过面向海外受众的问卷调查和控制实验，对当前国际传播研究中以内容分析为主要方法的范式形成有效的补充。笔者呼吁将传播学方法论领域的最新发展应用于国际传播研究，尤其是国际传播效果研究之中。在此本章提出三种具体的方法，分析其应用于国际传播效果研究的优势与潜力，分别是连锁分析、大数据支持下的地理信息获取和情感分析。

（一）连锁分析

在新闻传播学领域，连锁分析（linkage analysis）通常指的是将问卷调研或控制实验和内容分析法结合起来，实现了同时考察传播过程中的"接触""内容"和"结果"三重层面。连锁分析因其拥有良好的外部效度（external validity），而被认为是衡量媒介效果的"金标准"（Scharkow and Bachl, 2017）。数字技术为连锁分析的实施增加了难度，但也提供了新的工具。例如，社交媒体上的信息过载和碎片化使受众难以准确回答

"以什么样的频率接触了什么媒体内容",而且基于算法推送机制社交媒体上的内容对每个个体来说都是"定制化"的,为内容分析造成了障碍。与此同时,数字追踪(digital trace)软件可以用来准确捕捉用户在社交网站上实际接触到的信息并进行分析(Otto et al., 2023),这克服了传统方法中"自我报告"(self-report)时可能出现的记忆偏差。从效果分析层面,在"数据捐赠"(data donations)和"屏幕记录"(screen recordings)等技术的支持下,连锁分析不仅可以评估用户接触内容后的即时效果,还可以通过手机应用程序持续追踪用户,邀请其参加后续多波段的问卷调研,获得中期和长期的媒介效果反馈。这也为上文提到的建立中长期导向的效果研究提供了一个具体实施的路径。计算机辅助的连锁分析的另一个优势是"互惠性"(reciprocity),即它不仅可以分析媒体内容对用户的效果,还可以考察这些效果如何反作用于用户未来的媒体使用,如是否订阅相关用户和点击相关内容。基于上述优势,把计算机辅助下的连锁分析应用于国际传播效果研究中,可以为中国国际传播内容的生产和投放提供更加准确的参考与指针。

(二)大数据支持下的地理信息获取

国际传播中差异化、分众化和精准传播的要求使受众的地理信息的重要性逐步凸显。许多既往研究采取通过与国际问卷调研机构合作来选择和触达特定国家民众,这一方式虽然样本获取准确,但成本较高。数字媒体时代,大数据支持下的地理信息获取因其便利性与低成本,得到了传播学研究者的关注和采纳(Hoffmann and Heft, 2020)。目前全球主要社交媒体平台均设置了关于用户的地理信息显示功能,用户可以在"个人信息栏"里设定所在地区或在发帖时链接地图中的定位功能。然而这两种主流的地理信息获取方式:"基于用户的自我设定"和"发帖时链接所在方位的经纬度"都存在一定的弊端。研究发现,大约15%的用户自我设定的地理信息是含糊不清的(Hecht et al., 2011),而且用户自我设定的所在地经常指涉不同的地理参数,(即有人设定为国家,有人设定为城市,有人设定为街道),这也给研究者的信息收集和分析带来了困难。此外,由于人的密集跨城市、跨国甚至跨大洲流动,发帖时自动生成的地理信息也不能完全准确代表用户的实际居住地(如很多用户倾向于在旅游时发布帖子)。

近年来,媒介地理学和计算机科学领域的最新发展为社交媒体平台上的地理信息捕捉提供了更为精确的路径。例如,为克服用户自我设定所在地时有可能的偏差,研究者发现可以将用户自我设定的所在地与社交媒体平台中内嵌的"时区"(time zone)这一信息相结合,再利用地理信息分析系统(如 Data Science Toolkit, Geocoder API 等)交叉印证用户自我设定地点的真实准确性。还有研究引入社会网络去锁定用户的地理信息,这一方法的逻辑基础是在社交网络上紧密接触联络的用户也往往拥有线下的密切关系。因而,通过分析用户在社交媒体平台上联系较为密切的社会网络中的用户的地理方位,可以反推出该用户的所在地(Jurgens, 2013)。此外,IBM 和 Yahoo! Research 等公司还开发了针对社交媒体用户地理信息获取和分析的应用程序。在这些新方法和新程序的支持下,针对海外用户在社交媒体中对中国国际传播内容的转赞评的分析将更加精微。地理信息的引入还有助于比较性视角的拓展,国际传播效果研究可以跨越传统主权国家的范畴,细化至同一个国家内部不同区域、不同城市的差异性分析。

(三)情绪分析

第三个可以引入国际传播效果研究的方法是情绪分析(sentiment analysis)。全球社交媒体平台中涉华内容的用户评论板块经常被选取为情感分析的样本,通过人工或计算机辅助编码,研究者试图描绘海外受众对中国国际传播内容的情感取向和立场(正面/负面、积极/消极、肯定/否定、赞许/批驳等)。但由于情绪和情感本身的复杂性、间接性和表达上的模糊性与巧妙性,针对情绪的界定和分析一直是包括传播学在内的多个社会科学领域共同面临的难点,这是由于在分析文本中的情感和情绪时,传统的人工编码过程中难以完全避免的主观性偏差饱受诟病(Van Atteveldt et al., 2021)。近年来,通过引入计算语言学(computational linguistics)视角下的"字典法"(dictionary approach)以及机器学习,使大规模、低成本和科学性较高的情绪与情感分析,尤其是面向网络文本的情绪与情感分析成为可能。

具体而言,采用"字典法"的研究者需要制作一个包含积极和消极词汇的长列表，然后计算机统计每个类别的词汇在文本中出现的次数，进而得出关于文本暗含的情绪和情感倾向的总体判断。目前许多针对内容情感分析的"字典"被开放给研究者和公众，例如 Affective Norms for English Words（Bradley and Lang, 1999）, Lexicoder Sentiment Dictionary（LSD）（Young and Soroka, 2012a）和 Loughran and McDonald Sentiment Word Lists（Loughran and McDonald, 2011）等。国际传播研究者可以依托上述字典，补充国际传播中情感指针的字词，对其进行完善，提升将情感字典适用于国际传播内容分析的针对性。引入字典法的情感分析不仅可以科学客观地捕捉具体媒介事件中外国受众对华情绪特征，也可以描绘全球社交媒体平台中涉华情绪的长期变化趋势。

采纳机器学习时，计算机使用手工编码的训练数据来学习输入特征（如词汇作为独立变量）与所期望的输出标签（如情感作为依赖变量）之间的关系。简单来说，机器学习算法用于基于训练数据创建统计模型，然后用于预测未标记文本的情感。在使用机器学习时，需要注意的是，要有足够多的训练数据（trained data）来提升机器标记的准确性。将机器学习应用于国际传播效果研究中，计算机可以帮助识别关键词、情感和主题，从而了解信息在国际传播过程中引起关注的要素。这有助于更准确地把握海外受众的兴趣和反应，为制定精准的国际传播策略提供数据支持。通过机器学习模型还可以对传播效果进行预测，可以提前洞察信息在不同国家或地区的传播趋势。这有助于及时调整传播战略，更好地适应不同文化、语境和价值观的差异，以最大程度地提高信息的接受度和传播效果。机器学习还能够识别全球网络上的关键意见领袖和信息传播中的关键节点，把握对海外受众涉华情感取向影响较大的核心传播者，帮助中国政策领域专家和国际传播实践者更有针对性地进行干预和引导。

此外，机器学习还可以应用于历时性的媒介内容分析（如国外媒体上的涉华报道）。有监督的机器学习目前已经广泛应用于中长期的媒介框架与媒介话语的分析之中（如 Broersma and Harbers, 2018; Opperhuizen et al., 2019）。虽然这种方式考察的是信息的"供给侧"而非"接收侧"，因而结论并非直接指向国际传播效果，但若将对国外媒体涉华内容的历时性分析结合所在国民众对华态度的纵贯性调研，则有助于对媒体涉华内容的传播效果做出基于实证的因果推断。当前研究往往将"西方媒体"一以概之，将其看作某些西方政客污名化中国政治经济社会发展的"传声筒"。而借助机器学习的内容分析可以将西方媒体对华的报道话语、框架和立场精微分析，得出其涉华报道的重点与取向是否变化、如何变化，以及如何影响民众对华态度的准确描摹。

第三节　本章小节

国际传播研究领域，中国学者通过不懈努力和深入研究，已经构建起一个丰富多彩、不断向多学科多角度纵深发展的庞大学术体系，为政策领域的专家、国际传播从业者和普通大众认识世界、理解文化交流、规划信息传播实践活动贡献了深厚的智力支持和学术保障。相比于以往研究更多侧重于考察国际传播的"输出"层面（从主体参与、目标定位、内容创制、传播渠道等维度加以讨论），近年来，聚焦于国际传播效果的"接收"层面的实证调查蓬勃发展。一个形成中的共识是，中国国际传播的目标对象是海外受众，海外受众对中国国际传播内容的接受度和认可度应作为检验国际传播收效的重要归依。

在探索国际传播效果的广袤领域时，笔者深感这一研究的重要性和艰巨性。国际传播不仅是信息传递的载体，更是文化之间的桥梁，影响力穿越国界、文明交融的同时，也带来了新的挑战和复杂性。然而，正是因为国际传播的多层次、多维度特性，其研究也变得异常复杂而严峻。从信息传播的角度来看，新媒体的崛起使信息的流动速度越发迅猛，虚假信息的蔓延和信息传播的高度个性化对国际传播效果产生了深刻影响。同时，文化之间的差异、政治立场的碰撞、传播技术的飞速演进等因素交织在一起，使国际传播效果的研究任务更加繁重。尽管面临重重挑战，但恰是对这些挑战的正视，激发了学术共同体对国际传播效果研究的责任感和使命感。通过不断深入的研究，学者们更加全面地理解信息在国际传播中的传播途径、影响机制以及效果评估，从而为有效引导国际传播、维护国家形象、促进全球文明互鉴提供切实可行的建议和战略。

当前，环顾全球，世界百年未有之大变局加速演进，地区和全球范围内战略局势的重塑和多边关系的重构为中国国际传播研究带来新的要求，要对国际舆论中的"变"与"不变"提升敏感性与预见性。在未来的道路上，中国可能会迎来更为复杂和多元的国际传播环境，这需要我们站在学术的最前沿，不断创新方法、拓宽视野，为国际传播效果的深入研究贡献智慧和力量。在全球性经济衰退、大国竞合加剧和"身份政治"主导民众选择的大变局背景下，做好国际传播是一项长期和艰巨的任务，必须坚持不懈、久久为功。推动国际传播实践的守正创新，全面提升国际传播能力现代化，真正实践中国基于共同价值构建人类命运共同体的国际传播价值观里所蕴含的共生思维，为冲突加剧背景下的国际传播找寻新的路向，离不开媒体从业者和研究者的集体努力。正如这一研究领域的深远影响所示，关于国际传播效果的研究不仅是学术上的追求，更是面向全球社会和谐发展的重要支撑，其价值和意义将在未来的探索中得到更为充分的彰显。

参考文献

一 中文文献

著作

《习近平谈治国理政》第三卷，人民出版社2020年版。

《习近平谈治国理政》第四卷，人民出版社2022年版。

习近平：《高举中国特色社会主义伟大旗帜 为全面建设社会主义现代化国家而团结奋斗——在中国共产党第二十次全国代表大会上的报告》，人民出版社2022年版。

程曼丽：《从国际传播到国家战略传播——程曼丽研究文集》，中国社会科学出版社2021年版。

郭镇之主编：《中华文化的海外传播创新研究》，中国社会科学出版社2021年版。

刘继南、周积华、段鹏等：《国际传播与国家形象——国际关系的新视角》，北京广播学院出版社2002年版。

刘滢等：《全媒体国际传播：理论创新与实践转向》，清华大学出版社2021年版。

刘滢等：《主流媒体对外传播的新媒体策略》，清华大学出版社2018年版。

人民日报社评论部：《论学习贯彻习近平总书记新闻舆论工作座谈会重要讲话精神》，人民出版社2016年版。

史安斌、张莉主编：《国际传播与全球治理研究前沿》，中国社会科学出版社2022年版。

张莉、崔杨臻：《新冠肺炎疫情期间欧盟形象的"自塑"——对话理论视角下欧盟在华数字公共外交的实践与效果研究》，载史安斌、张莉主编《国际传播与全球治理研究前沿》，中国社会科学出版社2022年版。

期刊

习近平：《举旗帜聚民心育新人兴文化展形象 更好完成新形势下宣传思想工作使命任务》，《人民日报》2018年8月23日第1版。

习近平：《深化文明交流互鉴 共建亚洲命运共同体——在亚洲文明对话大会开幕式上的主旨演讲》，《人民日报》2019年5月16日第2版。

习近平：《习近平向2023年世界互联网大会乌镇峰会开幕式发表视频致辞》，《人民日报》2023年11月9日第1版。

白贵、邱敬存：《国际战略传播：如何超越"地方性"话语局限》，《现代传播》（中国传媒大学学报）2022年第11期。

白贵、邱敬存：《欧盟治理种族歧视或仇恨言论立法之现状、动因及不足探析》，《新闻大学》2017年第2期。

卞清、陈迪：《互联网、智能算法与赛博仇恨：人类的情感干预如何可能?》，《媒介批评》2021年第2期。

卞清、陈迪：《"易碎"的智能与"撕裂"的世界——西方主要社交媒体"仇恨言论"的界定、规制与算法困境》，《中国图书评论》2021年第9期。

常江、罗雅琴：《人工智能时代的国际传播：应用、趋势与反思》，《对外传播》2023年第4期。

常江、杨惠涵：《国际传播的算法架构：合理性、合情性与合规性》，《对外传播》2022年第10期。

陈功：《跨越情感与文化的鸿沟：国际传播受众接受度研究》，《现代传播》（中国传媒大学学报）2021年第2期。

陈秋怡、汤景泰：《协同网络、议程建构与真实性增值：国际涉华虚假信息的传播模式——以COVID–19为例》，《新闻记者》2023年第7期。

陈守湖：《制度·媒介·叙事：中国式现代化国际传播话语建构的三重逻辑》，《中州学刊》2023年第4期。

程曼丽：《以中国的全球战略思维重新审视海外华文传媒》，《对外传播》2015年第10期。

程曼丽：《中国国际传播能力建设的当务之急》，《新闻与传播评论》2021年第5期。

戴元初、刘一川：《全球治理的平台化转型与中国国际传播的战略选择》，《对外传播》2022年第5期。

丁和根：《生产力·传播力·影响力——信息传播国际竞争力的分析框架》，《新闻大学》2010年第4期。

方兴东、谷潇、徐忠良：《"信疫"（Infodemic）的根源、规律及治理对策——新技术背景下国际信息传播秩序的失控与重建》，《新闻与写作》2020年第6期。

管健、荣杨：《共同内群体认同：建构包摄水平更高的上位认同》，《西北师大学报》（社会科学版）2020年第1期。

郭镇之、杨颖、张小玲、杨丽芳：《关于BBC中国主题纪录片的两次国外小型受众调查》，《国际传播》2016年第1期。

何国平、伍思懿：《CGTN融媒体国际传播效果评估与效果提升研究》，《电视研究》2019年第9期。

何天平、蒋贤成：《"共情"作为动力机制：国际传播视野下短视频新闻的语态变革与情感化策略》，《中国出版》2023年第12期。

何天平、蒋贤成：《国际传播视野下的ChatGPT：应用场景、风险隐忧与走向省思》，《对外传播》2023年第3期。

侯迎忠、玉昌林：《智能时代的国际传播效果评估要素：研究回顾与趋势前瞻》，《对外传播》2023年第1期。

胡钰：《央企形象与国家形象》，《中国软科学》2016年第8期。

胡正荣、李润泽：《2022年中国国际传播领域理论创新与实践回归》，《对外传播》2023年第1期。

胡正荣、田晓：《新媒体时代突发公共事件的国际传播——以新冠肺炎疫情报道为例》，《对外传播》2020年第4期。

姬虹：《海外华人面临的这些困境——美国社会种族主义与排华主义透视》，《人民论坛》2020年第17期。

姬德强：《平台化突围：我国国际媒体提升传播效能的路径选择》，《中国出版》2021年第16期。

姬德强：《作为国际传播新规范理论的人类命运共同体——兼论国际传播的自主知识体系建设》，《新闻与写作》2022 年第 12 期。

姬德强、李喆：《国际新闻的情感逻辑：价值、平台与实践》，《中国出版》2023 年第 12 期。

纪莉：《种族主义的新冠：以病之名——新冠肺炎的全球媒介呈现》，《学术研究》2020 年第 3 期。

姜飞：《国际传播百年未有之大变"局"——利益、边界和秩序的接力》，《新闻与写作》2021 年第 10 期。

姜飞、姬德强：《发展中的中国国际传播思想及其世界意义》，《出版发行研究》2019 年第 11 期。

姜飞、张楠：《中国对外传播的三次浪潮（1978—2019）》，《全球传媒学刊》2019 年第 2 期。

金新、贾梦茜：《中美公共外交博弈：叙事构建与策略选择》，《国际展望》2021 年第 6 期。

荆江、冯小桐：《中国式现代化国际传播叙事框架建构维度浅析》，《对外传播》2023 年第 3 期。

柯惠新、陈旭辉、李海春、田卉：《我国对外传播效果评估的指标体系及实施方法》，《对外传播》2009 年第 12 期。

匡文波、马茜茜：《后疫情时代改善与重塑国家形象的新媒体传播策略》，《新闻与写作》2021 年第 5 期。

李彪、曹时雨：《从秩序到策略：元宇宙与国际传播的未来演进》，《对外传播》2022 年第 4 期。

李彪、喻国明：《"后真相"时代网络谣言的话语空间与传播场域研究——基于微信朋友圈 4160 条谣言的分析》，《新闻大学》2018 年第 2 期。

李成家、彭祝斌：《论跨文化共情传播——基于国际互助抗疫的探索》，《现代传播》（中国传媒大学学报）2021 年第 5 期。

李鲤：《赋权·赋能·赋意：平台化社会时代国际传播的三重进路》，《现代传播》（中国传媒大学学报）2021 年第 10 期。

李宇：《国际传播效果研究的理论、方法与路径》，《国际传播》2022 年第 1 期。

廖秉宜、李姝虹：《平台战略：国际传播效能提升的创新路径》，《对外传播》2023 年第 2 期。

廖秉宜、张晓姚：《中国文化短视频国际传播的创新路径》，《对外传播》2023 年第 7 期。

林升栋：《新时代国际传播中的说理研究》，《湖北大学学报》（哲学社会科学版）2023 年第 4 期。

刘宏、赵欣：《积极的"延伸交往"对群体间态度的影响研究》，《国外社会科学》2017 年第 2 期。

刘鸣筝、孔泽鸣：《媒介素养视阈下公众谣言辨别能力及其影响因素的实证研究》，《新闻大学》2017 年第 4 期。

刘小燕、崔远航、赵薆源、李蕙帆：《中国共产党形象国际传播研究的学术演进与未来向度》，《国际新闻界》2022 年第 6 期。

刘燕南、刘双：《国际传播效果评估指标体系建构：框架、方法与问题》，《现代传播》（中国传媒大学学报）2018 年第 8 期。

刘滢、吴潇：《延展性逻辑下网络视频的跨文化传播——基于"歪果仁研究协会"86 条视频的实证研究》，《新闻与写作》2019 年第 1 期。

龙小农、阎庆宜：《短视频国际评论引导国际舆论的机理及效果——以 CGTN〈点到为止〉和新华社〈火花〉为例》，《青年记者》2021 年第 19 期。

陆绍阳、何雪聪：《好感传播：提升国际传播能力的新向度》，《电视研究》2023 年第 3 期。

栾轶玫：《视觉说服与国家形象建构——对外传播中的视听新话语》，《新闻与写作》2017 年第 8 期。

莫盛凯：《中国公共外交之理论与实践刍议》，《外交评论》（外交学院学报）2013 年第 4 期。

彭兰：《人人皆媒时代的困境与突围可能》，《新闻与写作》2017 年第 11 期。

彭修彬：《文化接近性与媒介化共情：新冠疫情中的数字公共外交探索》，《新闻大学》2020 年第 12 期。

任孟山、李呈野：《中华文化对外传播的新时代经验与可能路径——李子柒爆红海外给国际传播带来的思考》，《对外传播》2020 年第 1 期。

单波：《跨文化传播研究的新视角与新趋势》，《南昌大学学报》（人文社会科学版）2017 年第 10 期。

邵鹏：《论纪录片"他塑"中国形象的共情叙事与共情传播——基于奥斯卡最佳纪录片〈美国工厂〉的分析》，《现代传播》（中国传媒大学学报）2020 年第 4 期。

施爱东：《网络谣言的语法》，《民族艺术》2016 年第 5 期。

史安斌：《"后真相"冲击西方新闻舆论生态》，《领导科学》2017 年第 33 期。

史安斌、盛阳：《"一带一路"背景下我国对外传播的创新路径》，《新闻与写作》2017 年第 8 期。

史安斌、童桐：《平台世界主义视域下跨文化传播理论和实践的升维》，《跨文化传播研究评论》2021 年第 1 期。

史安斌、童桐：《世界主义视域下的平台化思维：后疫情时代外宣媒体的纾困与升维》，《对外传播》2020 年第 9 期。

史安斌、童桐：《新冠肺炎疫情下的数字公共外交：挑战与创新》，《对外传播》2020 年第 5 期。

史安斌、王沛楠：《断裂的新闻框架：〈纽约时报〉涉华报道中"扶贫"与"人权"议题的双重话语》，《新闻大学》2019 年第 5 期。

史安斌、杨晨晞：《国际传播的变局与"元软实力"的兴起：内容·渠道·受众》，《对外传播》2022 年第 11 期。

史安斌、杨晨晞：《后疫情时代的国际传播与公共外交：挑战与应对》，《青年记者》2021 年第 15 期。

史安斌、张耀钟：《数字化公共外交：理念、实践与策略的演进》，《青年记者》2020 年第 7 期。

史安斌、张耀钟：《新中国形象的再建构：70 年对外传播理论和实践的创新路径》，《全球传媒学刊》2019 年第 2 期。

史安斌、朱泓宇：《人类文明新形态背景下中华文明的国际传播：理论升维与实践创新》，《新闻与写作》2023 年第 7 期。

史安斌、朱泓宇：《数字华流的模式之争与系统之辩：平台世界主义视域下中国国际传播转型升级的路径与趋势》，《新闻与传播评论》2022 年第 5 期。

宋凯、袁凫青：《后真相视角中的网民情绪化传播》，《现代传播》（中国传媒大学学报）2019 年第 8 期。

苏林森：《美国受众对中国英语媒体的使用与效果研究》，《当代传播》2017 年第 2 期。

孙吉胜：《从新冠肺炎疫情看人类命运共同体话语的构建与国际传播》，《对外传播》2020 年第 4 期。

汤景泰、陈秋怡、高敬文：《传播网络与跨圈层传播：中国主场外交的国际传播效果研究》，《新闻大学》2020 年第 8 期。

唐润华、刘昌华：《大变局背景下国际传播的整体性与差异化》，《现代传播》（中国传媒大学学报）2021 年第 4 期。

王庚年：《中国国际传播的现状和发展趋势》，《人民日报》2013 年 9 月 12 日 A7。

王沛楠：《短视频平台：拓展对外传播的蓝海》，《国际传播》2018 年第 3 期。

王沛楠：《视听、情感与算法：西方 Z 世代的社交媒体偏好转向》，《青年记者》2022 年第 17 期。

王沛楠：《中国互联网企业海外短视频平台上的中国形象分析——以短视频平台 TikTok 为例》，《电视研究》2019 年第 4 期。

王庆福、张红玲：《纪录片国际传播中"他者叙事"的跨学科思考》，《现代传播》（中国传媒大学学报）2019 年第 9 期。

王维、张锦涛：《新一代人工智能技术引领下的国际传播领域新趋势》，《对外传播》2023 年第 7 期。

王锡苓、谢诗琦：《新时代"人类命运共同体"理念传播评价体系的构建》，《现代传播》（中国传媒大学学报）2020 年第 7 期。

王小英、明蔚：《"中国故事"的叙述策略与传播认同机制——基于彼得·海斯勒非虚构小说"中国三部曲"的考察》，《现代传播》（中国传媒大学学报）2021 年第 11 期。

王义桅：《做好疫情公共外交，构建人类命运共同体》，《公共外交季刊》2020年第1期。

吴飞：《共情传播的理论基础与实践路径探索》，《新闻与传播研究》2019年第5期。

吴飞、刘晶：《"像"与"镜"：中国形象认知差异研究》，《新闻大学》2014年第2期。

吴世文、房雯璐：《国际传播中的事实核查及其反思》，《对外传播》2023年第3期。

吴炜华、黄珩：《谱系赓续、效果提升与能力建设：基于国际传播效能的理论分析与路径探索》，《国际传播》2022年第6期。

吴玉兰、罗予翎：《国际贸易新闻传播传播影响力评价模型构建——以"中欧光伏贸易战"为例》，《新闻大学》2015年第6期。

韦路、左蒙：《新世界主义的理论正当性及其实践路径》，《浙江大学学报》（人文社会科学版）2019年第3期。

向安玲、沈阳：《多种声音，一个方向：国家战略议题的对外传播》，《现代传播》（中国传媒大学学报）2021年第11期。

向志强、向治国：《中国对外传播实践的语言距离检视及分层策略——以孔子学院为例》，《现代传播》（中国传媒大学学报）2022年第4期。

肖晞、宋国新：《共同利益、身份认同与国际合作：一个理论分析框架》，《社会科学研究》2020年第4期。

辛静、叶倩倩：《国际社交媒体平台中国文化跨文化传播的分析与反思——以YouTube李子柒的视频评论为例》，《新闻与写作》2020年第3期。

邢丽菊：《推进"一带一路"人文交流：困难与应对》，《国际问题研究》2016年第6期。

徐迪、彭思涵、凌洁：《"山川异域，风月同天"：日本公众的群际接触、社会信任与对华形象认知》，《新闻界》2023年第3期。

徐佳：《作为卫星、通讯社与疫苗的斯普特尼克——以俄罗斯国家形象建构为视角的考察》，《新闻大学》2021年第12期。

徐坚：《中国共产党的国际关系理论创新——从和平共处五项原则到人类

命运共同体》，《外交评论》（外交学院学报）2021 年第 4 期。

杨帆、牛耀红：《美国 Twitter 用户涉华态度及认知——基于政治光谱视角》，《国际新闻界》2022 年第 6 期。

杨凤娇、邱犇：《全球治理语境下中国日报扶贫减贫议题建构研究——基于推特平台@China Daily 的实证分析》，《现代传播》（中国传媒大学学报）2021 年第 3 期。

杨广青：《坚定文化自信，提升广播电视国际传播能力》，《中国广播电视学刊》2021 年第 7 期。

杨奇光、张宇：《交往·共情·自主：2022 年国际传播研究创新梳理》，《对外传播》2023 年第 2 期。

杨颖：《短视频表达：中国概念对外传播的多模态话语创新实践》，《现代传播》（中国传媒大学学报）2017 年第 11 期。

叶皓：《公共外交与国际传播》，《现代传播》（中国传媒大学学报）2012 年第 6 期。

于洋、姜飞：《国际跨文化传播研究新特征和新趋势》，《国际新闻界》2021 年第 1 期。

于运全、朱文博：《共情、共通、共享：中国话语国际影响力提升的新进路》，《现代传播》（中国传媒大学学报）2022 年第 2 期。

喻国明、耿晓梦：《元宇宙：媒介化社会的未来生态图景》，《新疆师范大学学报》（哲学社会科学版）2022 年第 3 期。

袁会、蔡骐：《立场三角中的定位与论证：阴谋论谣言的说服策略研究》，《新闻与传播研究》2022 年第 8 期。

袁会、谢耕耘：《公共事件网络谣言的造谣者研究——基于影响较大的 118 条公共事件网络谣言的内容分析》，《新闻记者》2015 年第 5 期。

袁靖华：《中国的"新世界主义"："人类命运共同体"议题的国际传播》，《浙江社会科学》2017 年第 5 期。

张洪忠、斗维红、任吴炯：《元宇宙：具身传播的场景想象》，《新闻界》2022 年第 1 期。

张慧瑜、陈昱坤：《中国式现代化的叙事体系与国际传播策略》，《对外传播》2023 年第 3 期。

张昆、王创业：《疏通渠道实现中国国家形象的对外立体传播》，《新闻大学》2017年第3期。

张龙、曹晔阳：《数据主权、数字基础设施与元宇宙：平台化视域下的国际传播》，《社会科学战线》2022年第6期。

张苗苗、赵京文：《国际网络视听发展的主要特点、挑战及治理思路》，《传媒》2021年第13期。

张明新、何沁纯：《作为国际传播新理念的文明互鉴：形成背景、主要内涵与实践启示》，《中国出版》2023年第13期。

张薇：《重大突发事件应时发声：对外媒体话语国际公信力的建构》，《江苏社会科学》2023年第4期。

张毓强：《变动不居与确定性追求：关于国家"形"与"像"的再讨论（下）》，《对外传播》2020年第8期。

张毓强：《中国式现代化语境下的国际传播核心逻辑》，《对外传播》2023年第2期。

张毓强、潘璟玲：《在交往视阈中重思国际传播和国家形象问题——基于马克思主义全球交往观的研究》，《新闻与写作》2022年第5期。

张毓强、庞敏：《生活日常的全球化与国际传播产业化路径的探索——关于李子柒现象的讨论》，《对外传播》2020年第1期。

张志安、束开荣、何凌南：《微信谣言的主题与特征》，《新闻与写作》2016年第1期。

张梓轩、许晖珺：《中外合作纪录片的国际受众解码——基于〈改变地球的一代人〉国际网络用户的研究》，《现代传播》（中国传媒大学学报）2016年第6期。

赵新利：《共情传播视角下可爱中国形象塑造的路径探析》，《现代传播》（中国传媒大学学报）2021年第9期。

周庆安、聂悄语：《认同构建与制度转型：中国对外传播70年的新制度主义研究》，《全球传媒学刊》2019年第2期。

周庆安、刘勇亮：《多元主体和创新策略：中国式现代化语境下的国际传播叙事体系构建》，《新闻与写作》2022年第12期。

周庆安、刘勇亮：《以中国为方法：全球化格局下国际传播效能再探讨》，

《中国出版》2023 年第 13 期。

周亭、蒲成：《生成式人工智能的国际传播能力及潜在治理风险》，《对外传播》2023 年第 4 期。

周翔、户庐霞：《我国主流媒体 Twitter 账号对外传播的对话问题分析》，《现代传播》（中国传媒大学学报）2019 年第 6 期。

朱鸿军、蒲晓：《新中国成立 70 年对外传播媒介与传播观念之变迁回顾》，《对外传播》2019 年第 6 期。

张毓强等：《中国式现代化语境下的国际传播核心逻辑》，国际合作中心，2023 年 4 月 6 日，https：//www.icc.org.cn/specialties/internationalcommunication/1586.html。

二 英文文献

Allport, G. W., 1954, *The Nature of Prejudice*, Reading, MA: Addison-Wesley.

Batson, C. D., 1991, *The Altruism Question: Toward a Social-psychological Answer*, Hillsdale, NJ: Erlbaum.

Bradley, M. M., and Lang, P. J., 1999, *Affective Norms for English Words (ANEW): Stimuli, Instruction Manual and Affective Ratings*, (Technical Report C-1), Gainesville, FL: The Center for Research in Psychophysiology, University of Florida.

Clancy, L., 2004, *Culture and Customs of Australia*, Greenwood Publishing Group.

Dinnie, K., 2008, *Nation Branding: Concepts, Issues, Practice*, London, UK: Butterworth-Heinemann.

Gaertner, S. L., and Dovidio, J. F., 2000, *Reducing Intergroup Bias: The Common Ingroup Identity Model*, Philadelphia, PA: Psychology Press.

Gao, J., 2020, *Chinese Immigration and Australian Politics*, Palgrave Macmillan.

Harrison, R., and Hamilton, K., 2019, *Hate Speech on Twitter Predicts Frequency of Real-Life Hate Crimes*, New York University, New York, NY, available at: https://www.nyu.edu/about/newspublications/news/2019/june/hate-speech-on-twitter-predicts-frequency-of-real-life-hate-crim.html (accessed 2 February 2023).

Marten, E., 1989, *Das Deutschlandbild in der Amerikanischen Auslandsberich-Terstattung: Ein Kommunikationswissenschaftlicher Beitrag zur Nationenbildforschung*, Deutscher Universitäts – Verlag.

Moore, B., 2001, *Who's Centric Now? The Present State of Post-Colonial Englishes*, Oxford: Oxford University Press.

Nelson, T. D. (Ed.), 2015, *Handbook of Prejudice, Stereotyping, and Discrimination: 2nd Edition*, NY: Psychology Press.

Snow, N., and Taylor, P. M. (Eds.), 2009, *Routledge Handbook of Public Diplomacy*, New York: Routledge.

Wang, J. (Ed.), 2011, *Soft Power in China: Public Diplomacy through Communication*, New York: Palgrave Macmillan.

Ahmed, S., 2004, "Affective Economies", *Social Text*, 22 (2): 117 – 139.

Albishri, O., Tarasevich, S., Proverbs, P., Kiousis, S. K., and Alahmari, A., 2019, "Mediated Public Diplomacy in the Digital Age: Exploring the Saudi and the U. S. Governments' Agenda-Building during Trump's Visit to the Middle East", *Public Relations Review*, 45 (4): 101820.

Alexander, M. G., Levin, S., and Henry, P. J., 2005, "Image Theory, Social Identity, and Social Dominance: Structural Characteristics and Individual Motives Underlying International Images", *Political Psychology*, 26 (1): 27 – 45.

Alkiviadou, Natalie, 2019, "Hate Speech on Social Media Networks: Towards a Regulatory Framework?", *Information & Communications Technology Law*, 28 (1): 19 – 35.

Andersen, K., Ohme, J., Bjarnoe, C., Bordacconi, M. J., Albæk, E., and De Vreese, C. H., 2021, *Generational Gaps in Political Media Use and Civic Engagement: From Baby Boomers to Generation Z*, Taylor & Francis.

Andersen, K., Shehata, A., and Andersson, D., 2023, "Alternative News Orientation and Trust in Mainstream Media: A Longitudinal Audience Perspective", *Digital Journalism*, 11 (5): 833–852.

Anderson, C., Keltner, D., John, O. P., 2003, "Emotional Convergence between People over Time", *Journal of Personality and Social Psychology*, 84 (5): 1054–1068.

Andrew, J. Flanagin, Winter, S., and Metzger, M. J., 2018, "Making Sense of Credibility in Complex Information Environments: The Role of Message Sidedness, Information Source, and Thinking Styles in Credibility Evaluation Online", *Information, Communication & Society*, 23: 7, 1038–1056.

Ang, S., and Colic-Peisker, V., 2022, "Sinophobia in the Asian Century: Race, Nation and Othering in Australia and Singapore", *Ethnic and Racial Studies*, 45 (4): 718–737.

Anholt, S., 2008, "The Importance of National Reputation", in Welsh, J. & Fearn, D. (Eds.), *Engagement: Public Diplomacy in a Globalized World*, London, UK: Foreign and Common-Wealth Office.

Anti-Defamation League, 2021, ADL Hate Crime Map, *ADL*, available at: https://www.adl.org/adlhate-crime-map (accessed 26 January 2023).

Appelgren, E., Lindén, C. G., and van Dalen, A., 2019, "Data Journalism Research: Studying a Maturing Field across Journalistic Cultures, Media Markets and Political Environments", *Digital Journalism*, 7 (9): 1191–1199.

Arends-To'th, Judit and Van de Vijver Fons J. R., 2003, "Multiculturalism and Acculturation: Views of Dutch and Turkish-Dutch", *European Journal of Social Psychology*, 33: 249–266.

Australian Bureau of Statistics, 2022, Australia's Population by Country of Birth: Statistics on Australia's Estimated Resident Population by Country of Birth, Retrieved from, https://www.abs.gov.au/statistics/people/population/australias-population-country-birth/latest-release.

Awan, Imran, 2014, "Islamophobia and Twitter: A Typology of Online Hate against Muslims on Social Media", *Policy & Internet*, 6 (2): 133 – 150.

Baden, C., and Sharon, T., 2020, "Blinded by the Lies? Toward an Integrated Definition of Conspiracy Theories", *Communication Theory*, https://doi.org/10.1093/ct/qtaa023.

Bailard, C. S., 2016, "China in Africa: An Analysis of the Effect of Chinese Media Expansion on African Public Opinion", *The International Journal of Press/Politics*, 21 (4): 446 – 471.

Barlińska, J., Szuster, A., and Winiewski, M., 2018, "Cyberbullying among Adolescent Bystanders: Role of Affective Versus Cognitive Empathy in Increasing Prosocial Cyberbystander Behavior", *Frontiers in Psychology*, 9: 799.

Berry, J. W., 1984, "Multicultural Policy in Canada: A Social Psychological Analysis", *Canadian Journal of Behavioural Science*, 16: 353 – 370.

Berry, J. W., and Kalin, R., 1995, "Multicultural and Ethnic Attitudes in Canada: An Overview of the 1991 National Survey", *Canadian Journal of Behavioural Science*, 27: 301 – 320.

Billig, M., 2001, "Humour and Hatred: The Racist Jokes of the Ku Klux Klan", *Discourse & Society*, 12: 267 – 289.

Binder, J., Zagefka, H., Brown, R., Funke, F., Kessler, T., Mummendey, A. et al., 2009, "Does Contact Reduce Prejudice or Does Prejudice Reduce Contact? A Longitudinal Test of the Contact Hypothesis Amongst Majority and Minority Groups in Three European Countries", *Journal of Personality and Social Psychology*, 96: 843 – 856.

Bjerg, O., and Presskorn-Thygesen, T., 2017, "Conspiracy Theory: Truth Claim or Language Game?", *Theory, Culture & Society*, 34 (1): 137 – 159.

Boeckmann, Robert, J., and Liew, Jeffrey, 2002, "Hate Speech: Asian American Students' Justice Judgments and Psychological Responses", *Journal of Social Issues*, 58 (2): 363 – 381.

Boulding, K. E., 1956, *The Image: Knowledge in Life and Society* (Vol. 47),

Ann Arbor, MI: University of Michigan Press.

Boulding, K. E., 1959, "National Images and International Systems", *Journal of Conflict Resolution*, 3 (2): 120 – 131.

Broersma, M., and Harbers, F., 2018, "Exploring Machine Learning to Study the Long-Term Transformation of News: Digital Newspaper Archives, Journalism History, and Algorithmic Transparency", *Digital Journalism*, 6 (9): 1150 – 1164.

Campbell, A., G. Gurin, and W. E. Miller, 1954, *The Voter Decides*, Evanston, IL: Row, Peterson, and Co.

Carter, E. B., and Carter, B. L., 2021, "Questioning more: RT, Outward-Facing Propaganda, and the Post-West World Order", *Security Studies*, 30 (1): 49 – 78.

Chaiken, S., Liberman, A., and Eagly, A. H., 1989, "Heuristic and Systematic Processing within and beyond the Persuasion Context", in J. S. Uleman & J. A. Bargh (Eds.), *Unintended Thought*, New York: Guilford.

Chiang, Y-S., 2021, "Indirect Reciprocity for Mitigating Intergroup Hostility: A Vignette Experiment and an Agent-Based Model on Intergroup Relations between Mainland Chinese and Taiwanese", *Journal of Conflict Resolution*, 65 (2 – 3): 403 – 426.

Chubb, A., 2023, "The Securitization of 'Chinese Influence' in Australia", *Journal of Contemporary China*, 32: 139, 17 – 34, DOI: 10.1080/10670564.2022.2052437.

Cikara, M., Bruneau, E. G., and Saxe, R. R., 2011, "Us and Them: Intergroup Failures of Empathy", *Current Directions in Psychological Science*, 20 (3): 149 – 153.

Citrin, J., Sears, D. O., Muste, C., and Wong, C., 2001, "Multiculturalism in American Public Opinion", *British Journal of Political Science*, 31: 247 – 275.

Coddington, M., 2015, "Clarifying Journalism's Quantitative Turn: A Typology for Evaluating Data Journalism, Computational Journalism, and Computer-Assisted Reporting", *Digital Journalism*, 3 (3): 331 – 348.

Cohen-Almagor, Raphael, 2011, "Fighting Hate and Bigotry on the Internet", *Policy and Internet*, 3 (3): Article 6.

Coke, J. S., Batson, C. D., and McDavis, K., 1978, "Empathic Mediation of Helping: A Two-Stage Model", *Journal of Personality and Social Psychology*, 36: 752 – 766.

Cook, J., Lewandowsky, S., and Ecker. U. K. H., 2017, "Neutralizing Misinformation through Inoculation: Exposing Misleading Argumentation Techniques Reduces Their Influence", *PLOS ONE*, 12 (5): 1 – 21.

Creemers, R., 2015, "Never the Twain Shall Meet? Rethinking China's Public Diplomacy Policy", *Chinese Journal of Communication*, 8 (3): 306 – 322.

Croucher, Stephen M., Nyuyen, Thao, and Rahmani, Diyako, 2020, "Prejudice toward Asian Americans in the COVID – 19 Pandemic: The Effects of Social Media Use in the United States", *Frontiers in Communication*, 5 (39), DOI: 10.3389/fcomm.2020.00039.

Crowley, A. E., and Hoyer, W. D., 1994, "An Integrative Framework for Understanding Two-Sided Persuasion", *Journal of Consumer Research*, 20: 561 – 574.

Cull, N. J., 2008, "Public Diplomacy: Taxonomies and Histories", *The ANNALS of the American Academy of Political and Social Science*, 616 (1): 31 – 54.

David, O., and Bar-Tal, D., 2009, "A Sociopsychological Conception of Collective Identity: The Case of National Identity as an Example", *Personality and Social Psychology Review*, 13 (4): 354 – 379.

Davies, G. A., Edney, K., and Wang, B., 2021, "National Images, Trust and International Friendship: Evidence from Chinese Students", *International Relations*, 35 (1): 69 – 89.

Davis, W., 2012, "Swords into Ploughshares: The Effect of Pacifist Public Opinion on Foreign Policy in Western Democracies", *Cooperation and Conflict, 47（3）：309 – 330.

Ding, S., 2007, "Digital Diaspora and National Image Building: A New Perspective on Chinese Diaspora Study in the Age of China's Rise", *Pacific Affairs*, 627 – 648.

Douglas, K. M., 2021, "COVID – 19 Conspiracy Theories", *Group Processes & Intergroup Relations*, 24（2）：270 – 275.

Drochon, H., 2018, "Who Believes in Conspiracy Theories in Great Britain and Europe?", in J. E. Uscinski（ed.）, *Conspiracy Theories and the People Who Believe Them*, New York, NY: Oxford University Press.

Efimova, A., and Strebkov, D., 2020, "Linking Public Opinion and Foreign Policy in Russia", *The International Spectator*, 55（1）：93 – 111, DOI: 10. 1080/03932729. 2019. 1700040.

Eisend, M., 2007, "Understanding Two-Sided Persuasion: An Empirical Assessment of Theoretical Approaches", *Psychology & Marketing*, 24: 615 – 640.

Eisend, M., 2010, "Explaining the Joint Effect of Source Credibility and Negativity of Information in Two-Sided Messages", *Psychology & Marketing*, 27（11）：1032 – 1049.

Ellemers, N., 1993, "The Influence of Socio-Structural Variables on Identity Management Strategies", *European Review of Social Psychology*, 4（1）：27 – 57.

Eller, A., Abrams, D., and Gomez, A., 2012, "When the Direct Route Is Blocked: The Extended Contact Pathway to Improving Intergroup Relations", *International Journal of Intercultural Relations*, 36: 637 – 646.

El-Nawawy, M., "2006, US Public Diplomacy in the Arab World: The News Credibility of Radio Sawa and Television Alhurra in Five Countries", *Global Media and Communication*, 2（2）：183 – 203.

Elswah, M., and Howard, P. N., 2020, "'Anything that Causes Chaos': The Organizational Behavior of Russia Today（RT）", *Journal of Communication*, 70（5）：623 – 645.

Entman, R. M., 2008, "Theorizing Mediated Public Diplomacy: The U. S. Case", *International Journal of Press/Politics*, 13 (2): 87-102.

Evolvi, Giulia, 2019, "Islamexit: Inter-Group Antagonism on Twitter", *Information, Communication & Society*, 22 (3): 386-401.

Festinger, L., 1954, "A Theory of Social Comparison Processes", *Human Relations*, 7 (2): 117-140.

Fiske, S. T., 2018, "Stereotype Content: Warmth and Competence Endure", *Current Directions in Psychological Science*, 27 (2): 67-73.

Fiske, S. T., Cuddy, A. J., Glick, P., and Xu, J., 2002, "A Model of (Often Mixed) Stereotype Content: Competence and Warmth Respectively Follow from Perceived Status and Competition", *Journal of Personality and Social Psychology*, 82: 878-902.

Fousiani, K., and van Prooijen, J. W., 2019, "Reaction to Offenders: Psychological Differences between Beliefs Versus Punishment", *British Journal of Social Psychology*, 58: 894-916.

Freelon, D., and Wells, C., 2020, "Disinformation as Political Communication", *Political Communication*, 37 (2): 145-156.

Fry, R., and Parker, K., 2018, "Early Benchmarks Show "Post-Millennials" on Track to Be Most Diverse, Best-educated Generation yet", *Pew Research Center*, November 15.

Fullerton, J., and Kendrick, A., 2013, "Strategic Uses of Mediated Public Diplomacy: International Reaction to U. S. Tourism Advertising", *American Behavioral Scientist*, 57 (9): 1332-1349.

Fuochi, G., Boin, J., Voci, A., and Hewstone, M., 2021, "COVID-19 Threat and Perceptions of Common Belong with Outgroups: The Roles of Prejudice-Related Individual Differences and Intergroup Contact", *Personality and Individual Differences*, 175: 110700.

Gallup, 2021, "New High in Perceptions of China as U. S.'s Greatest Enemy", retrieved from, https://news.gallup.com/poll/337457/new-high-perceptions-china-greatest-enemy.aspx.

Galtung, J., and Ruge, M. H., 1965, "The Structure of Foreign News: The Presentation of the Congo, Cuba and Cyprus Crises in Four Norwegian Newspapers", *Journal of Peace Research*, 2 (1): 64 – 90.

Gass, R. H., and Seiter, J. S., 2008, "Credibility and Public Diplomacy", In *Routledge Handbook of Public Diplomacy*, Routledge.

Gilboa, E., 2000, "Mass Communication and Diplomacy: A Theoretical Framework", *Communication Theory*, 10 (3): 275 – 309.

Gilboa, E., 2008, "Searching for Atheory of Public Diplomacy", *The ANNALS of the American Academy of Political and Social Science*, 616 (1): 55 – 77.

Golan, G. J., 2013a, "An Integrated Approach to Public Diplomacy", *American Behavioral Scientist*, 57 (9): 1251 – 1255.

Golan et al., 2019, "Mediated Public Diplomacy Redefined: Foreign Stakeholder Engagement via Paid, Earned, Shared and Owned Media", *American Behavioral Scientist*, 63 (12): 1665 – 1683.

Gomez, A., Dividio, J. F., Huici, C., Gaertner, S. L., and Cuadrado, I., 2008, "The Other Side of We: When Outgroup Members Express Common Identity", *Personality and Social Psychology Bulletin*, 34 (12): 1613 – 1626.

Gotsi, M., Lopez, C., and Andriopoulos, C., 2011, "Building Country Image through Corporateimage: Exploring the Factors that Influence the Image Transfer", *Journal of Strategic Marketing*, 19 (3), 255 – 272.

Greenaway, K. H., Wright, R. G., Willingham, J., Reynolds, K. J., and Haslam, S. A., 2015, "Shared Identity Is Key to Effective Communication", *Personality and Social Psychology Bulletin*, 41: 171 – 182.

Gregory, B., 2008, "Public Diplomacy: Sunrise of an Academic Field", *The ANNALS of the American Academy of Political and Social Science*, 616 (1): 274 – 290.

Guan, T., and Liu, T., 2019, "Fears, Hopes and the Politics of Time-Space: The Media Frames of Japan in the Chinese People's Daily", *Interna-

tional Communication Gazette, 81 (6 - 8): 664 - 685.

Hameleers, Michael, van der Meer, Toni, and Vliegenthart, Rens, 2021, "Civilized Truths, Hateful Lies? Incivility and Hate Speech in False Information—Evidence from Fact-Checked Statements in the US", *Information, Communication and Society*, DOI: 10. 1080/1369118X. 2021. 1874038.

Hankook Research, 2021, retrieved from https: //www. sisain. co. kr/news/articleView. html? idxno = 44821&utmsource = pocket_ mylist.

Harwood, J. , 2017, "Music and Intergroup Relations: Exacerbating Conflict and Building Harmony through Music", *Review of Communication Research*, 5: 1 - 34.

Hawdon, J. , Oksanen, A. , and Räsänen, P. , 2017, "Exposure to Online Hate in Four Nations, A cross-national consideration", *Deviant Behavior* 38: 254 - 266.

Hecht, B. , Hong, L. , Suh, B. , and Chi, E. H. , May 2011, *Tweets from Justin Bieber's Heart: The Dynamics of the "Location" Field in User Profiles*, Conference on Human Factors in Computing Systems 2011, Vancouver, BC; New York, NY: ACM Press.

Hernández, M. , and Madrid-Morales, D. , 2020, "Diversifyingvoice, Democratizing the News? A Content Analysis of Citizen News Sources in Spanish-Language International Broadcasting", *Journalism Studies*, 21 (8): 1076 - 1092.

Herrmann, R. K. , and Fischerkeller, M. P. , 1995, "Beyond the Enemy Image and Spiral Model: Cognitive-Strategic Research after the Cold War", *International Organization*, 49 (3): 415 - 450.

Herrmann, R. K. , Voss, J. F. , Schooler, T. Y. , and Ciarrochi, J. , 1997, "Images in International Relations: An Experimental Test of Cognitive Schemata", *International Studies Quarterly*, 41 (3): 403 - 433.

High Level Expert Group on Fake News and Disinformation, 2018, A Multi-Dimensional Approach to Disinformation: Report of the Independent High-Level Group on Fake News and Online Disinformation, European Commission, https://ec. europa. eu/digital-single-market/en/news/final-report-high-level-expert-group-fake-news-and-online-disinformation.

Hinshelwood, R. D. , 1989, "Social Possession of Identity," in Richards, B. (ed.), *Crises of the Self: Further Essays on Psychoanalysis and Politics*, Free Association Books: London, 75 – 83.

Hoffmann, M. , and Heft, A. , 2020, " 'Here, There and Everywhere': Classifying Location Information in Social Media Data-Possibilities and Limitations", *Communication Methods and Measures*, 14 (3): 184 – 203.

Hollander, B. A. , 2018, "Partisanship, Individual Differences, and News Media Exposure as Predictors of Conspiracy Beliefs", *Journalism & Mass Communication Quarterly*, 95 (3): 691 – 713.

Holsti, O. R. , 1962, "The Belief System and National Images: A Case Study", *Journal of Conflict Resolution*, 6 (3): 244 – 252.

Hopf, T. , 2002, *Social Construction of International Politics: Identities and Foreign Policies, Moscow, 1955 and 1999*, Ithaca, NY: Cornell University Press.

Hovland, C. I. , Janis, I. L. , and Kelley, J. J. , 1953, *Communication and persuasion*, New Haven, CT: Yale University Press.

Hsueh, M. , Yogeeswaran, K. , and Malinen, S. , 2015, " 'Leave Your Comment below' Can Biased Online Comments Influence Our Own Prejudicial Attitudes and Behaviors?", *Human Communication Research*, 41: 557 – 576.

Hummel, P. , Braun, M. , Tretter, M. , and Dabrock, P. , 2021, "Data Sovereignty: A Review", *Big Data & Society*, 8 (1).

Husting, G, and Orr, M. , 2007, "Dangerous Machinery: 'Conspiracy Theorist' as a Transpersonal Strategy of Exclusion", *Symbolic Interaction*, 30 (2): 127 – 150.

Ivanov, B. , Parker, K. A. , and Dillingham, L. L. , 2018, "Testing the Llimits of Inoculation-Generated Resistance", *Western Journal of Speech Communication*, 82 (5): 648 – 665.

Jeong, S. H., Cho, H., and Hwang, Y., 2012, "Media Literacy Interventions: A Meta-Analytic Review", *Journal of Communication*, 62 (3): 454–472.

Jia, R., and Li, W., 2020, "Public Diplomacy Networks: China's Public Diplomacy Communication Practices in Twitter During Two Sessions", *Public Relations Review*, 46 (1): 101818.

Jones, L. W., Sinclair, R. C., and Courneya, K. S., 2003, "The Effects of Source Credibility and Message Framing on Exercise Intentions, Behaviors, and Attitudes: An Integration of the Elaboration Likelihood Model and Prospect Theory", *Journal of Applied Social Psychology*, 33 (1): 179–196.

Joyce, N., and Harwood, J., 2014, "Improving Intergroup Attitudes through Televised Vicarious Intergroup Contact: Social Cognitive Processing of Ingroup and Outgroup Information", *Communication Research*, 41: 627–643, DOI: 10.1177/0093650212447944.

Jurgens, D., July 2013, *That's What Friends Are for: Inferring Location in Online Social Media Platforms Based on Social Relationships*, Proceedings of the 7th International AAAI Conference on Weblogs and Social Media, Cambridge, MA; Palo Alto, CA: AAAI.

Kahl, C., and Berengaut, A., 10th April 2020, "Aftershocks: The Coronavirus Pandemic and the New World Disorder", *War on the Rocks*, available at: https://warontherocks.com/2020/04/aftershocks-the-coronavirus-pandemic-and-the-new-world-disorder/.

Keohane, R. O., and Nye, Jr., J. S., 2000, "Globalization: What's New? What's Not? (And So What?)", *Foreign Policy*, (118): 104–119.

Kim, Bumsoo, Cooks, Eric, and Kim, Seong-Kyu, 2021, "Exploring Incivility and Moral Foundations toward Asians in English-Speaking Tweets in Hate Crime-Reporting Cities During the COVID–19 Pandemic", *Internet Research*, 32 (1): 362–378.

Knight, M., 2015, "Data Journalism in the UK: A Preliminary Analysis of form and Content", *Journal of Media Practice*, 16 (1): 55–72.

Knopfelmacher, F. , 1982, "The Case against Multi-Culturalism", in Robert Manne (ed.), *The New Conservatism in Australia*, Oxford University Press.

Kohama, S. , Inamasu, K. , and Tago, A. , 2017, "To Denounce, or Not to Denounce: Survey Experiments on Diplomatic Quarrels", *Political Communication*, 34 (2): 243 – 260.

Kteily, N. , and Bruneau, E. , 2017, "Backlash: The Politics and Real-World Consequences of Minority Group Dehumanization", *Personality and Social Psychology Bulletin*, 43: 87 – 104.

Kunst, Marlene, Porten-Cheé, Pablo. , Emmer, Martin. , and Eilders, Christiane, 2021, "Do 'Good Citizens' Fight Hate Speech Online? Effects of Solidarity Citizenship Norms on User Responses to Hate Comments", *Journal of Information Technology & Politics*, 18 (3): 258 – 273.

Laguerre, M. S. , 2010, "Digital Diaspora: Definition and models", *Diasporas in the New Media Age: Identity, Politics, and Community*, University of Nevada Press, 49 – 64.

Latané, B. , and Darley, J. M. , 1970, *The Unresponsive Bystander: Why Doesn't He Help?*, New York, NY: Appleton-Century-Crofts.

Lebron, J. E. , 2009, U. S. Embassy Cables: Qatar Using Al-Jazeera as Bargaining Tool, Claims Us. Guardian, retrieved from http://www.guardian.co.uk/world/us-embassy-cables-documents/235574.

Lecheler, S. , and De Vreese, C. H. , 2016, "How Long Do News Framing Effects Last? A Systematic Review of Longitudinal Studies", *Annals of the International Communication Association*, 40 (1): 3 – 30.

Lee-Won, R. J. , White, T. N. , Song, H. , Young Lee, J. Y. , and Smith, M. R. , 2020, "Source Magnification of Cyberhate: Affective and Cognitive Effects of Multiple-source Hate Messages on Target Group Members", *Media Psychology*, 23 (5): 603 – 624.

Leonhard, L. , Rueß C, Obermaier, M. , et al. , 2018, "Perceiving Threat and Feeling Responsible, How Severity of Hate Speech, Number of Bystanders, and Prior Reactions of Others affect Bystanders' Intention to Counterargue Against Hate Speech on Facebook", *Studies in Communication and Media*, 7: 555-579.

Levendusky, M. S., 2018, "Americans, Not Partisans: Can Priming American National Identity Reduce Affective Polarization?", *The Journal of Politics*, 80 (1): 59-70.

Li, X., and Feng, J., 2021, "Empowerment or Disempowerment: Exploring Stakeholder Engagement in Nation Branding through a Mixed Method Approach to Social Network Analysis", *Public Relations Review*, 47 (3): 102024.

Liu, T., Guan, T., and Yuan, R., 2022, "Can Debunked Conspiracy Theories Change Radicalized Views? Evidence from Racial Prejudice and Anti-China Sentiment Amid the COVID-19 Pandemic," *Journal of Chinese Political Science*, DOI: 10.1007/s11366-022-09832-0.

Long, H., Zhang, Y., and Tu, S., 2019, "Rural Vitalization in China: A Perspective of Land Consolidation", *Journal of Geographical Sciences*, 29: 517-530.

Loughran, T., and McDonald, B., 2011, "When Is a Liability Not a Liability? Textual Analysis, Dictionaries, and 10-ks", *The Journal of Finance*, 66 (1): 35-65.

Mackie, D., Gastardo-Conaco, M., and Skelly, J., 1992, "Knowledge of the Advocated Position and the Processing of In-Group and Out-Group Persuasive Messages", *Personality and Social Psychology Bulletin*, 18, 145-151.

Maitra, I., and McGowan, M. K. (Eds.), 2012, *Speech and Harm: Controversies over Free Speech*, Oxford University Press.

Mason, L., 2018, *Uncivil Agreement: How Politics Became Our Identity*, Chicago, IL: The University of Chicago Press.

Matamoros-Fernández, Ariadna, 2018, "Inciting Anger through Facebook Reactions in Belgium: The Use of Emoji and Related Vernacular Expressions in Racist Discourse", *First Monday*, 23 (9): 1-20.

Matamoros-Fernández, Ariadna, and Farkas, Johan, 2021, "Racism, Hate

Speech, and Social Media: A Systematic Review and Critique", *Television and New Media*, 22 (2): 205 – 224.

Matthews, J. L., and Matlock, T., 2011, "Understanding the Link between Spatial Distance and Social Distance", *Social Psychology*, 42 (3): 185 – 192. DOI: 10. 1027/1864 – 9335/a000062.

Maziad, M., 2021, "Qatar in Egypt: The Politics of Al Jazeera", *Journalism*, 22 (4): 1067 – 1087.

McGinnis, L. P., and Gentry, J. W., 2009, "Underdog Consumption: An Exploration into Meanings and Motives", *Journal of Business Research*, 62 (2): 191 – 199.

McGuire, W. J., 1962, "Persistence of the Resistance to Persuasion Induced by Various Types of Prior Belief Defenses", *Journal of Abnormal and Social Psychology*, 64: 241 – 248.

Melley, T., 2000, *Empire of Conspiracy: The Culture of Paranoia in Postwar America*, London: Cornell University Press.

Metzger, M. J., Flanagin, A. J., and Medders, R., 2010, "Social and Heuristic Approaches to Credibility Evaluation Online", *Journal of Communication*, 60: 413 – 439.

Meyer, P., 1988, "Defining and Measuring Credibility of Newspapers: Developing an Index", *Journalism & Mass Communication Quarterly*, 65 (3): 567 – 574.

Miazhevich, G., 2018, "Nation Branding in the Post-Broadcast Era: The Case of RT", *European Journal of Cultural Studies*, 21 (5): 575 – 593.

Miller, D. T., and Effron, D. A., 2010, "Psychological License : When It Is Needed and How It Functions", *Advances in Experimental Social Psychology*, 43: 115 – 155.

Min, B., and Luqiu, L. R., 2020, "How Propaganda Techniques Leverage Their Advantages: A Cross-National Study of the Effects of Chinese International Propaganda on the U. S. and South Korean Audiences", *Political Communication*, DOI: 10. 1080/10584609. 2020. 1763524.

Min, Y., 2021, "The COVID – 19 Effect: US-China Narratives and Realities", *The Washington Quarterly*, 44 (1), 89 – 105.

Mogensen, K., 2015, "International Trust and Public Diplomacy", *International Communication Gazette*, 77 (4): 315 – 336.

Moore, D., 2010, "Multilingual Literacies and Third Script Acquisition: Young Chinese Children in French Immersion in Vancouver, Canada", *International Journal of Multilingualism*, 7 (4): 322 – 342.

Morales, P. S., 2021, "Mind the (Cultural) Gap: International News Channels and the Challenge of Attracting Latin American Audiences", *Media, Culture & Society*, 43 (4): 648 – 663.

Munger, K., 2017, "Tweetment Effects on the Tweeted: Experimentally Reducing Racist Harassment", *Political Behavior*, 39 (3): 629 – 649.

Nagashima, A., 1970, "A Comparison of Japanese and US Attitudes toward Foreign Products", *Journal of marketing*, 34 (1): 68 – 74.

Nam, T., 2019, "What Makes US Citizens Trust Japan? Examining the Influence of National Image, Bilateral Compatibility, and Issue Awareness", *Asian Perspective*, 43 (1): 145 – 175.

NBC News, 2020, Asian Americans Report over 650 Racist Acts over Last Week, New Data Says, retrieved from: https://www.nbcnews.com/news/asian-america/asian-americans-report-nearly-500-racist-acts-over-last-week-n1169821.

Nye, J. S., 1990, "Soft Power", *Foreign policy*, 80: 153 – 171.

Nye Jr, J. S., 2008, "Public Diplomacy and Soft Power", *The Annals of the American Academy of Political and Social Science*, 616 (1): 94 – 109.

Obermaier, Magdalena, 2022, "Youth on Standby? Explaining Adolescent and Young Adult Bystanders' Intervention Against Online Hate Speech", *New Media and Society*, DOI: 10.1177/14614448221125417.

Obermaier, Magdalena, Schmuck, Desirée., and Saleem, Muniba, 2021, "I'll Be There for You? Effects of Islamophobic Online Hate Speech and Counter Speech on Muslim In-Group Bystanders' Intention to Intervene",

New Media and Society, DOI: 10. 1177/14614448211017527.

Opperhuizen, A. E. , Schouten, K. , and Klijn, E. H. , 2019, "Framing a Conflict! How Media Report on Earthquake Risks Caused by Gas Drilling: A Longitudinal Analysis Using Machine Learning Techniques of Media Reporting on Gas Drilling from 1990 to 2015", Journalism Studies, 20 (5): 714 –734.

Otto, L. P. , Loecherbach, F. , and Vliegenthart, R. , 2023, "Linkage Analysis Revised-Linking Digital Traces and Survey Data", Communication Methods and Measures, 18 (2): 1 – 19.

Paharia, N. , Keinan, A. , Avery, J. , and Schor, J. B. , 2011, "The Underdog Effect: The Marketing of Disadvantage and Determination through Brand Biography", Journal of Consumer Research, 37 (5): 775 – 790.

Parasie, S. , and Dagiral, E. , 2013, "Data-Driven Journalism and the Public Good: 'Computer-Assisted Reporters' and 'Programmer-Journalists' in Chicago", New Media and Society, 15: 853 – 871.

Paz, María Antonia. , Montero-Díaz, Julio. , and Moreno-Delgado, Alicia, 2020, "Hate speech: A systematic review", Sage Open.

Peffley, M. , Hurwitz, J. , and Sniderman, P. M. , 1997, "Racial Stereotypes and Whites' Political Views of Blacks in the Context of Welfare and Crime", American Journal of Political Science, 41: 30 – 60.

Pettigrew, T. F. , and L. R. Tropp, 2006, "A Meta-Analytic Test of Intergroup Contact Theory", Journal of Personality and Social Psychology, 90 (5): 751 – 783.

Pettigrew, T. F. , Christ, O. , Wagner, U. , and Stellmacher, J. , 2007, "Direct and Indirect Intergroup Contact Effects on Prejudice: A Normative Interpretation", International Journal of Intercultural Relations, 31: 411 – 425.

Pettigrew, T. F. , Christ, O. , Wagner, U. , and Stellmacher, J. , 2007, "Direct and Indirect Intergroup Contact Effects on Prejudice: A Normative Interpretation", International Journal of Intercultural Relations, 31: 411 – 425.

Pettigrew, T. F. : 1998, "Intergroup Contact Theory", Annual Review of Psychology, 49: 65 - 85.

Petty, R. E., and Cacioppo, J. T., 1986, "The Elaboration Likelihood Model of Persuasion", In L. Berkowitz (Ed.), *Advances in Experimental Social Psychology*, San Diego: Academic Press.

Pew Research Center, 2021, "In Their Own Words: What Americans Think about China", retrieved from https://www.pewresearch.org/fact-tank/2021/03/04/in-their-own-words-what-americans-think-about-china/, 20210304.

Poole, Elizabeth, Giraud, Haifa Eva, and Quincey, Ed de., 2021, "Tactical Interventions in Online Hate Speech: The Case of #stopIslam", *New Media & Society*, 23 (6): 1415 - 1442.

Pornpitakpan, C., 2004, "The Persuasiveness of Source Credibility: A Critical Review of Five Decades' Evidence", *Journal of Applied Social Psychology*, 34 (2): 243 - 281.

Porten-Cheé, P., Kunst, M., and Emmer, M., 2020, "Online Civic Intervention: A New form of Political Participation Under Conditions of a Disruptive Online Discourse", *International Journal of Communication*, 14: 514 - 534.

Potter, W. J., 2010, "The State of Media Literacy", *Journal of Broadcasting & Electronic Media*, 54 (4): 675 - 696.

Pozzoli, T., and Gini, G., 2010, "Active Defending and Passive Bystanding Behavior in Bullying: The Role of Personal Characteristics and Perceived Peer Pressure", *Journal of Abnormal Child Psychology*, 38 (6): 815 - 827.

Ramasubramanian, S., and Miles, C., 2018, "Framing the Syrian Refugee Crisis: A Comparative Analysis of Arabic and English News Sources", *International Journal of Communication*, 12: 19.

Rieger, D., Kümpel, A. S., Wich, M., et al., 2021, "Assessing the Extent and Types of Hate Speech in Fringe Communities: A Case Study of Alt-Right Communities on 8chan, 4chan, and Reddit", *Social Media + Society*, 7 (4).

Riek, B. M., Mania, E. W., Gaertner, S. L., McDonald, S. A., and Lamoreaux, M. J., 2010, "Does a Common Ingroup Identity Reduce Intergroup threat?", *Group Processes and Intergroup Relations*, 13: 403 – 423.

Roozenbeek, J., and van der Linden, S., 2019, "The Fake News Game: Actively Inoculating against the Risk of Misinformation", *Journal of Risk Research*, 22 (5): 570 – 580.

Rusciano, F. L., 2003, "The Construction of National Identity—A 23—Nation Study", *Political Research Quarterly*, 56 (3): 361 – 366.

Rusciano, F. L., Fiske-Rusciano, R., and Wang, M., 1997, "The Impact of 'World Opinion' on National Identity", *Harvard International Journal of Press/Politics*, 2 (3): 71 – 92.

Samuel-Azran, T., 2013, "Al-Jazeera, Qatar, Andnew Tactics in State-Sponsored Media Diplomacy", *American Behavioral Scientist*, 57 (9): 1293 – 1311.

Samuel-Azran, T., Inbal, A., Annie, S., Loreen, W., and Nadine, H., 2016, "Is There Aqatari-Al-Jazeera Nexus? Coverage of the 2022 FIFA World Cup Controversy by Al-Jazeera versus Sky News, CNNI and ITV", *Global Media and Communication*, 12 (3): 195 – 209.

Sasaki, F., 2016, "Online Political Efficacy (OPE) as a Reliable Survey Measure of Political Empowerment when Using the Internet", *Policy & Internet*, 8: 197 – 214.

Scharkow, M., and Bachl, M., 2017, "How Measurement Error in Content Analysis and Self-Reported Media Use Leads to Minimal Media Effect Findings in Linkage Analyses: A Simulation Study", *Political Communication*, 34 (3): 323 – 343.

Schatz, E., and Levine, R., 2010, "Framing, Public Diplomacy, and Anti-Americanism in Central Asia", *International Studies Quarterly*, 54: 855 – 869.

Schieb, C., and Preuss, M., 2016, Governing Hate Speech by Means of Counterspeech on Facebook, in *6th Annual Conference of the International Communication Association*, Fukuoka, Japan, 9 – 13 June.

Schooler, R. D. , 1965, "Product bias in the Central American Common Market", *Journal of marketing research*, 2（4）：394 – 397.

Schwind, C. , and Buder, J. , 2012, "Reducing Confirmation Bias and Evaluation Bias: When Are Prefer-Ence-Inconsistent Recommendations Effective-And when Not?", *Computers in Human Behavior*, 28：2280 – 2290.

Scott, W. A. , 1965, "Psychological and Social Correlates of International Images", in H. C. Kelman（Ed.）, *International Behavior: A Social-Psychological Analysis*, New York: Holt, Rinehart & Winston, 71 – 103.

Shaw, L. , 2012, "Hate Speech in Cyberspace: Bitterness without Boundaries", *Notre Dame Journal of Law, Ethics & Public Policy*, 25：282.

Sheafer, T. , and Gabay, I. , 2009, "Mediated Public Diplomacy: A Strategic Contest over International Agenda Building and Frame Building", *Political Communication*, 26（4）：447 – 467.

Shimpi, Priya Mariana, and Zirkel Sabrina, 2012, "One Hundred and Fifty Years of 'the Chinese Question': An Intergroup Relations Perspective on Immigration and Globalization", *Journal of Social Issues*, 68（3）：534 – 558.

Siegel, Alexander, A. , Badaan, Vivienne, 2020, "#No2Sectarianism: Experimental Approaches to Reducing Sectarian Hate Speech Online", *American Political Science Review*, 114（3）：837 – 855.

Silverman Craig, 2016, "This Analysis Shows How Viral Fake Election News Stories Outperformed Real News on Facebook", BuzzFeed News, November 17, https://www. npr. org/2016/12/14/505547295/fake-news-expert-on-how-false-stories-spread-and-why-people-believe-them.

Simon, H. A. , 1954, "Bandwagon and Underdog Effects and the Possibility of Election Predictions", *Public Opinion Quarterly*, 18（3）：245 – 253.

Sirin, C. V. , Valentino, N. A. , Villalobos, J. D. , 2017, "The Social Causes and Political Consequences of Group Empathy", *Political Psychology*, 38（3）：427 – 448.

SMH（Sydney Morning Herald）, 2020, "Almost 400 Anti-China Attacks since Pandemic Began", by M. Koslowski, June 7, https://www. srnh. com. au/

politics/federal/almost – 400 – anti – china – attacks – since – pandemic – began – 20200607 – p550a8. html.

Stephan, W. G., and Stephan, C. W., 2000, "An Integrated Threat Theory of Prejudice", in S. Oskamp (Ed.), *Reducing Prejudice and Discrimination: Social Psychological Perspectives*, Mahwah, NJ: Erlbaum.

Stephan, W. G., and Stephan, C. W., 2020, "An Lntegrated Threat Theory of Prejudice", in S. Oskamp (Ed.), *Reducing Prejudice and Discrimination: Social Psychological Perspectives*, Mahwah, NJ: Erlbaum.

Sun, W., 2021, "The Virus of Fear and Anxiety: China, COVID – 19, and the Australian Media", *Global Media and China*, 6 (1): 24 – 39.

Swami, V., 2012, "Social Psychological Origins of Conspiracy Theories: The Case of the Jewish Conspiracy Theory in Malaysia", *Frontiers in Psychology*, 3 (280): 1 – 9.

Tajfel, H., and Turner, J., 1979, "An Integrative Theory of Group Conflict", in Tajfel, T. (Ed.), *Differentiation between Social Groups: Studies in the Social Psychology of Intergroup Relations*, London, UK: Academic Press.

Tajfel, H., 1978, "Social Categorization, Social Identity, and Social Comparison", in H. Tajfe (Ed.), *Differentiation between Social Groups: Studies in the Social Psychology of Intergroup Relations*, London: Academic Press.

Tajfel, H., and Turner, J. C., 1986, "The Social Identity Theory of Intergroup behavior", in S. Worshel, & W. Austin (Eds.), *The Psychology of Intergroup Relations*, Nelson – Hall.

Tajfel, H., and Turner, J., 1979, "The Social Identity Theory of Inter-Group Behavior", in S. worchel, L. W. Austin (Eds.), *Psychology of Intergroup Relations*, Chicago: Nelson-Hall.

Tajfel, H., and Turner, J. C., 1986, "The Social Identity Theory of Intergroup Behavior", in W. G. Austin, and S. Worchel (Eds.), *The Social Psychology of Intergroup Relations*, 2nd ed., Chicago: Nelson – Hall.

Tan, X., Lee, R., and Ruppanner, L., 2021, "Profiling Racial Prejudice

During COVID-19: Who Exhibits Anti-Asian Sentiment in Australia and the United States?", *Australian Journal of Social Issues*, 56 (4): 464-484.

Edson C. Tandoc, Soo-kwang Oh., 2017, "Small Departures, Big Continuities? Norms, Values, and Routines in The Guardian's Big Data Journalism", *Journalism studies*, 18 (8): 997-1015.

Taylor, S. H., DiFranzo, D., Choi, Y. H., Sannon, S., and Bazarova, N. N., 2019, "Accountability and Empathy by Design: Encouraging Bystander Intervention to Cyberbullying on Social Media", *Proceedings of the ACM on Human-Computer Interaction*, 3 (CSCW): 1-26.

Telhami, S., 1993, "Arab Public Opinion and the Gulf War", *Political Science Quarterly*, 108 (3): 437-452.

The Guardian, 2021, *Nearly One in Five Chinese-Australians Threatened or Attacked in Past Year, Survey Finds*, retrieved from: https://www.theguardian.com/australia-news/2021/mar/03/nearly-one-in-five-chinese-australians-threatened-or-attacked-in-past-year-survey-finds.

Tsesis, A., 2002, *Destructive Messages: How Hate Speech Paves the Way for Harmful Social Movements*, New York University Press.

Van Atteveldt, W., Van der Velden, M. A., and Boukes, M., 2021, "The Validity of Sentiment Analysis: Comparing Manual Annotation, Crowd-Coding, Dictionary Approaches, and Machine Learning Algorithms", *Communication Methods and Measures*, 15 (2): 121-140.

Vandello, J. A., Michniewicz, K., Goldschmied, N., 2011, "Moral Judgments of the Powerless and Powerful in Violent Intergroup Conflicts", *Journal of Experimental Social Psychology*, 47: 1173-1178.

Van Ham, P., 2001, "The Rise of the Brand State: The Postmodern Politics of Image and Reputation", *Foreign affairs*, 80 (5): 2-6.

Vezzali, L., Cadamuro, A., Versari, A., Giovannini, D., and Trifiletti, E., 2015, "Feeling Like a Group After a Natural Disaster: Common Ingroup Identity and Relations with Outgroup Victims among Majority and Minority Young Children", *British Journal of Social Psychology*, 54 (3): 519 -538.

Vickers, R., 2004, "The New Public Diplomacy: Britain and Canada Compared", *The British Journal of Politics and International Relations*, 6: 182 - 194.

Walster, E., Aronson, E., and Abrahams, D., 1966, "On Increasing the Persuasiveness of a Low Prestige Communicator", *Journal of Experimental Social Psychology*, 2: 325 -342.

Walter, N., and Tukachinsky, R., 2020, "A Meta-Analytic Examination of the Continued Influence of Misinformation in the Face of Correction: How Powerful Is It, Why Does It Happen, and How to Stop It?", *Communication Research*, 47 (2): 155 -177.

Wang, D., Johnston, A., and Wang, B., 2020, "The Effect of Imagined Social Contact on Chinese Students' Perceptions of Japanese People", *Journal of Conflict Resolution*, 65 (1): 223 -252.

Wang, J., 2006, "Managing National Reputation and International Relations in the Global Era: Public Diplomacy Revisited", *Public Relations Review*, 32 (2): 91 -96.

Wanta, W., Golan, G., and Lee, C., 2004, "Agenda Setting and International News: Media Influence on Public Perceptions of Foreign Nations", *Journalism & Mass Communication Quarterly*, 81 (2): 364 -377.

Wasserman, H., and Madrid-Morales, D., 2018, "How Influential Are Chinese Media in Africa? An Audience Analysis in Kenya and South Africa", *International Journal of Communication*, 12: 2212 -2231.

Watanabe, H., Bouazizi, M., and Ohtsuki, T., 2018, "Hate Speech on Twitter: A Pragmatic Approach to Collect Hateful and Offensive Expressions and Perform Hate Speech Detection", *IEEE Access*, 6: 13825 -13835.

Wendt, A., 1999, *Social Theory of International Politics*, London, UK: Cambridge University Press.

West, K., Hotchin, V., and Wood, C., 2017, "Imagined Contact Can Be

More Effective for Participants with Stronger Initial Prejudices", *Journal of Applied Social Psychology*, 47 (5): 282 – 292.

Westerwick, A., Johnson, B. K., and Knobloch-Westerwick, S., 2017, "Confirmation Biases in Selective Exposure to Political Online Information: Source Bias vs. Content Bias", *Communication Monographs*, 84: 343 – 364.

Wiener, N., 1960, "Some Moral and Technical Consequences of Automation: As Machines Learn They May Develop Unforeseen Strategies at Rates that Baffle Their Programmers", *Science*, 131 (3410): 1355 – 1358.

Wilson, E. J., and Sherrell, D. L., 1993, "Source Effects in Communication and Persuasion Research: A Meta-Analysis of Effect Size", *Journal of the Academy of Marketing Science*, 21: 101 – 112.

Winiewski, M., Soral, W., and Bilewicz, M., 2015, Conspiracy Theories on the Map of Stereotype Content: Survey and Historical Evidence, in M. Bilewicz, A. Cichocka and W. Soral (Eds.), *The Psychology of Conspiracy*, Abingdon, UK: Routledge.

Winiewski, M., Soral, W., and Bilewicz, M., "Conspiracy Theories on the Map of Stereotype Content: Survey and Historical Evidence", in Bilewicz, M., Cichocka, A., and Soral, W., Abingdon (Eds.), *The Psychology of Conspiracy*, UK: Routledge.

Wojcieszak, M., 2021, "What Predicts Selective Exposure Online: Testing Political Attitudes, Credibility, and Social Identity", *Communication Research*, 48 (5): 687 – 716.

Young, L., and Soroka, S., 2012a, "Affective News: The Automated Coding of Sentiment in Political Texts", *Political Communication*, 29 (2): 205 – 231.

Zamith, R., 2019, "Transparency, Interactivity, Diversity, and Information Provenance in Everyday Data Journalism", *Digital Journalism*, 7 (4): 470 – 489.

Zhang, T., Kim, J. Y., Schweickart, T., Myslik, B. A., Khalitova, L., and

Golan, G. J., et al., 2017, "Agenda-Building Role of State-Owned Media Around the World: 2014 Hong Kong Protest Case", *Journal of Public Relations Research*, 29 (5), 238 –254.

Ziegele, M., Naab, TK. and Jost, P., "2020, Lonely Together? Identifying the Determinants of Collective Corrective Action Against Uncivil Comments", *New Media & Society*, 22: 731 –751.